LE

PEINTRE-GRAVEUR

PAR

J. D. PASSAVANT.

LE

PEINTRE-GRAVEUR

PAR

J. D. PASSAVANT.

CONTENANT

L'HISTOIRE DE LA GRAVURE SUR BOIS, SUR MÉTAL ET AU BURIN
JUSQUE VERS LA FIN DU XVI. SIÈCLE.

L'HISTOIRE DU NIELLE AVEC COMPLÉMENT DE LA PARTIE
DESCRIPTIVE DE L'ESSAI SUR LES NIELLES
DE **DUCHESNE AÎNÉ**

ET

UN CATALOGUE SUPPLÉMENTAIRE AUX ESTAMPES DU XV. ET XVI.
SIÈCLE DU PEINTRE-GRAVEUR
DE **ADAM BARTSCH.**

TOME SIXIÈME ET DERNIER.

AVEC LA TABLE GÉNÉRALE ET ALPHABÉTIQUE DES MAITRES
ET DES MONOGRAMMES.

LEIPSIC,

RUDOLPH WEIGEL.
1864.

CONTENU DU TOME SIXIÈME.

IX.

Gravures Italiennes (Suite).

L'Ecole romaine de Marc Antoine.

Les Mantouans.

Graveurs italiens divers du XVI. Siècle.

L'École de Fontainebleau.

Gravures sur bois et clairs-obscurs italiens.

Catalogue des Gravures françaises jusqu' à la fin du XVI. Siècle.

Graveurs français de la fin du XVI. Siècle

SUITE

DES

MAÎTRES ITALIENS

DU XVe. ET XVIe. SIECLE.

SUPPLÉMENT

AU

PEINTRE-GRAVEUR DE ADAM BARTSCH.

VOL. XII--XVI.

IX.

SUITE DU CATALOGUE

DES

GRAVURES ITALIENNES.

L'Ecole romaine de Marc Antoine.

MF

Marc Antoine Raimondi de Bologne.

(Bartsch XIV.)

Quelque peu satisfaisantes que soient les notices données par Bartsch sur la vie de cet artiste célèbre, les nouvelles recherches faites à ce sujet n'ont point eu pour résultat de compléter ces notices d'une façon essentielle. Nous ne connaissons point encore les dates de sa naissance et de sa mort et nous ne pouvons avoir de données approximatives sur ce point qu'en les déduisant des différentes pièces de son oeuvre marquées d'une date. Parmi les premières en ce genre nous citerons la gravure de Pyrame et Thisbé, qui porte le millésime de 1505.[1]) Ces premiers travaux révèlent encore le nielliste

---

1) Dans le poème du Viridario de Giovanni Philotheo Achillini, terminé en 1504, mais publié seulement en 1513 à Bologne par Girolamo de Plato, on trouve le passage suivant:

Consacro anchor Marcantonio Raimondo
Che imita degli antiqui le sante orme,
Col disegno, e bollin molto è profondo
Come se veden sue vaghe e riche forme
Hamme retratto in rame como io scrivo
Ch'en dubio di noi pende quale è vivo.

On devrait donc en conclure que déjà en 1504 Marc Antoine était un gra-

1*

formé à l'école du Francia, encore raide et faible dans le dessin et peu exercé dans la conduite de la taille, ce sont indubitablement des travaux de sa première jeunesse et nous ne croyons pas nous éloigner beaucoup de la vérité en fixant la date de sa naissance vers 1488. Cette date coïnciderait du reste assez bien avec l'âge du portrait que Raphaël peignit vers 1513 dans son tableau à fresque de l'Héliodore et où Marc Antoine est représenté sous les traits d'un jeune homme qui aurait à peine atteint les 30 ans.

On a souvent dit que les premières gravures de notre maître ont été exécutées d'après les dessins du Francia. En effet elles ont souvent la plus grande analogie avec le style de celui-ci, et l'invention, dans certains cas, lui en doit être attribuée. Cependant, pour la majeure partie de ces travaux, nous inclinons vers l'opinion de Zani, qui veut que Marc Antoine ait gravé principalement d'après ses propres compositions, et cette opinion se trouverait confirmée par l'assertion de Vasari qui, en parlant de Marc Antoine, dit expressément qu'il se distingua entre tous les élèves de son maître par un talent d'invention (ingegno) et que c'est à l'amitié et à la préférence que lui montra le Francia qu'il doit son surnom de' Franci.

Nous verrions une autre preuve en faveur de notre opinion dans le fait qu'au nombre des premiers travaux de notre artiste, assez enclin, comme on le sait, au libertinage, se trouve la pièce assez libre du Satyre découvrant une Nymphe, datée du 11 Mars 1506, où il est peu probable que le Francia, très-chaste et très-sevère dans ses compositions, ait fourni un tel sujet à son élève dans le but de le faire reproduire par la gravure.

Quant aux circonstances qui ont pu influer sur la manière de Marc Antoine, on doit remarquer que dans la gravure de l'Orphée (B. No. 314) qui appartient encore à ses premiers travaux, la conduite régulière des hachures dans la figure principale est bien dans le genre du Francia, tandis que la manière dont le chien est traité est tout à fait dans le faire d'Albert Durer et révèle, chez le graveur, une connaissance des travaux du maître allemand, connaissance prouvée, du reste, par les deux copies qu'il exécuta, d'après les bois de Durer,

---

veur distingué, puisqu'il avait gravé à cette époque un excellent portrait du poëte; mais comme dans ses gravures avec la date de 1506 il se montre encore fort inexpérimenté, on doit croire que le portrait d'Achillini décrit par Bartsch sous le No. 469, (Il Philotheo) et qui est d'un excellent travail, a dû être exécuté vers 1509.

de la vie de la Vierge, l'Annonciation et l'Adoration des Mages, pièces qui portent toutes deux la date de 1506. Nous devons en conclure que non-seulement Marc Antoine avait, de très-bonne heure, vu des gravures d'Albert Durer, mais qu'il avait pu faire également la connaissance personelle de celui-ci à l'occasion de son passage à Bologne dans le mois d'Octobre 1506, comme on le voit par une lettre adressée à Bilibald Pirkheimer de Nuremberg et dans laquelle Durer lui annonce de Venise qu'il a l'intention de faire une excursion jusqu'à Bologne. Au nombre des gravures que Marc Antoine a dû exécuter, vers ce temps, d'après le maître allemand, nous mentionnerons encore la Vierge au papillon, la Dame à cheval, les Offres d'amour et le Seigneur et la dame à la promenade.

Mais l'influence exercée par le maître allemand sur la manière du graveur italien dut être encore plus grande après le voyage que celui-ci fit, en 1508, dans la haute Italie et à Venise où, selon Vasari, il acheta et copia tout ce qu'il put y voir des gravures d'Albert Durer. Parmi ces gravures se devait trouver la suite des bois que Durer avait publiés jusqu'alors de la vie de la Vierge et dont Marc Antoine ne copia que les premiers 17, puisque les trois autres ne parurent qu'en 1510. Ces copies portent, comme on le sait, le monogramme de Durer et le No. 17 celui du maître italien. Cette circonstance semble prouver l'assertion de Vasari quand il nous dit que le maître de Nuremberg se plaignit au Sénat de Venise de cette contrefaçon sans obtenir cependant d'autre satisfaction que celle de faire interdire à Marc Antoine l'usage, sur ses copies, du monogramme dont se trouvaient revêtus les originaux.

Nous devons au séjour que Marc Antoine fit dans la haute Italie quelques-unes des gravures qu'il fit alors d'après des compositions du Mantègne et du Giorgione. Au premier de ces maîtres appartient le dessin de l'estampe de Mars et Vénus, avec la date du 16 Décembre 1508, au second le sujet de fantaisie des Deux jeunes femmes nues couchées sur le bord d'une rivière et que Bartsch (No. 359) décrit sous le titre de Songe de Raphaël.

Notre artiste se montre déjà un maître consommé dans son art dans la gravure des Grimpeurs, d'après un groupe du célèbre carton de Michel-Ange, et qui porte la date de 1510. On pourrait en conclure qu'il aurait lui-même dessiné ce groupe à Florence, immédiatement avant son départ pour Rome, où il se rendit vers cette époque, comme le prouverait l'esquisse que Raphaël fit alors du Massacre des Innocents sur la même feuille[1]) où il avait fait une étude du Jugement de Salomon qu'il peignit à fresque dans la Salle della Segnatura vers 1510. Vasari cite également le Massacre des Innocents comme une des premières gravures de Marc Antoine d'après les dessins de Raphaël.

Il ne peut exister le moindre doute que la part ainsi prise par le grand maître d'Urbin aux travaux du graveur bolonais, n'ait contribué pour beaucoup au degré d'excellence que celui-ci atteignit dans son art, mais on n'aurait pas droit d'en conclure, comme on a cherché à le faire, que Raphaël lui-même a souvent tracé sur la planche de cuivre le trait de ses propres compositions. Nous ne pouvons davantage admettre qu'il se fût occupé de corriger les premières impressions d'épreuve, comme on a voulu le déduire d'une pièce de ce genre, la Galathée de Marc Antoine qui, fortement retouchée à la plume, se conserve à la bibliothèque de Vienne. Le remplissage au moyen de points et le travail pour donner plus de modèle aux formes, ne correspondent en aucune façon à la manière de dessiner de Raphaël. Nous avons même lieu de croire que ces retouches sont de Marc Antoine lui-même, puisque cette gravure n'est pas du nombre de celles qu'il a complétement terminées.

Le talent hors ligne et la perfection de Marc Antoine comme dessinateur, ressortent dans toute leur force quand il grave d'après des simples esquisses de Raphaël que celui-ci n'avait point préparées pour la gravure, puisque certaines parties seulement sont terminées, tandis que les autres ne sont que légèrement indiquées. Le graveur devait donc s'être complétement pénétré de la manière du maître pour nous avoir laissé, d'après ces esquisses, des travaux aussi parfaits que ceux que nous admirons dans ses estampes. Après la mort de Raphaël Marc Antoine a gravé principalement d'après les dessins de Jules Romain, et il s'ensuit naturellement qu'il n'a pu produire des oeuvres de la même excellence que durant la vie du maître d'Urbin. On observe également qu'il laissa depuis une plus grande liberté à son burin, liberté qui, dans quelques-unes de ses petites pièces, dégénéra quelquefois en maniérisme; il fut conduit à cette période de décadence surtout par le désir d'un gain plus rapide, quand il retourna pauvre à Bologne où il exécuta ses derniers travaux. Cependant il n'en fut pas toujours

---

1) Cette pièce intéressante se trouve dans la Collection Albertine à Vienne.

ainsi et Marc Antoine donna encore des preuves de son talent dans le Martyre de Saint Laurent d'après Baccio Bandinelli, gravure qu'il exécuta durant la dernière époque de son séjour à Rome.

Notre artiste, au milieu et à la fin de sa carrière, a fait souvent des gravures à l'eau-forte qu'il avait coutume de terminer au burin; telles sont entre autres les pièces suivantes:

Le jeune homme au violon et le vieux pâtre. (Bartsch No. 435.)

St. Roch. (B. 162.)

St. Sébastien. (B. 165.)

Jupiter, Mars, Diane. (B. 253—255.)

Le vieillard et l'homme à l'ancre. (B. 367.)

L'homme frappé avec la queue du renard. (B. 372.)

Le jeune berger et le vieux. (B. 431.)

Le vieillard et le jeune homme gras. (B. 436.)

A ces pièces on pourrait ajouter beaucoup d'autres gravures du même genre, à propos desquelles nous nous contenterons d'observer que celle de la Femme du Satyre auprès de la Statue de Priape (B. 284) comme celle de la Femme aux deux éponges (B. 373) sont toutes deux traitées dans le genre des eaux-fortes allemandes et que même la prétendue copie B de la Femme en médidation (B. 445) est décidément une eau-forte de Barthelemi Beham, duquel Marc Antoine aurait pu apprendre l'art de la gravure à l'eauforte.

Aucun des nielles que Marc Antoine aurait pu avoir exécutés à l'école du Francia, ne paraît être parvenu jusqu'à nous. En revanche, nous possédons quelques épreuves de ce genre de travail durant son séjour à Rome, ce sont entre autres:

1. La Vierge, la Madeleine et Ste. Marie Egyptienne, trois figures sur une même planche, séparées par des pilastres.

2. Ste. Lucie, Ste. Cathérine et Ste. Barbe.

3. Le Triomphe de Neptune.

A ces nielles on ajoute ordinairement, mais avec moins de certitude, les suivants:

4. La Madeleine portée sur les nuages par six anges. (B. 108.)

5. Deux Amours assis près d'un tombeau. (D. No. 227.)

6. Amymone enlevée par un Triton. (D. No. 241.)

Nous reviendrons sur ces nielles dans le catalogue de l'oeuvre du maître.

En ce qui concerne la dernière période de la vie de Marc Antoine, Vasari nous dit que dans le sac de Rome, qui eut lieu en 1527, notre artiste, après avoir perdu tout son avoir et même payé une forte rançon, se retira de nouveau à Bologne sa patrie, où il ne vécut point longtemps et ne travailla que fort peu. Cette assertion de Vasari paraît confirmée par un passage de l'Arétin dans sa comédie de la Cortigiana, imprimée en 1534 par G. A. de Niccolini de Sabio à Venise, et où il fait dire à Flaminio :

„Je ne nie point que Marc Antoine n'ait été unique dans la conduite du burin, mais Jean Jaques Cavalio son élève non-seulement égale son maître, mais le surpasse dans les gravures sur cuivre que nous avons jusqu'ici de lui, etc."

On pourrait conclure de ceci que Marc Antoine ne vivait plus en 1534.

La grande réputation que notre maître acquit par ses gravures attira plusieurs artistes, surtout de la haute Italie, à Rome, où ils se formèrent dans son école; nous citerons, entre autres, Agostino Veneziano, Jacopo Caraglio, le maître B au dé et plusieurs autres dont les noms ne sont point parvenus jusqu'à nous, mais dont les ouvrages montrent la plus grande analogie avec ceux du maître. D'autres graveurs qui s'étaient formés à l'école du Mantègne et s'étaient fait déjà connaître par leurs travaux, comme Giovan Antonio da Brescia et Nicoletto da Modena abandonnèrent leur manière pour adopter celle de Marc Antoine. A ceux-ci on peut ajouter Giacomo Francia, condisciple de notre maître à Bologne et qui se forma ensuite sous lui à Rome où il grava, entre autres, de concert avec Agostino Veneziano, quelques arabesques d'après Giovanni da Udine. Parmi les Allemands qui vinrent à Rome étudier sous notre maître on compte, selon Sandrart, trois élèves d'Albert Durer: Barthelemi Beham, George Pencz et Jacob Binck, qui non-seulement se formèrent à son école, mais qui, à en croire le même auteur, exécutèrent sous la direction de Marc Antoine plusieurs gravures qui furent publiées sous son nom. Parmi ces gravures, nous croyons pouvoir citer comme appartenant à B. Beham les quatre suivantes:

La femme avec les deux éponges. (B. 373.)
L'homme et la femme aux boules. (B. 377.)
La femme arrosant une plante. (B. 383.)

La femme en méditation ou COGNITIO DEI. (B. 445.) Gravure à l'eau-forte.

La célèbre estampe du „Massacre des Innocents" au chicot (B. No. 18) s'éloigne tellement, dans la conduite du burin, de la manière usuelle de Marc Antoine, que nous ne pouvons nous rallier à l'opinion qui voudrait qu'elle fut un des premiers ouvrages du maître; au contraire, cette pièce montre une telle analogie avec le style de George Pencz, dans ses Triomphes du Pétrarque, que nous n'hésitons point à la lui attribuer. Nous observerons à l'appui de cette opinion que les premières épreuves de cette gravure ne portent point de signature et que celle de Marc Antoine ne figure que sur les impressions postérieures.

Les élèves italiens de Marc Antoine n'ont point seulement gravé plusieurs copies de ses estampes, mais ont pris également part aux travaux du maître même, et c'est sans doute par cette raison que plusieurs des gravures qui lui sont attribuées montrent de si grandes différences dans la taille. Dans notre catalogue nous avons eu soin de séparer de l'oeuvre de Marc Antoine, celui d'Agostino Veneziano, de Marc de Ravenne, et des différents anonymes de l'école, que Bartsch, dans le vol. XIV. du Peintre-Graveur, a réunis sous une même rubrique, et de disposer le tout en quatre divisions comprenant l'oeuvre des trois maîtres principaux et celui des graveurs inconnus de la même école que Bartsch a décrit dans son XVe volume pp. 5—58. Nous en avons naturellement exclu les gravures que nous avons reconnu avoir été gravées par Francesco Francia et par Giovanni Antonio da Brescia et que nous avons classées déjà dans l'oeuvre de ces maîtres.

On peut citer encore trois estampes communément attribuées à Marc Antoine et de la plus grande beauté:

La Vierge assise sur des nuages (B. No. 47),

La Vierge pleurant sur le corps de son fils (B. No. 34), et

La Philosophie (B. No. 381),

mais dont la manière diffère beaucoup de la sienne et la surpasse dans la beauté du dessin et dans l'intensité de l'expression.

Jetons ici un dernier coup d'oeil sur les hautes qualités qui ont assuré à Marc Antoine le premier rang parmi les graveurs ses contemporains. Ces qualités consistent dans une parfaite entente du dessin, qu'il avait appris d'abord à l'école du Francia et qu'il porta ensuite au plus haut degré de perfection sous la direction de Raphaël; Vasari nous en est témoin quand il mentionne les dessins de Marc Antoine,

d'après les fresques du Vatican, qu'il conservait dans le livre, qu'il
mentionne si ·souvent, des dessins des grands maîtres; ensuite dans
l'expression de vérité et de vie qu'il savait donner aux têtes de ses
figures; enfin dans la conduite sage et intelligente du burin qu'il mania
avec beaucoup de simplicité et de maîtrise dans un style emprunté à
Albert Durer et dans lequel il n'eut point de rival, soit parmi ses contemporains, soit parmi les graveurs italiens du XVIᵉ Siècle qui suivirent ses traces. A ces prérogatives il joignait un sentiment exquis de
la manière des maîtres dont il gravait les compositions, et personne
mieux que lui n'a su rendre la finesse des contours, la grâce des formes, la profondeur de l'expression que l'on admire dans les ouvrages
de Raphaël, et sous ce rapport il est resté inimitable, même jusqu'à
nos jours. A tous ces mérites Marc Antoine joint encore celui d'avoir
fait connaître, par ses ouvrages, au monde entier les productions du
grand maître d'Urbin, d'avoir contribué pour beaucoup au développement et à l'essor de l'art qui en fut la conséquence, et enfin de nous
avoir conservé beaucoup d'ouvrages du maître qui sans cela auraient
été à jamais perdus pour nous.

Catalogue des estampes de Marc Antoine.

(Bartsch Vol. XIV.)

Après avoir examiné, de nos propres yeux, presque toutes les
gravures du maître décrites par Bartsch dans son XIVᵉ volume, nous
avons cru devoir classer dans un catalogue particulier toutes les estampes de Marc Antoine reconnues, en même temps que celles que
nous croyons devoir lui attribuer. Nous nous en référons pour chaque
numéro au Catalogue de Bartsch, et nous ajoutons ensuite nos propres
remarques. Enfin, dans un Appendice, nous avons enregistré les gravures et les nielles du maître qui sont restés inconnus à Bartsch.

I. Sujets de l'ancien et du nouveau Testament.

1. Adam et Eve. (B. 1.) H. 8 p. 10 l. L. 6 p. 6 l.

Très - belle pièce d'après un dessin de Raphaël. L'esquisse de cette composition se trouve dans la Collection d'Oxford. Une copie qui n'a pas été mentionnée par Bartsch porte, sur une tablette, l'inscription MICHEL ANGEL et se trouve marquée à la plume du monogramme NF. Berlin.

2. Adam et Eve s'enfuyant du paradis. (B. 2.) H. 7 p. 2 l. L. 5 p. 5 l. D'après la peinture à fresque de Michel Ange dans la chapelle Sixtine. Marc Antoine, et non Raphaël, comme on l'a souvent dit sans aucun fondement, a dû exécuter lui-même le dessin dont il s'est servi pour cette gravure.

Outre la copie en contre-partie, mentionnée par Bartsch, il en existe une autre dans le sens de l'original et de la même grandeur.

3. Dieu apparaît à Noé. (B. 3.) H. 11 p. 5 l. L. 9 p. 3 l.

Vasari décrit cette composition, peinte à fresque par Raphaël dans la Salle de l'Héliodore, sous le nom de la promesse faite à Abraham d'une nombreuse postérité, mais le biographe florentin semble s'être trompé quant au nom du patriarche, puisque l'on voit trois enfants dans cette composition. Bartsch y trouve „Dieu ordonnant à Noé de bâtir l'Arche“, mais également à tort puisque rien, dans le sujet, n'indique cette circonstance. D'après le cycle des compositions auxquelles appartient cette fresque, on doit y trouver une promesse faite à quelque patriarche qui ne serait autre que Noé, comme devant être le conservateur de l'espèce humaine.

4. Joseph et la femme de Putiphar. (B. No. 9.) H. 7 p. 9 l. L. 9 p.

Copie C. Dans le même sens que l'original signée $\sqrt{F}$. (Jacobus Valesio fecit.)

5. David coupant la tête de Goliath. (B. 10.) H. 9 p. 9 l. L. 14 p. 7 l.

Zani, Encycl. III. 282, croit cette pièce gravée par Agostino Veneziano et en compare la taille avec celle de la Bénédiction d'Isaac et celle de La Manne (B. Nos 6 et 8). Nous ne pouvons cependant partager cette opinion, car la manière de la pièce qui nous occupe est fort différente de celle des deux que nous venons de citer, et nous

paraît décidément, à en juger par la bonté de l'exécution, être
celle de Marc Antoine.

6. David vainqueur de Goliath. (B. 11.) H. 4 p. 1 l.
L. 2 p. 11 l.

Le dessin de cette pièce ne paraît point être de Raphaël, mais
bien de Baccio Bandinelli.

Il en existe une copie en contre-partie, sans marque. H. 4 p.
2 l. L. 3 p.

7. David vainqueur de Goliath. (B. 12.) H. 6 p. 4 l.
L. 4 p.

Le dessin de cette pièce, dans le style du Francia, pourrait être
de Marc Antoine lui-même.

8. La Nativité. (B. 16.) H. 13 p. 11 l. L. 10 p.

Cette composition est tout à fait dans le style du Francia, auquel
semblerait appartenir le dessin pour cette gravure.

9. Le Massacre des Innocents, sans le chicot. (B. 20.)
H. 10 p. 3 l. L. 15 p. 10 l.

Cette gravure est une des meilleures du maître et, par la conduite
du burin, la pureté et l'exactitude du contour, la vivacité de l'expression, surtout dans les têtes, dépasse de beaucoup en mérite la pièce
au chicot que Bartsch (No. 18) attribue à Marc Antoine et qu'il
préfère de beaucoup à la pièce qui nous occupe et qu'il décrit sous le
No. 20. Si l'on se donne néanmoins la peine de comparer les deux
estampes, on trouvera dans celle au chicot une plus grande raideur
dans les contours, jointe à une entente moins bonne du dessin, avec
moins de vérité et de vie dans l'expression des têtes. La manière,
en ce qui touche à la conduite du burin, est très-différente de celle
de Marc Antoine, la taille dans les parties d'ombres est plus nette,
plus fine et plus serrée et on y trouve souvent les hachures horizontales quelquefois employées par George Pencz et que nous avons déjà
observées dans les Triomphes du Pétrarque de ce maître et dans
sa Prison d'après Jules Romain, pièce ordinairement attribuée à
Giorgio Ghisi.

On doit observer, de plus, à ce sujet que les premières épreuves
de la pièce au chicot ne portent point le monogramme de Marc
Antoine qui n'y fut ajouté que plus tard. Si Bartsch la considère, malgré tout cela, comme le chef-d'oeuvre de la gravure sur cuivre et
comme une des plus belles de Marc Antoine, nous ne pouvons voir
dans cette opinion que l'écho de celle de Longhi dans sa „Calcogra-

fia", quand il dit que „le burin de Pencz est plus ferme et plus net que celui de son maître Marc Antoine."

Bartsch croit que la pièce No. 20 a été gravée par Marco da Ravenna, et cette opinion est d'autant plus remarquable qu'il n'a pas dû échapper à un oeil aussi exercé et aussi sûr que le sien que l'on ne retrouve, dans aucune des estampes de ce graveur, l'excellence de travail que l'on admire dans cette pièce. Il semble avoir été conduit à croire que la pièce au chicot est celle que Vasari attribue à Marc Antoine par un passage de l'oraison funèbre prononcée par Vincenzo Carrari sur la tombe du peintre Luca Lunghi de Ravenne, et dans laquelle il dit que „Marco Dente de Ravenne a, d'une main de maître, gravé le Massacre des Innocents d'après Raphaël" et à penser en même temps que la pièce No. 20 doit être de ce dernier maître.

Du reste, Zani considère cette dernière pièce comme appartenant décidément à Marc Antoine, et s'il donne la gravure au chicot à Marco da Ravenna, c'est là une erreur que les considérations que nous avons enregistrées plus haut nous dispensent de réfuter.

Bartsch a décrit les premières épreuves de cette pièce. Les secondes, de la planche quelque peu retouchée, portent sous le pied droit du soldat l'adresse Ant. Sal. exc.

Les troisièmes épreuves portent, outre la signature d'Ant. Salamanca, l'adresse, suivante:

In Roma presso Matteo de Rossi in Piazza Navona.

Les quatrièmes épreuves portent, au lieu de l'adresse de Matteo, celle de Giov. Bat. de Rossi in Piazza Navona.

Enfin les dernières épreuves, où l'on ne retrouve guère plus que les contours, ont, avec l'adresse de Salamanca, celle de „In Roma presso Carlo Losi 1773. En 1806, Carlo del Maino acheta la planche.

10. Jésus à table chez Simon le pharisien. (B. 28.) H. 8 p. 6 l. L. 12 p. 10 l.

La composition de cette pièce est généralement attribuée à Raphaël, mais elle ne repond point entièrement au style grandiose du maître, mais rappelle plutôt la manière du Garofalo.

E. Copie du Vénitien Domenico Zenoi ou Zenoni. (Brulliot Dict. II. No. 669.)

11. La Cène. (B. 26.) H. 10 p. 10 l. L. 16 p.

Le dessin original à la plume, par Raphaël, de cette composition est exécuté avec beaucoup de soin, dans des dimensions un peu plus grandes que la gravure et, dans le dessin, un vase à vin antique avec bas-relief est designé par un trait comme ne devant pas être reproduit par le graveur. Cette feuille intéressante se trouve dans la Collection de la reine d'Angleterre.

12. **Jésus mis au tombeau.** (B. 30.) H. 3 p. L. 3 p. 4 l.

Cette gravure de Marc Antoine paraît avoir été exécutée d'après un dessin du Garofalo; à tout événement, la composition n'est point du Francia.

13. **La Descente de croix.** (B. 32.) H. 15 p. 2 l. L. 10 p. 6 l.

Zani (Encycl. II. 8, p. 167) dit avoir trouvé le dessin original à la plume pour cette gravure, avec quelques différences légères, dans la Collection de Don Ciccio de Lucca à Naples.

14. **La Vierge pleurant sur le corps de Jésus.** (B. 35.) H. 11 p. L. 8 p.

Cette pièce, d'un excellent travail, a été indubitablement gravée par Marc Antoine, comme Bartsch l'a déjà reconnu; mais il se trompe quand il affirme qu'elle n'est qu'une répétition de la **Vierge au bras nu** (No. 34), qu'il dit également avoir été gravée par notre maître d'après un dessin de Raphaël. Cette dernière estampe, gravée avec une grande finesse, diffère beaucoup dans la manière de celle de Marc Antoine, et, quoique d'un caractère vivant et senti, le dessin ne révèle pas cette finesse d'expression que l'on admire dans l'original de Marc Antoine. La conduite de la taille, les retouches au moyen de points et la composition du paysage, mais surtout le dessin des arbres, rappellent forcément la manière de Barthelemi Beham, et nous ne serions pas éloigné de croire que cette pièce doit être comptée parmi les plus belles du maître allemand, d'après un dessin original de Raphaël et sous la direction de Marc Antoine.

15. **La Vierge et les Saintes femmes pleurant sur le corps de Jésus.** (B. 37.)[1] H. 7 p. 10 l. L. 6 p. 2 l.

Pièce exécutée d'après un dessin de Raphaël, légèrement esquissé, qui se trouve actuellement dans la Collection d'Oxford.

C. Copie dans le sens de l'original, d'un travail un peu raide et où les croix sur le Calvaire sont couvertes de hachures, tandis que dans l'original elles ne sont qu'au simple contour.

---

1) Un sujet semblable (B. 646), d'après un dessin d'Albert Durer, porte les initiales N . I . RO. (Nicolas Rosex de Modène.)

16. La descente aux Limbes. (B. 41.) H. 8 p. L. 6 p. 5 l.

La composition et le dessin de cette pièce rappellent assez le style du Francia, mais les formes, surtout dans l'Eve, sont plus pleines que chez ce maître. Zani en avait donc conclu, avec assez de vrai-semblance, que cette pièce, avec d'autres d'un style analogue, avait été gravée par Marc Antoine d'après ses propres compositions.

17. St. Paul prêchant à Athènes. (B. 44.) H. 9 p. 10 l. L. 13 p.

A. Copie dans le sens de l'original et de mêmes dimensions, ayant à la gauche du bas l'adresse Jacobus Laurus exc.

B. Copie dans le sens de l'original, avec l'adresse en bas à gauche: Jacobus Marcucci exc. H. 10 p. L. 12 p. 9 l.

C. Copie sans la tablette, d'une impression très-noire. H. 10 p. 2 l. L. 12 p. 30 l.

II. Sujets de Vierges et de Saints.

18. Marie Madeleine et Marthe sur les degrés du temple. (B. 45.) H. 8 p. 7 l. L. 12 p. 9 l.

Bartsch décrit cette composition sous le titre de Notre Dame à l'escalier. Cependant Rossi l'avait déjà désignée, avec raison, comme représentant la Madeleine conduite par sa soeur Marthe pour entendre la prédication du Sauveur. D'après la légende, Madeleine se trouvait encore engagée dans les délices mondaines, quand elle fut convertie par un seul regard du Christ, pour devenir ensuite une de ses plus fidèles adoratrices.

19. La Vierge assise sur un trône. (B. 46.) H. 6 p. 6 l. L. 5 p.

Le dessin de cette composition ne peut être que d'un élève de Raphaël, car non-seulement le bras droit de la Vierge est trop long, mais la position des jambes de l'enfant n'est point belle. La taille, pour être celle de Marc Antoine, est assez médiocre et il paraît s'être dégoûté de cette pièce qu'il n'a pas achevée.

20. La Vierge assise sur des nuées. (B. 47.) H. 6 p. 7 l. L. 5 p. 6 l.

E. Copie dans le sens de l'original. Elle est assez trompeuse, quoiqu'un peu plus raide de taille que l'original; les nuées à gauche ont deux traînées horizontales, tandis qu'il y en a trois dans la copie et une quatrième, à droite.

21. La Madone de Foligno, mais seulement la Vierge et l'enfant sur les nuages. (B. 52.) H. 9 p. 2 l. L. 6 p. 2 l.

La répétition de cette composition (B. 53) est gravée d'un burin très-délicat, mais différent de celui de Marc Antoine.

B. Copie de dimensions un peu moindres, signée d'un G sur une tablette. (Brulliot Dict. II. 907.)

22. La Vierge à la longue cuisse. (B. 57.) H. 14 p. 10 l. L. 9 p. 10 l.

Ste. Famille d'après un dessin de Raphaël. Il existe de cette pièce une copie excessivement trompeuse et qui ne se distingue de l'original que par une taille un peu plus raide et moins de caractère dans les têtes.

23. La Sainte famille de la voûte, d'après Michel Ange. (B. 59.) H. 3 p. L. 4 p. 4 l.

Il en existe une copie en contre-partie, avec St. Joseph assis à gauche, par un anonyme et sans marque.

24. Sainte famille avec la Vierge allaitant l'enfant Jésus. (B. 60.) H. 6 p. 3 l. L. 4 p. 7 l.

Cette pièce d'un excellent travail est exécutée d'après un dessin de Raphaël.

25. La Vierge au palmier. (B. 62.) H. 8 p. 8 l. L. 6 p. 3 l.

26. La Vierge au berceau. (B. 63.) H. 9 p. L. 6 p. 4 l.

Les épreuves postérieures ont l'adresse d'Ant. Salamanca.

27—39. Jésus Christ et les douze Apôtres. (B. 74—76) H. 7 p. 10 l. L. 5 p.

Raphaël, on le sait, fit les dessins de cette suite pour la Salle des Palefreniers au Vatican, où elle a été exécutée en grisaille à la terre verte. Ces pièces sont très-inégales de taille, et il semble que le St. Pierre seul ait été exécuté par Marc Antoine.

40. St. Christophe. Sans marque. (B. 96.) H. 3 p. 7 l. L. 2 p. 6 l.

Cette pièce, qui appartient aux premiers travaux du maître, semble avoir été gravée d'après son propre dessin.

41. St. François. Sans marque. (B. 97.) H. 3 p. 9 l. L.
2 p. 11 l.

La composition de cette pièce paraît être également de Marc
Antoine.

42. St. George. (B. 98.) Cette pièce est la seule que le
maître ait marquée ainsi MAR. ANT., et elle appartient à sa première
manière, dans laquelle il se montre un imitateur fidèle de son maître
Francia. Le style du paysage rappelle celui d'Albert Durer, et comme
le jet des draperies est un peu irrégulier, on en doit conclure que la
composition est celle du graveur lui-même.

43. St. Jean Baptiste. (B. 99.) H. 3 p. 9 l. L. 2 p. 2 l.

La composition et le dessin de cette pièce sont tellement dans
la manière du Francia, que l'on peut croire que Marc Antoine a exécuté cette gravure d'après l'invention de son maître.

44. St. Jérôme, à genoux devant un crucifix planté dans un
tronc d'arbre. (B. 101.) H. 5 p. L. 4 p. 2 l.

L'invention de cette pièce n'est point de Raphaël et le jet des
draperies rappelle plutôt la manière du Garofalo.

45. St. Jérôme au petit lion. (B. 102.) H. 5 p. 4 l.
L. 7 p.

La composition de cette pièce appartient évidemment à l'Ecole
vénitienne et avant tout à celle de Jean Bellin.

46. Le Martyre de St. Laurent. (B. 104.) L. 16 p. L.
21 p. 3 l.

Le dessin original à la sanguine de Baccio Bandinelli qui a servi
pour cette estampe célèbre, se trouve au Cabinet de Munich. Ce dessin est de la plus grande beauté et de l'exécution la plus soignée, et
l'on comprend que l'auteur ait eu lieu de se plaindre que Marc Antoine n'ait pas copié exactement l'original; car si l'élève de Raphaël a
donné plus de noblesse et de beauté aux formes, surtout dans le nu,
il ne l'a pu faire qu'aux dépens de l'énergie qui domine dans toute
la composition.

Le Musée britannique a acquis dans la vente de la Collection
Mund une gravure sur bois de cette composition, de la même grandeur et d'un excellent travail. (Waagen, Archives de Naumann II. 247.)

47. St. Sébastien. (B. 109.) H. 6 p. 6 l. L. 4 p. 4 l.

Marc Antoine a gravé cette pièce d'après un dessin du Mantègne
et dans sa première manière, probablement vers 1508, durant son
voyage dans la haute Italie.

48. St. François, St. Antoine de Padoue et St. Jean de Capistran. (B. 110.) H. 8 p. L. 6 p. 5 l.

Cette pièce est gravée dans la première manière du maitre et tellement dans le style du Francia, que l'on pourrait croire que le dessin est de celui-ci.

49. Les cinq Saints. Le Sauveur est assis sur les nuages entre la Vierge et St. Jean Baptiste et au bas se trouvent l'Apôtre St. Paul et Ste. Cathérine. (B. 113.) H. 15 p. 9 l. L. 10 p. 9 l.

L'esquisse originale pour cette pièce se trouve dans la Collection du Louvre, mais elle a été lavée au bistre de façon qu'il ne reste presque plus rien du dessin original.

50. Ste. Cathérine. (B. 115.) H. 4 p. L. 2 p. 11 l.

Cette gravure de Marc Antoine a dû être exécutée d'après son propre dessin, ou peut-être d'après une composition du Garofalo.

51. Ste. Cécile, accompagnée de quatre Saints. (B. 116.) H. 9 p. 8 l. L. 5 p. 9 l.

Cette gravure n'a point été faite d'après le tableau, mais d'après une esquisse de Raphaël. On ne sait ce que cette esquisse est devenue, puisque le dessin de la Coll. de Sir T. Laurence ne paraît être qu'une copie de la gravure.

52. Le martyre de Ste. Cécile, pièce communément désignée sous le nom de Martyre de Ste. Félicité. (B. 117.) H. 8 p. 8 l. L. 15 p.

Cette erreur de dénomination est due à Vasari, quoiqu'une ancienne gravure sur bois de la même composition porte l'inscription: MARTIVM S. CECILIE, et que le supplice au moyen de la chaudière, les corps de son époux Valérien et de son beau-frère Tiburce se rapportent plutôt à Ste. Cécile qu'à Ste. Félicité, qui vivait 200 ans après Jésus-Christ et qui, après avoir été livrée aux bêtes et avoir été épargnée par elles, fut ensuite décapitée. L'autre Ste. Félicité, matrone romaine et veuve, sous Marc-Aurèle, était la mère de sept fils qui souffrirent le martyre sous plusieurs formes, et fut elle-même décapitée pour n'avoir point voulu renier sa foi. La mère des Machabées, puisqu'on a voulu également la voir dans cette estampe, avait aussi sept fils et mourut plutôt que de manger des viandes défendues par la loi. Nous ne voyons, du reste, dans la gravure que deux hommes décapités, et la maison de chasse nommée la Magliana, dans la chapelle de laquelle cette composition était peinte à fresque, se trouve sur un bien appartenant au cloître de Ste. Cécile au Trastevere, ce ui expliquerait suffisamment le choix de cette composition pour l'ornement de la chapelle.

53. Ste. Marguerite. (B. 118.) H. 4 p. 1 l. L. 2 p. 11 l.

Le style de la composition, les bras trop longs et les proportions trop ramassées de la figure ne répondent point à la manière du Francia et le dessin n'est certainement pas de lui; on pourrait plutôt l'attribuer à Marc Antoine lui-même.

54. Ste. Lucie, Ste. Cathérine et Ste. Barbe. (B. 120.) H. 2 p. 10 l. L. 4 p. 3 l.

Sur fond noir et dans trois compartiments séparés. Cette pièce est une épreuve de nielle que nous retrouverons parmi les nielles du maître. On en trouve un pendant dans la pièce représentant la Vierge et l'Enfant Jésus, Ste. Marie Madeleine et Ste. Marie l'Egyptienne, enregistrée également parmi les nielles.

III. Les petits Saints.

Au dire de Vasari, Marc Antoine aurait gravé toutes ces petites pièces d'après ses propres compositions.

55—67. Jésus-Christ et les douze Apôtres. (B. 124—136.) H. 3 p. 1 l. L. 1 p. 9 l,

Des copies mentionnées par Bartsch, p. 112, sous la lettre A, etc. le Musée britannique possède une épreuve où, en haut, près du Christ, se trouvent l'Ange Gabriel No. 149, à gauche, et l'Ange Raphaël avec le petit Tobie No. 150, à droite. Ensuite, sur trois rangées, l'une au-dessous de l'autre, les douze apôtres quatre à quatre. H. 16 p. 2 l. L. 12 p.

On trouve des copies de l'Apôtre St. Mathieu No. 131, et de l'apôtre St. Thomas No. 132, signées du monogramme A⫙.

68. Le Christ en croix. (B. 137.) H. 3 p. 1 l. L. 1 p. 10 l.

A. Copie dans le sens de l'original. Sans le monogramme.

B. Copie en contre-partie, sans marque et de la grandeur de l'original.

69. La Trinité. (B. 138.) H. 3 p. 1 l. L. 1 p. 10 l.

On trouve une copie de cette pièce dans le sens de l'original de même dimension et portant le monogramme de Marc Antoine.

2*

70. **La Ste. Vierge debout.** (B. 139.) H. 3 p. 1 l. L. 1 p. 9 l.

71. **L'Ange gardien avec le petit Tobie.** (B. 140.) H. 2 p. 9 l. L. 1 p. 8 l.

Pendant de l'ange Gabriel No. 149. Nous avons parlé plus haut de la copie où ces deux pièces se trouvent avec le Christ et les douze Apôtres.

72. **St. Antoine, le premier ermite.** (B. 141.) H. 3 p. L. 1 p. 9 l.

Cette pièce, quoiqu'elle porte la marque de Marc Antoine, ne semble pas avoir été gravée par lui.

B. Copie en contre-partie, signée ⊕. (Brulliot Dict. No. 3183.)

73. **St. Antoine de Padoue.** (B. 142.) H. 2 p. 10 l. L. 1 p. 10 l.

74. **St. Bennon.** (B. 143.) H. 3 p. L. 1 p. 10 l.

75. **St. Bernard.** (B. 144.) H. 3 p. L. 1 p. 10 l.

76. **St. Jean de Capistran.** (B. 145.) H. 3 p. 4 l. L. 2 p. 2 l.

77. **St. Christophe.** (B. 146.) H. 3 p. 1 l. L. 1 p. 11 l.

B. Copie dans le sens de l'original et de la même grandeur, sans marque et sans inscription.

78. **St. Etienne.** (B. 147.) H. 3 p. L. 1 p. 10 l.

79. **St. François d'Assise.** (B. 148.) H. 3 p. L. 1 p. 10 l.

C. Copie dans le sens de l'original, dont elle diffère en ce que du rocher pendent trois racines ou herbes sèches, tandis qu'il y en a cinq dans l'original. De mêmes dimensions. Musée brit.

80. **L'Ange Gabriel.** (B. 149.) H. 2 p. 10 l. L. 1 p. 7 l.

Nous avons déjà parlé plus haut de la copie de cette pièce dans la feuille avec le Christ et les douze Apôtres. On trouve encore, outre celles mentionnées par Bartsch, une troisième copie où la figure est sous un arc. H. 3 p. L. 1 p. 9 l.

81. **St. Jean Baptiste.** (B. 150.) H. 3 p. L. 1 p. 10 l.

82. **Même sujet.** (B. 151.) H. 3 p. 1 l. L. 2 p. 1 l.

83. **St. Jérôme.** (B. 152.) H. 3 p. 1 l. L. 1 p. 11 l.

La copie mentionnée par Bartsch est de Jean Duvet. (Dumesnil V. p. 15. No. 24.)

84. **St. Job.** (B. 153.) H. 3 p. L. 1 p. 10 l.

85. **St. Joseph.** (B. 154.) H. 3 p. L. 1 p. 10 l.

86. St. Laurent. (B. 155.) Il est debout, la tête un peu tournée à gauche, et le corps à droite. H. 3 p. L. 1 p. 10 l.

87. St. Laurent. (B. 156.) Il est debout, de profil à droite. H. 3 p. 1 l. L. 1 p. 10 l.

88. St. Laurent. (B. 157.) Il est debout vu de face, la tête un peu tournée à droite. H. 2 p. 11 l. L. 1 p. 10 l.

89. St. Michel. (B. 158.) H. 3 p. L. 1 p. 10 l.

90. St. Lazare. (B. 159.) H. 3 p. L. 1 p. 10 l.

91. St. Nicolas de Tolentino. (B. 160.)

Il en existe une copie dans le sens de l'original et de mêmes dimensions, avec cette différence que dans l'original, la manche gauche, dans la partie ombrée, a un petit revers qui est beaucoup plus large dans la copie.

92. St. Pierre le martyr. (B. 161.) H. 3 p. 1 l. L. 1 p. 10 l.

Bartsch croit que cette pièce est une copie d'après un Marc Antoine dont il n'aurait point vu l'original. Jusqu'ici, cet original n'existe point, et on doit croire que cette gravure a été exécutée par un élève de Marc Antoine.

93. St. Roch. (B. 162.) H. 3 p. L. 1 p. 10 l.
Il marche vers la gauche; avec la marque. Pièce à l'eau-forte.

94. St. Roch. (B. 163.) H. 2 p. 3 l. L. 1 p. 7 l.
Il se dirige vers la gauche; sans marque.

95. St. Roch. (B. 164.) H. 3 p. 1 l. L. 1 p. 10 l.
Il est vu de face. La marque est à la gauche du bas.

96. St. Sébastien. (B. 165.) H. 3 p. L. 2 p.
Pièce à l'eau-forte, sans marque.

97. St. Sébastien. (B. 166.) H. 3 p. 1 l. L. 2 p. 10 l.
La signature est à la gauche du bas.

98. St. Sébastien. (B. 167.) H. 2 p. 3 l. L. 1 p. 7 l.

Il est attaché à une colonne. Bartsch doute que cette pièce puisse être attribnée au maître.

99. St. Vincent. (B. 168.) H. 3 p. 2 l. L. 2 p.

100. Un Saint pénitent. (B. 169.) H. 2 p. 10 l. L. 1 p. 5 l.

C'est probablement un Saint-Onophre. Le fond de cette estampe est noir et la taille est celle des nielles avec trois figures rangées les unes à côté des autres. Bartsch en conclut que cette pièce n'est qu'un fragment d'une gravure de plus grande dimension. Tout en nous ralliant à cette opinion, nous observerons qu'à notre connaissance, cette gravure plus grande n'est point parvenue jusqu'à nous.

101. Ste. Agathe. (B. 170.) H. 3 p. 1 l. L. 1 p. 10 l.

B. Copie en contre-partie sans les arbres aux côtés. Pièce médiocre et de plus petite dimension que l'original.

102. Ste. Agnès. (B. 171.) H. 3 p. L. 1 p. 10 l.

103. Ste. Anne, la Vierge et l'Enfant Jésus. (B. 172.) H. 3 p. 1 l. L. 1 p. 11 l.

B. Copie signée $\mathcal{M}\!\mathrm{F}$. (Brulliot Dict. I. No. 2003.)

104. Ste. Apollonie. (B. 173.) H. 3 p. L. 1 p. 10 l.

105. Ste. Barbe. (B. 174.) H. 3 p. L. 2 p.

Bartsch doute, avec raison, que cette pièce ait été gravée par Marc Antoine.

106. Ste. Cathérine. (B. 175.) H. 2 p. 10 l. L. 2 p. 2 l.

107. Ste. Cathérine de Sienne. (B. 176.) H. 3 p. L. 1 p. 10 l.

Il en existe une copie dans le sens de l'original et avec les mêmes inscriptions.

108. Ste. Cécile. (B. 177.) H. 3 p. L. 1 p. 10 l.

Copie dans le sens de l'original. On la connaît par le ton foncé des rayons de lumière, d'une exécution très-légère dans l'original.

109. Ste. Helène. (B. 178.) H. 3 p. L. 1 p. 10 l.

110. Ste. Lucie. (B. 179.) H. 3 p. L. 1 p. 10 l.

111. La Madeleine transportée au ciel. (B. 180.) H. 3 p. 5 l. L. 2 p. 2 l.

On doute que cette pièce, qui a été souvent considérée comme un nielle, puisse être attribuée à Marc Antoine.

112. Ste. Marguerite. (B. 181.) H. 3 p. 1 l. L. 1 p. 10 l.

113. Ste. Marthe. (B. 182.) H. 3 p. L. 1 p. 10 l.

114. Ste. Pétronelle. (B. 183.) H. 3 p. L. 1 p. 11 l.

Copie très-semblable à l'original, avec cette différence que l'inscription dépasse la draperie qui se trouve au-dessus.

115. La Mort. (B. 184.)

Les premières épreuves n'ont point le monogramme. H. 3 p. L. 1 p. 10 l.

B. Copie en contre-partie et d'égale dimension que l'original.

IV. Sujets de l'Histoire profane.
Disposés selon l'ordre chronologique.

116. L'enlèvement d'Hélène. (B. 209.) H. 10 p. 10 l. L. 15 p. 6 l.

La taille de cette pièce est trop faible pour qu'on puisse l'attribuer à Marc Antoine.

117. Alexandre fait placer les livres d'Homère dans la tombe d'Achille. (B. 207.) H. 9 p. 6 l. L. 14 p. 10 l.

Bartsch se trompe quand il prend le sarcophage pour le coffre de Darius. La gravure doit son origine à la tradition qu'Alexandre estimait Achille heureux d'avoir eu Homère pour historien.

118—121. Les quatre Cavaliers romains. (B. 188—191.) H. 6 p. 6 l. L. 4 p. 4 l.

Le dessin de ces pièces est très-faible et la taille encore incertaine, quoiqu'elle soit conduite avec finesse; on doit les considérer comme appartenant aux premiers travaux du maître. Les épreuves de la planche retouchée portent l'adresse d'Ant. Salamanca.

122. Didon. (B. 187.) H. 5 p. 11 l. L. 4 p. 6 l.

On en trouve une copie attribuée à Eneas Vico et que Bartsch n'a point connue.

123. Lucrèce. (B. 192.) H. 8 p. L. 5 p.

On connaît encore une autre copie de cette pièce dans le sens de l'orignal et avec les mêmes inscriptions, mais d'une taille moins ferme que l'original. Les cheveux en particulier sont mesquinement traités. (Cab. Brentano.)

124. Cléopâtre. (B. 199.) H. 4 p. L. 6 p. 6 l.

Pièce très-délicatement gravée. On voit que la gravure est celle d'une statue antique qui existe au Vatican et qui ne représente point Cléopâtre, mais bien Ariane.

C. Copie en contre-partie, gravée dans la manière de B. Beham.

E. Copie en contre-partie avec la tablette portant l'inscription Z. B. Maʒʒa.

125. Cléopâtre. (B. 200.)

Cette répétition, si elle est de Marc Antoine, est d'une taille fort inférieure à la précédente.

126. Le triomphe de Titus. (B. 213.) H. 13 p. L. 18 p. 8 l.

Le dessin original à la plume pour cette belle pièce de Marc An-

toine se conserve à la bibliothèque du Louvre où elle est attribuée au
Francia. Nous ne sommes point de cette opinion, d'autant plus qu'il
serait impossible de trouver dans cette composition une seule tête qui
rappelât la manière toute particulière du Francia. Au contraire, nous
remarquons cette variété de types et cette diversité d'expression que
l'on admire dans les meilleurs travaux du Sodoma et qui le rapprochent
tant de l'Ecole de Léonard de Vinci. Nous croyons donc pouvoir attribuer cette composition à Giovan Antonio Razzi, surnommé le Sodoma.[1])

Dans la Collection du roi de Saxe, on trouve une épreuve de cette
gravure, retouchée en plusieurs endroits à la plume.   On en a voulu
conclure que Raphaël s'était donné la peine de corriger lui-même cette
estampe. Mais outre que la composition n'est point de son invention,
les corrections à la plume faites par une main peu exercée, n'ont été
ajoutées que pour donner à cette épreuve une plus grande valeur,
comme l'a fort bien démontré du reste le professeur Frenzel.

127. La Peste de Phrygie. (B. 417.) H. 7 p. 3 l. L.
9 p. 3 l

Le Musée britannique possède une première épreuve de cette
pièce, sans les inscriptions.

Copie en contre-partie, sans l'inscription du haut, et au bas celle
du LINQVEBANT etc. seulement.

V. Sujets de Mythologie.
(Par ordre de sujets.)

128. Le Parnasse. (B. 274.) H. 12 p. 8 l. L. 6 p. 9 l.
C. Copie excessivement trompeuse et qui se distingue de celle

---

1) Le père Ugurgieri fut le premier qui, dans son livre des Pompe Sanesi,
imprimé en 1649, donna à cet artiste le nom de Razzi, et tous les écrivains de l'art
continuèrent à le nommer ainsi. Il résulte de plusieurs documents qu'Ugurgieri
avait mal lu ce nom dans celui qu'il cite et où se trouvait:
„Johannes Antonius de Bazis, pictor de Verzi alias el Sogdoma."
Dans un autre document, notre peintre est nommé:
„Joh. Antonius, pictor de Verzelli, comitatus Mediolani."
(Voyez Comment. à l'édition de Vasari de Le Monnier XI. p. 160 — 163.) Le Sodoma doit être compté parmi les élèves de Léonard de Vinci.

mentionnée par Bartsch sous la lettre A en ceci que, dans la pièce qui nous occupe, le monogramme est composé de lettres droites MF, tandis que dans celle de Bartsch ces lettres s'élargissent par le bas MF. Les draperies sur la cuisse de la figure à gauche ont également quelques hachures de plus que dans la copie A.

129—131. Jupiter, Mars et Diane. (B. 253—255.) Suite de trois pièces. H. 2 p. 10 l. L. 2 p.

Bartsch croit y voir des planètes et pense qu'il en existe encore quatre, mais qui n'ont point encore été trouvées. Le style de la composition rappelle celui du Francia, mais le dessin, d'une plus grande rondeur dans les formes, peut être attribué à Marc Antoine lui-même. Pièces à l'eau-forte.

132. Vulcain, Vénus et l'Amour. (B. 326.) H. 9 p. 4 l. L. 7 p. 6 l.

Cette pièce, de la première manière de Marc Antoine, paraît avoir été gravée d'après un propre dessin dans le style du Francia.

133—135. Jupiter embrassant l'Amour; Mercure descendant du ciel pour chercher Psyché; Cupidon et les trois Grâces. (B. 342—344.) H. 11 p. 6 l. L. 7 p. 3 l.

Ces compositions sont celles du plafond della Loggia Farnesina, anciennement Villa Ghigi.

136. Mars, Vénus et l'Amour. (B. 345.) H. 11 p. L. 7 p. 9 l.

Cette belle estampe, gravée d'après un dessin du Mantègne, porte la date de 1508. 16. D. Dans les premières épreuves, Vénus n'a point de torche et le bouclier de Mars n'a point encore la tête de Méduse. Ces accessoires avec quelques autres paraissent avoir été gravés plus tard sur la planche par un orfévre peu exercé dans le maniement du burin et qui aura gravé ses initiales F. Z. avec le rochoir sur une des courroies de l'armure de Mars.

On trouve une copie de cette pièce de la même grandeur que l'original portant les signatures MF et A. M. (Andrea Mantegna) et sur l'armure l'inscription:

Giov. Batta. Gallestruzzi fece.

137. Le Jugement de Pâris. (B. 245.)

Les premières épreuves de cette excellente pièce ont un effet très-pittoresque ressemblant à celui d'un clair-obscur. Marc Antoine a produit cet effet en passant la planche gravée à la pierre-ponce ou à l'os de sépia; les lumières sont, en conséquence, parfaitement blanches. Le Musée britannique possède une de ces épreuves avec une marge de 1 l., où le travail que nous avons mentionné apparaît des deux côtés comme des traits d'une excessive légèreté et qui ont dû disparaître dans la suite du tirage.

Copie A. Bartsch la tenait pour une mauvaise impression de la planche originale retouchée et portant l'adresse d'Ant. Salamanca. Mais il existe des premières épreuves de cette copie sans l'adresse et même sans inscription. Cette copie montre aussi quelques différences avec l'original, où les têtes de roseaux penchées à l'intérieur divergent, tandis qu'elles ont, dans la copie, une direction parallèle. H. 10 p. 7 l. L. 15 p. 9 l.

B. Copie dans le sens de l'original. Elle est d'une taille un peu raide, mais meilleure que dans la pièce précédente. Dans l'inscription, le monogramme $M\!F$ est de niveau avec l'INVENIT, tandis que dans l'original et dans la copie A, le monogramme, placé 1 l. plus bas, touche la bordure. H. 10 p. 10 l. L. 16 p. 3 l.

138. Le Quos ego, ou Neptune apaisant la tempête. (B. 252.) H. 15 p. 6 l. L. 12 p.

139. Vénus et deux Amours. (B. 251.) H. 2 p. 11 l. L. 1 p. 9 l.

Le dessin pour cette pièce paraît avoir été fait par un élève de Raphaël.

140. Vénus apparaissant à Enée. (B. 288.) H. 6 p. 10 l. L. 4 p. 3 l.

Cette pièce, gravée dans la première manière du maître, semble avoir été exécutée d'après une composition du Francia.

141. Vénus sortant du bain. (B. 297.) H. 6 p. 5 l. L. 5 p. 2 l.

Très-belle pièce d'après Raphaël.

142. Vénus se baissant pour embrasser l'Amour, dans une niche. (B. 311.) H. 7 p. 6 l. L. 5 p. 7 l.

Copie dans le sens de l'original et de mêmes dimensions, mais sans aucune finesse de dessin; les traits du visage sont grossiers et la bouche large.

Le dessin original de Raphaël se trouve dans la Collection Grahl, à Dresde.

143. Vénus sortie de la mer. (B. 312.) H. 3 p. L. 5 p. 7 l.

Cette pièce est marquée du monogramme accompagné de la date:

1506. S. II. Les formes sont luxuriantes et bien prises et le dessin, probablement par Marc Antoine lui-même, un peu faible.

144. **Vénus accroupie.** (B. 313.) H. 8 p. 2 l. L. 5 p. 4 l.

D'après la statue antique. L'Amour qui se tient près d'elle est dans le goût du Mantègne, et Marc Antoine doit avoir gravé cette pièce vers 1509, d'après un dessin de ce maître.

145. **Pallas debout sur un globe.** (B. 337.) H. 10 p. L. 5 p. 10 l.

Pièce peu importante d'après un dessin de Jules Romain.

146—161. **Apollon, Minerve, les Muses et cinq autres figures.** (B. 263— 278.) Suite de 16 pièces. H. 4 p. 6 l. L. 2 p. 10 l.

Ces sujets paraissent être de l'invention de Marc Antoine et avoir été, pour la plupart, gravés sous sa direction.

162. **L'Apollon du Belvédère.** (B. 331.) H. 10 p. 10 l. L. 6 p.

163. **Apollon, le bras gauche au-dessus de la tête.** (B. 332.) H. 7 p. 6 l. L. 5 p.?

Pièce gravée dans la première manière de Marc Antoine d'après une statue antique.

164. **Répétition de la pièce précédente.** (B. 333.) H. 11 p. 8 l. L. 5 p. 4 l.

D'un bon dessin et d'une meilleure exécution par Marc Antoine.

165. **Apollon, figure debout tirée de l'Ecole d'Athènes.** (B. 335.) H. 8 p. 3 l. L. 4 p.

La taille de cette pièce est très-belle et certainement de Marc Antoine, tandis que le No. 334 de Bartsch ne doit en être qu'une copie; évidemment elle n'est pas du maître.

166. **Apollon, Hyacinthe et l'Amour.** (B. 348.) H. 11 p. L. 8 p. 4 l.

Cette pièce qui, avec le monogramme, porte la date de 1506. AP, 9, paraît avoir été gravée d'après un dessin du Francia.

167. **Danse d'Amours.** (B. 217.) H. 4 p. L. 6 p.

On trouve encore de cette belle pièce, d'après un dessin de Raphaël, deux autres copies inconnues à Bartsch.

E. Copie dans le sens de l'original; sur le terrain, à gauche, une tablette, signée R ʌ, et probablement de Marc de Ravenne.

F. Copie dans le sens de l'original, bien gravée, mais un peu maigre dans les masses de cheveux.

168. L'Amour et les trois enfants. (B. 320.) H. 8 p. 6 l. L. 6 p. 10 l.

Pièce signée $\overset{F}{\text{MA}}$ 1506. 18. S. Le dessin du nu est plein, dans le goût de l'Ecole Lombardo-Vénitienne et, selon quelques critiques, serait de Andrea Mantegna.

169. Hercule, debout dans une niche et vu de face. (B. 256.) H. 2 p. 11 l. L. 1 p. 11 l.

170—173. Les travaux d'Hercule. (B. 289—292.) Suite de quatre pièces. H. 6 p. 4—5 l. L. 4 p. 2 l.

Le dessin de ces pièces est très-plein, et comme elles sont gravées dans la première manière du maître, elles doivent l'être d'après ses propres compositions.

174. Hercule étouffant Anthée. (B. 346.) H. 11 p. 5 l. L. 8 p.

Cette bonne pièce peut avoir été gravée d'après un dessin de Jules Romain, quand il imitait encore la manière de Raphaël, plutôt que d'après ce dernier lui-même.

175. Deux Faunes portant un enfant dans un panier. (B. 230.) H. 5 p. 9 l. L. 6 p. 8 l.

Très-belle pièce d'après un bas-relief antique dans la Villa Albani.

176. La Bacchanale ou l'Offrande à Priape. (B. 248.) H. 5 p. 4 l. L. 19 p.

Un ancien bas-relief avec cette composition se trouve dans le Musée de Naples. (Gérard et Panofka I. 459.)

177. Répétition, en contre-partie, de la pièce précédente, où la Satyre, près du terme de Priape, est à gauche. (B. 249.)

Pièce de la même grandeur que la précédente, mais d'une taille différente, ce qui ferait croire qu'elle a été gravée par George Pencz.[1]

178. Un Satyre embrassant du bras gauche une Nymphe se défend contre un jeune homme. (B. 279.) H. 4 p. 4 l. L. 3 p.

Cette estampe, une des plus belles de la première manière de Marc Antoine, vers 1509, montre clairement l'influence d'Albert Durer sur

---

1) Le groupe de la Satyre auprès de la statue de Priape (B. No. 286), qui est tiré de cette Bacchanale, est une eau-forte d'un maître allemand dans la manière de Beham.

la manière du graveur bolonais. Le sujet est probablement de l'invention de ce dernier.

A. Copie d'Agostino Veneziano.

B. Copie de la même dimension par le maître au monogramme AD.

C. Copie d'Alb. Altdorffer; petite pièce.

179. Le Satyre assis et l'enfant. (B. 281.) H. 4 p. 8 l. L. 3 p. 6 l.

Belle pièce d'après un dessin de Raphaël.

180. Le Satyre surprenant une Nymphe. (B. 285.) H. 5 p. 6 l. L. 4 p. 9 l.

Cette pièce est une des premières du maître, traitée à la manière des nielles et a une certaine analogie avec la pièce du Satyre et de la Bacchante No. 289 de notre catalogue. Ces deux compositions sont probablement de Marc Antoine lui-même.

181. Deux sectateurs de Bacchus, l'un jeune, l'autre vieux. (B. 294.) H. 6 p. 6 l. L. 5 p.

Cette composition est empruntée à un bas-relief antique de la Villa Albani. (Voyez Zoega B. R. Tav. IV.)

C. Copie du maître au monogramme _ĀT_ . Cette marque se trouve sur une tablette suspendue à l'arbre. La taille est un peu raide.

182. Le Faune accompagné d'un enfant. Celui-ci étend la main droite vers la flûte que tient son compagnon. (B. 296.) H. 6 p. 6 l. L. 5 p.

Le dessin de cette composition est fort beau, dans la manière de Raphaël, mais point entièrement dans son style.

183. Les deux Satyres, dont l'un porte une Nymphe, que l'autre paraît vouloir frapper. (B. 305.) H. 7 p. L. 5 p.

Cette estampe, dans la première manière du maître, paraît avoir été gravée d'après sa propre composition.

184. Pan et Syrinx. (B. 325.) H. 9 p. 10 l. L. 6 p. 5 l.

Le sujet de cette gravure appartient à Jules Romain, qui l'a peinte à fresque dans la Villa Palatina. Cette composition se trouve également répétée en petit dans la salle des bains du Cardinal Bibbiena, au Vatican.

185. Le Satyre surprenant une Nymphe. (B. 319.) H. 8 p. 6 l. L. 6 p. 7 l.

Cette pièce signée du monogramme de Marc Antoine, avec la date de 1506, Mai 11, paraît avoir été gravée d'après sa propre composition.

186. **Bacchus en vendange.** (B. 306.) H. 7 p. L. 5 p. 5 l.

Belle composition de Raphaël. Les deux enfants, à gauche, ont été supérieurement gravés par Marc Antoine, tandis que les parties de droite de l'estampe sont plus faibles.

B. Copie en contre-partie d'un bon graveur ancien.

187. **L'Amour s'élevant du sein de la mer.** (B. 293.) Pièce ovale. H. 6 p. 3 l. L. 4 p. 11 l.

Cette gravure a été faite d'après un dessin que Raphaël exécuta pour le comte Balthasar Castiglione, qui voulait s'en servir pour une médaille.

A. Copie dans laquelle les quatre coins sont remplis par des rosettes.

188. **Les trois Grâces.** (B. 340.) H. 10 p. 10 l. (sans la bordure) L. 8 p. 2 l.

Cette pièce est gravée d'après un bas-relief antique.

189. **Orphée et Eurydice.** (B. 282.) H. 4 p. 9 l. L. 3 p. 8 l.

Cette pièce, qui est un des premiers essais du maître, est gravée, d'après sa propre composition, dans le style du Francia.

190. **Orphée délivre Eurydice des enfers.** (B. 295.) H. 6 p. 6 l. L. 5 p.

Cette belle estampe paraît avoir été gravée d'après un dessin du Sodoma, à en juger par la tête de l'Orphée tout à fait dans le style de ce maître, quoique le dessin du rond soit un peu plus plein que le sien, ce que Marc Antoine avait déjà fait du reste pour le Triomphe du Titus.

191. **Orphée assis, jouant du violon.** (B. 314.) H. 8 p. L. 6 p. 4 l.

Pièce gravée dans la première manière de Marc Antoine et probablement d'après sa propre composition.

192. **Le triomphe de Galathée.** (B. 350.) H. 15 p. L. 10 p. 7 l.

193. **Bacchus et Ariane.** Pièce connue encore sous le nom d'**Angélique et Médor**, et qui pourrait également représenter **Vénus et Adonis** puisque la composition se prête également à ces trois sujets. Le dessin est de Jules Romain et la Coll. Albertine

à Venise possède un fragment du carton pour la peinture à fresque
de cette composition qu'il exécuta dans la Villa Palatina. Comme le
cycle des compositions qu'il exécuta se rapporte à l'histoire mytholo-
gique de Vénus, on aurait quelque raison de préférer pour cette pièce
la dernière des désignations que nous avons données plus haut.

194. Pyrame et Thisbé. (B. 322.) H. 8 p. 9 l. L. 7 p. 8 l.
Cette estampe, qui appartient aux premiers travaux du maître,
porte la date de 1505 et la composition paraît lui appartenir.

195. Les Amours des dieux. Ces pièces excessivement libres
ont été mieux désignées par Vasari sous le nom de I modi et par les
auteurs français, Les postures, puisque dans les fragments qui nous
restent de cette suite, on ne trouve aucun des attributs qui feraient
croire qu'il s'agit ici de divinités. Bartsch ne connaissait de cette
suite qu'une seule pièce qu'il décrit sous le No. 231. Mariette possédait un exemplaire complet de cette suite[1]), qui se trouvait dans la
Collection des oeuvres de Marc Antoine, Agostino Veneziano et Marco
di Ravenna en 724 pièces contenues en trois volumes in folio, et dont
le troisième, relié en maroquin rouge, renfermait la Suite des Amours
des dieux en 20 feuilles très-rares et 10 autres pièces, également rares,
du même genre. Cette Collection fut vendue en 1775 à la vente de
Mariette pour 4600 livres au marchand d'estampes Joullain, dont les
concurrents étaient Lenoir, ainsi que Basan, qui faisait la vente. D'après
une autre notice, ces vingt pièces furent, la même année, vendues pour
le prix de 80,000 livres et doivent se trouver actuellement dans la
Bibliothèque de Paris, quoique toutes les recherches que l'on a faites
jusqu'ici à ce sujet soient demeurées sans résultat.

Le Musée britannique possède quelques fragments de cette suite
et qui appartiennent probablement à la série décrite dans le Catalogue
de Mariette 1775, p. 225, No. 39, et qui, selon une notice de la
Revue universelle des arts Vol. XI. p. 182, avait été donnée à Mariette par le Comte de Caylus:

---

1) Dans le Catalogue de Mariette 1775, p. 225: „La Suite des Amours des
dieux en 20 pièces, extra-rares.“

Dans le Manuel de Joubert on en trouve une description. L'exemplaire que
l'on disait se trouver dans la galerie Corsini à Rome n'est autre que les Amours
des dieux gravés par Caraglio d'après les dessins de Perino del Vaga. Les
contours que l'on trouve de ces pièces libres sont d'origine récente. Il en a paru,
en 1804, une mauvaise copie sous le titre de „Collection de 21 groupes libres.“

„Dix autres petites pièces du même genre, aussi rares,
dont la plus grande a 2 p. en carré.“

Ces fragments consistent dans quatre têtes et trois demi-figures
de femmes et deux demi-figures d'hommes entièrement nus et sur
des lits, comme suit:

a) Deux fragments en ovale de 2 p. 9 l. à peu près de hauteur.

1. Femme dont la tête repose sur un coussin et dont la partie
inférieure du corps est fortement soulevée.

2. Un homme barbu, couché, tenant en haut la jambe d'une
femme.

b) Deux fragments oblongs de 2 p. 3 l. à peu près de largeur et
représentant:

— 3 et 4, chacun une figure de jeune femme, fortement mou-
vementée sur un lit.

c) Quatre très-petits fragments ne contiennent que des têtes de
femmes.

— 5. Tête vue par derrière.

— 6. Tête tournée à droite, entourée par un bras d'homme.

— 7. Tête tournée à gauche d'une femme paraissant jeter les
hauts cris.

— 8. La tête seule d'une jeune femme.

d) Un fragment en hauteur contient:

— 9. Une figure de jeune homme debout, qui étend le bras
droit.

Le dessin de toutes ces pièces est très-beau et la taille, de main
de maître, est indubitablement de Marc Antoine.

Dolce, dans son Dialogue, p. 238, dit que Marc Antoine grava
ces compositions à l'insu de Jules Romain (il s'était déjà retiré alors
à Mantoue) et Vasari nous dit que l'Arétin y avait ajouté des sonnets,
sans que le biographe florentin puisse dire néanmoins si les sonnets
se trouvaient ajoutés aux gravures ou si l'Arétin les composa seulement après avoir vu celles-ci, puisqu'il ne parle que de 16 sonnets
que Mazuchelli (Vita di P. Aretino 1ª Ediz. p. 238, et 2ª Ediz. p. 274)
cite comme ayant été imprimés dans un petit livre, sans lieu ni date
de 13 pp. et sans les figures, à l'exception d'une gravure lascive sur
le frontispice.[1]

---

[1] Un exemplaire de ce livre en 23 feuillets imprimés au recto seulement est
posé dans le catalogue de De Boze, Paris 1753, sous le No. 1170, mais on a

Vasari ajoute que le Pape Clément VII, après avoir trouvé des exemplaires de ce livre dans des lieux où on s'y serait le moins attendu, fit emprisonner le graveur, qui ne dut sa liberté qu'aux sollicitations du Cardinal Hippolyte de Médicis et de Baccio Bandinelli. L'Arétin lui-même écrit à ce sujet dans une lettre en date du 19 Décembre 1537 à „Battista Zanetti di Brescia Cittadino Romano":

„Après que j'eus obtenu du Pape Clément la liberté de Marc Antoine de Bologne, qui se trouvait en prison pour avoir gravé sur cuivre les XVI postures (modi), etc. il me prit envie de voir les figures objets des réclamations de Giberti[1]), qui voulait que l'on crucifiât le bon artiste, et les ayant vues, je fus frappé de la bravoure avec laquelle Jules Romain les avait dessinées etc.

Il continue en excusant la représentation de sujets lascifs quand ils sont exécutés, comme dans le cas actuel, avec esprit et avec gaîté.

Nous ne saurions décider s'il faut croire en tout ceci l'Arétin, dont le caractère était, comme tout le monde le sait, extrémement porté vers la déception et le mensonge, même dans les choses les plus ordinaires.

VI. Sujets allégoriques et sujets empruntés à la vie commune.

196. Trajan couronné par la Victoire. (B. 361.) H. 10 p. 9 l. L. 16 p. 2 l.

Cette composition est celle d'un bas-relief antique de l'arc de Trajan et qui se trouve actuellement dans l'Arc de Constantin à Rome.

197. La Fortune tenant une voile enflée par le vent. (B. 362.) H. 2 p. 5 l. L. 1 p. 7 l.

Le dessin de cette pièce n'est point de Raphaël; il appartient plutôt à Marc Antoine lui-même.

198. L'Amour de la renommée ou l'Homme embrassant un laurier. (B. 363.) H. 2 p. 5 l. L. 1 p. 7 l.

Pendant de la pièce précédente.

199. Le Temps. (B. 365.) H. 2 p. 9 l. L. 1 p. 11 l.

Pièce gravée par Marc Antoine, probablement d'après sa propre invention.

---

longtemps douté de son existence. Ebert, dans sa description de la Bibliothèque de Dresde, p. 302, rapporte que la Bibliothèque royale posséda jusqu'en 1781 un exemplaire des Sonnets avec les gravures par Marc Antoine, mais qu'il fut détruit cette année même par ordre du gouvernement.

1) Giovan Matteo Giberti, chef de la Chancellerie papale, plus tard Evêque de Vérone.

200. La Prudence. (B. 371.) H. 3 p. 10 L. 2 p. 10 l.

Cette gravure paraît avoir été faite d'après un dessin de Raphaël.

201. La Force. (B. 375.) H. 4 p. 10 l. L. 2 p. 8 l.

Le style de cette composition n'est point celui du Mantègne et elle doit être plutôt attribuée à un élève de Raphaël.

202. La Tempérance. (B. 376.) H. 4 p. 10 l. L. 2 p. 8 l.

Pendant de la pièce précédente et d'après un dessin du même maître.

203. La Philosophie. (B. 381.) H. 6 p. 6 l. L. 5 p. 4 l.

Cette composition est celle que Raphaël a placée sous la statue de Minerve dans l'Ecole d'Athènes.

B. Copie en contre-partie, gravée par Lambert Suavius.

D. Copie en contre-partie avec un ange dans les airs, et au bas, un paysage. Marquée C. H. à gauche. H. 6 p. 5 l. L. 9 p. 1 l.

204. La Poésie. (B. 382.) H. 6 p. 7 l. L. 5 p. 7 l.

D'après le tableau de Raphaël dans la Salle della Segnatura. Le Musée britannique possède une première épreuve de cette pièce sans l'inscription sur la tablette.

205—211. Les sept Vertus. (B. 386—392.) H. 8 p. L. 4 p.

Elles sont au nombre de sept, les trois théologales et les quatre cardinales.

212. La Paix; figure allégorique avec le petit génie qui lui offre une branche d'olivier. (B. 393.) H. 8 p. 1 l. L. 4 p. 4 l.

213. Amadeus, Austeritas, Amititia et Amor. (B. 355.) H. 3 p. 2 l. L. 3 p. 8 l. sans la bordure ornée.

Cette belle estampe, d'après Francesco Francia, se trouve sur le titre du livre suivant :

Dialogus quē composuit R. S. B. dñs Amadeus Berrutus Epūs Aug. Gubernator rome. Dū esset minoribus tempore Julii II. etc. Impressum Rome prope Divi Marci per Gabrielem Bononiensum. Ann. hum. red. MDXVII. Kal. Junii sedenti sanctissimus Leone X. pontifice Max. 4°. Coll. Wellesley à Oxford.

214. Les trois Docteurs. Ils sont assis en conversation. (B. 404.) H. 2 p. 10 l. L. 3 p. 8 l.

Cette belle pièce est également gravée d'après un dessin du Francia, avec toute la finesse qu'on admire dans l'estampe dont nous venons de parler. Elle appartient, avec celle qui suit, très-probablement au même livre dont nous avons donné le titre.

215. Le bâton courbé (B. 369), pièce carrée de 3 p. en tous sens.

Cette estampe paraît avoir été gravée d'après le dessin d'un élève de Raphaël, et il est probable qu'elle a été exécutée par Marc Antoine. Elle fait pendant avec la pièce suivante.

216. La Femme au croissant. (B. 354.) H. 3 p. 1 l. L. 3 p. Le dessin est du même maître que dans la pièce précédente.

217. L'Homme aux deux trompettes. (B. 356.) H. 3 p. 1 l. L. 4 p. 4 l. Pièce gravée d'après un dessin de Baccio Bandinelli. B. Copie en contre-partie de Jérôme Hopfer (B. No. 41).

218. Le Songe de Raphaël. (B. 359.) H. 8 p. 10 l. L. 12 p. 3 l.

L'inexactitude de cette dénomination est des plus évidentes. Non-seulement la composition et le style des édifices d'architecture véni-tienne indiquent le Giorgione, mais la manière est celle des premiers ouvrages de Marc Antoine avant de s'être porté à Rome. Nous avons donc lieu de croire que le dessin de cette pièce est du Giorgione et que Marc Antoine l'a gravée vers 1509.

219. Le Jeune homme au brandon. (B. 360.) H. 10 p. L. 14 p.

Cette pièce, gravée dans la manière de Marc Antoine, si elle n'est pas de sa propre invention, paraît avoir été exécutée d'après un dessin du Francia.

220. L'Homme et la Femme tenant une voile. (B. 364.) H. 2 p. 9 l. L. 1 p. 10 l.

Cette composition n'est point de Raphaël, mais plutôt de Baccio Bandinelli, si elle n'est point de Marc Antoine lui-même; elle est d'un beau dessin.

221. Le vieux berger et le jeune homme. (B. 366.) H. 2 p. 9 l. L. 1 p. 11 l.

La composition et le dessin de cette belle estampe sont dignes de Raphaël, mais répondent mieux à la manière de Marc Antoine.

222. Le Vieillard et l'Homme à l'ancre. (B. 367.) H. 2 p. 11 l. L. 1 p. 11 l.

Cette pièce allégorique à l'eau-forte paraît faire allusion aux es-pérances de la vieillesse et être de la composition de Marc Antoine lui-même.

3*

223. La Femme à la tête ailée. (B. 368.) H. 3 p. L. 2 p.

Les mauvaises proportions de cette figure nous font croire que la composition et le dessin appartiennent à quelqu'un des élèves de Raphaël.

224. L'Homme frappé avec la queue de renard. (B. 372.) H. 4 p. 2 l. L. 2 p. 10 l.

Cette pièce n'a pas été gravée sur un dessin du Francia, puisque les formes sont trop pleines dans le nu pour être de sa manière, et la composition est plutôt de Marc Antoine lui-même.

225. La Femme aux deux éponges. (B. 373.) H. 4 p. 1 l. L. 2 p. 11 l.

Cette pièce semble devoir former pendant avec la précédente. Le dessin et la taille rappellent la manière de Barthelemi Beham, et nous serions porté à croire qu'il a exécuté cette gravure dans l'atelier de Marc Antoine. Pièce à l'eau-forte.

226. L'Homme et la Femme aux boules. (B. 377.) H. 4 p. 1 l. L. 2 p. 11 l.

Cette estampe rappelle également la manière de Barthelemi Beham.

227. La Jeune femme arrosant une plante. (B. 383.) H, 7 p. L. 4 p. 4 l.

Les premières épreuves de cette gravure ne portent point la marque de Marc Antoine, et la taille, qui n'est pas la sienne, rappelle plutôt celle de l'Ecole de Durer, et l'exécution en appartient, selon toute probabilité, à Barthelemi Beham. Le jet des draperies est dans sa manière et les demi-teintes dans les chairs sont formées au moyen de petits points serrés.

228. L'Homme fouettant la Fortune. (B. 378.) H. 5 p. 3 l. L. 4 p. 10 l.

Les formes pleines du nu s'opposent à ce qu'on attribue l'invention de cette pièce au Francia; elle est plutôt de Marc Antoine lui-même.

229. L'Homme montrant une hache à une femme. (B. 380.) H. 6 p. 8 l. L. 4 p. 6 l.

Le dessin de cette estampe doit être du maître lui-même, dans le temps où il était encore à l'école du Francia.

230. Le Jeune homme à la lanterne. (B. 384.) H. 7 p. L. 4 p. 10 l.

Le dessin et l'exécution de cette pièce sont faibles, cependant elle doit avoir été gravée par Marc Antoine.

231. Les deux hommes nus debout. (B. 385.) H. 7 p. 9 l. L. 5 p. 5 l.

La composition et la taille de cette pièce la placent parmi les premiers ouvrages de Marc Antoine.

232. Le Serpent, parlant à un jeune homme. (B. 396.) H. 9 p. 7 l. L. 7 p. 10 l.

Cette pièce paraît avoir été gravée par Marc Antoine d'après un dessin du Francia. Le paysage est dans le style de Durer.

233. Les Deux femmes au Zodiaque. (B. 397.) H. 10 p. 7 l. L. 7 p. 4 l.

Ce sont deux Sibylles d'après un dessin de Raphaël.

234. Le Joueur de violon et les Trois femmes nues. (B. 398.) H. 10 p. 6 l. L. 7 p. 5 l.

A en juger par le style du dessin et la forme particulière des têtes, la composition de cette pièce doit être de Jacopo Francia. A l'appui de cette opinion, nous citerons la Bacchanale de Faunes et de Nymphes (B. No. 7), où l'on retrouve des têtes absolument semblables.

235. La Jeune femme vêtue à l'antique entre deux hommes. (B. 399.) H. 10 p. 6 l. L. 7 p. 6 l.

Heinecken voit dans ce sujet Hercule entre le Vice et la Vertu, mais il faudrait dire alors que Marc Antoine a fort mal compris cette allégorie, quand il en a fait le dessin.

236. La Carcasse avec la Sorcière, pièce connue sous le nom du Stregozzo. (B. 426.) H. 11 p. 2 l. L. 23 p. 2 l.

Le Spagnoletto a peint en petit à l'huile cette composition qu'il a signée de son nom avec la date de 1641, en la donnant comme une invention de Raphaël. Le tableau passa du palais de Madrid dans les mains du duc de Wellington. La pièce est trop bien gravée pour que nous puissions l'attribuer à d'autres qu'à Marc Antoine lui-même. Les premières épreuves n'ont que la tablette sans la marque du graveur. Les épreuves postérieures, d'une fort bonne impression encore, portent, sur le cornet de l'enfant sur un bouc, les initiales A V, d'Agostino Veneziano, dans la possession duquel passa sans doute la planche.

D'après Zanetti (Cab. Cicognara, p. 311), on a trouvé sur une première épreuve des traces de la marque A V, à rebours, sur la tablette, et il en conclut que cette impression, qui est une des premières de la gravure, démontre qu'elle a été exécutée par Agostino Veneziano.

Cette circonstance s'expliquerait, selon nous, par la conjecture que la pièce commencée par Marc Antoine aurait été terminée par son élève.

237. L'Homme couronnant un aigle. (B. 428.) H. 2 p. 4 l. L. 1 p. 5 l.

Cette pièce semble être une composition de Marc Antoine durant sa période romaine.

238. Le Berger et la Nymphe couchée. (B. 429.) H. 2 p. 8 l. L. 2 p.

Cette pièce paraît avoir été également inventée par le maître pendant son séjour à Rome.

239. Le Vieillard et la jeune femme. (B. 430.) H. 2 p. 10 l. L. 1 p. 10 l.

Cette pièce est un des premiers ouvrages de Marc Antoine d'après son propre dessin.

240. Le Jeune berger et le vieux. (B. 431.) H. 2 p. 10 l. L. 2 p.

Cette pièce forme pendant avec le No. 365 de Bartsch, et c'est aussi probablement une composition de Marc Antoine. Gravure à l'eau-forte.

241. La Jeune mère s'entretenant avec deux hommes. (B. 432.) Pièce carrée de 3 p.

Le dessin des figures à formes pleines et les proportions un peu ramassées indiquent que cette composition est plutôt de quelque élève de Raphaël que du Francia.

242. L'Homme à genoux à la lisière d'un bois. (B. 434.) H. 3 p. 6 l. L. 3 p.

Cette pièce est probablement gravée d'après un dessin du maître lui-même pendant son séjour à Rome; elle a pour pendant la gravure suivante.

243. L'Homme endormi à l'entrée d'un bois. (B. 438.) H. 3 p. 6 l. L. 3 p.

Quoique cette pièce serve de pendant à la précédente, elle montre davantage dans la composition le goût du Francia. Jacques Binck l'a utilisée pour sa gravure B. No. 56.

244. Le Jeune homme au violon et le vieux pâtre. (B. 435.) H. 3 p. 10 l. L. 2 p. 3 l.

Cette belle pièce semble être gravée à l'eau-forte, puis terminée au burin; elle s'éloigne beaucoup de la manière ordinaire du maître et semble avoir été exécutée d'après le dessin d'un des bons élèves de Raphaël.

245. Le Vieillard et le Jeune homme gras. (B. 436.) H. 3 p. 9 l. L. 3 p.

Le beau dessin de cette pièce semble appartenir à l'époque romaine de Marc Antoine lui-même.

246. La femme qui s'arrache les cheveux. (B. 437.) H. 3 p. 11 l. L. 2 p. 3 l.

Cette gravure, dans le style de l'Ecole de Raphaël, est trop faible de dessin pour qu'on puisse l'attribuer à Marc Antoine. Elle est probablement d'un de ses élèves. Pièce à l'eau-forte.

247. La Chasse aux lions. (B. 422.) H. 9 p. 10 l. (avec une marge de 5 l.) L. 15 p. 2 l.

Cette composition est celle d'un ancien bas-relief sur un sarcophage.

248. Un Empereur assis. (B. 441.) H. 4 p. L. 3 p.

Il tient le sceptre baissé.

249. Autre Empereur assis. (B. 442.) H. 3 p. 10 l. L. 3 p.

Pendant de la pièce précédente; il tient le sceptre élevé. Ces deux sujets paraissent être de l'invention de Jules Romain pour les fresques dans la Salle de l'incendie du Bourg, qui ont été repeintes par Carl Maratti.

250. La Femme en méditation. (B. 443.) H. 4 p. 2 l. L. 2 p. 10 l.

Elle est assise de profil, tournée vers la droite, et regarde dans le lointain. Belle pièce d'après un dessin de Raphaël.

Bartsch décrit quatre répétitions de cette estampe, dont la première, No. 444, est dans le sens de l'original, les trois autres, c'est à dire le No. 445 et les copies A et B, sont gravées en contre-partie. Cependant cette dernière pièce est une gravure à l'eau-forte originale de Barthelemi Beham, d'après le dessin de Raphaël, exécutée avec une admirable finesse.

251. Le Jeune homme monstrueux. (B. 446.) H. 4 p. 4 l. L. 2 p. 8 l.

Gravure médiocre d'après un dessin fait par Marc Antoine lui-même.

252. Le Cardinal allant au marché. (B. 459.) H. 5 p. L. 3 p. 4 l.

Le dessin de cette pièce n'est certainement point de Raphaël, mais bien de Marc Antoine lui-même.

A. Copie en contre-partie à Berlin.

253. Le Pèlerin. (B. 462.) H. 5 p. 7 l. L. 4 p. 4 l.

Copie en contre-partie de l'estampe de Lucas de Leyde, Bartsch No. 149. Cette pièce est une des premières du maître et doit avoir été gravée par lui vers 1509, durant son voyage à Venise.

254. Les Grimpeurs. (B. 487.) H. 10 p. 6 l. L. 6 p. 5 l.

Groupe d'après le fameux carton de Michel-Ange. Cette pièce porte la date de 1510.

255. Un des Grimpeurs. (B. 488.) H. 7 p. 6 l. L. 5 p.

Cette pièce n'est pas, à beaucoup près, aussi bien gravée que la précédente et les contours en sont même un peu durs.

256. L'Homme portant la base d'une colonne. (B. 476.) H. 8 p. 1 l. L. 5 p. 4 l.

On croit généralement que cette pièce a été gravée d'après un dessin de Raphaël; nous pensons, au contraire, que la composition appartient à un de ses élèves.

257. L'Homme au drapeau agité par le vent. (B. 481.) H. 9 p. 1 l. L. 6 p. 6 l.

Le dessin de cette pièce paraît plutôt appartenir à Jules Romain qu'à Raphaël.

VII. Portraits.

258—269. Les douze Césars. (B. 501—513.) H. 6 p. 6 l. L. 5 p. 9 l. Suite de douze pièces.

Il en existe des copies dans le sens de l'original, à l'exception du Jules-César, qui est en contre-partie. Ces copies sont un peu plus délicates de taille que les gravures originales, d'une exécution un peu rude. Musée britannique.

270. La statue équestre de Marc-Aurèle. (B. 514.) H. 7 p. 10 l. L. 5 p. 4 l.

Pièce d'une taille un peu raide.

271. Constantin-le-Grand. (B. 495.) Médaillon de 3 p. 2 l. de diamètre.

272. Le pape Léon XII. (B. 493.) H. 3 p. L. 1 p. 9 l.

273. Le pape Adrien VI. (B. 494.) H. 3 p. L. 1 p. 9 l.

274. L'empereur Charles-Quint. (B. 497.) Pièce carrée de 5 p. 4 l.

Vasari attribue cette gravure à Marc Antoine, ce qui, à en juger par la taille, nous paraît une attribution fort douteuse.

275. **Raphaël se reposant de son travail.** (B. 496.) H. 4 p. 3 l. L. 3 p. 1 l.

Le grand peintre est ici représenté à l'âge de 36 ans environ, à l'époque où il commença à laisser croître sa barbe.

276. **Le poète Alexandre Achillini, surnommé Giovanni Philotheo de Bologne.** (B. 469.) H. 6 p. 9 l. L. 5 p.

Cette pièce est décrite par Bartsch sous la désignation du Joueur de guitare, n'ayant pu expliquer l'inscription PHILOTHEO. L'Achillini dit lui-même que Marc-Antoine a gravé son portrait, dans son livre intitulé il Viridario, poème en neuf chants, où il fait mention avec les écrivains de Bologne et de l'Italie de quelques-uns des principaux artistes de son temps. Ce poème, composé en 1504, ne parut à Bologne qu'en 1513, et la gravure pourrait, en conséquence, avoir été exécutée vers 1509, comme nous l'avons déjà fait voir dans notre résumé biographique, où nous avons cité le passage du poète à l'appui de notre opinion.

Les autres ouvrages de l'Achillini sont les suivants:

1. **Stanze dell' Achillino di Bologna degli effetti d'Amore.** On les trouve à la suite des Stanze amorose di Antonio Tebaldeo. Venezia 1520. 8°.

2. **Il Fedele; libri V in terza rima: Cantilene cento.** Bologna 1523. 8°.

Dans la Collection degli Uffizi, à Florence, on conserve un portrait du poète de grandeur presque naturelle, exécuté au crayon rouge et noir, que l'on croit avoir été fait par Francia et qui porte l'inscription suivante:

Mr. Alex° Achilin. An. XXIII.

Ce portrait pourrait bien être de Marc Antoine.[1]

277. **Pietro Aretino.** (B. 513.) H. 6 p. 6 l. (avec 1 l. de marge). L. 5 p. 6 l.

Vasari, à propos de ce beau portrait du célèbre satirique, dit que Marc Antoine l'a fait d'après nature, et en effet la manière est plutôt

---

[1] Crescimbeni, dans ses „Commentarj all' Istoria della Volgus Poesia," Vol. II. p. II. Lib. VI. p. 315 dit, en citant à ce sujet Cafer. Synth. Vetust, p. 411, que l'Achillini mourut à Bologne le 29 Septembre 1512, à l'âge de près de 50 ans. Il serait donc impossible que Marc Antoine eût dessiné ce portrait quand le poète avait 23 ans, c'est à dire en 1485.

celle de l'Ecole romaine que de l'Ecole vénitienne du Titien, auquel
Bartsch en attribue le dessin original. Les mots pingere et pingi
de l'inscription ne prouveraient pas absolument que la gravure ait été
exécutée d'après un tableau à l'huile, puisque les écrivains du XVIe.
Siècle adoptaient indistinctement ce mot pour la peinture et le dessin.

La planche originale déjà fort usée a servi pour un petit tableau
d'un Christ en croix avec la Madeleine aux pieds, peint à l'huile par
un maître néerlandais de la dernière moitié du XVIe. Siècle, et se
trouve actuellement au Cabinet des gravures à Berlin.

278. La Cassolette à parfums, pour François I. de France.
(B. 489.) H. 11 p. 4 l. L. 6 p. 2 l.

279. La Façade aux Cariatides. (B. 538.) H. 12 p. 8 l.
L. 9 p.

Ce fragment d'édifice se trouve dans la Villa Mattei, à Rome.

Additions à Bartsch.

Epreuves de nielles.[1]

280. Les trois Maries. La Vierge est au milieu et contemple l'enfant Jésus reposant sur son bras droit et qui étend la gauche
comme pour montrer quelque chose. Au bas, l'inscription: VIRGO
VIRGINV̄. A gauche, la Madeleine, les cheveux épars et tenant de la
droite le vase à parfums; au bas, S. MAGDALENA. A droite, la figure
nue, mais voilée par ses longs cheveux, de Ste. Marie Egyptienne,
S. MARIA EGIPTIACA. Chaque figure, sur fond noir, est séparée de
l'autre par une espèce de pilastre. Le dessin est très-beau, dans le
style de celui des petits Saints de Marc Antoine. Pièce non signée.
H. 3 p. 2 l. L. 4 p. 3 l. Coll. Wellesley à Oxford.

On conserve dans la bibliothèque de Vienne les deux premières figures
imprimées à part. Hauteur de chaque pièce 3 p. 2 l. L. 1 p. 6. l.

281. Ste. Lucie, Ste. Cathérine et Ste. Barbe. Ce nielle

---

1) Palgrave mentionne comme se trouvant dans la Collection du Dr. Wellesley, à
Oxford, deux pièces, St. Antoine et St. Paul de Jérusalem, qui ont, comme
les Nos 280 et 281, un fond noir, à guise de nielles. Nous n'avons point d'autres
renseignements sur ces gravures.

est traité absolument dans le style de la pièce précédente et se trouve décrit par Bartsch sous le No. 120 et par Duchesne p. 82. H. 2 p. 10 l. L. 4 p. 3 l.

282. Le triomphe de Neptune. Le dieu se dirige vers la droite, sur un char attelé de deux chevaux conduits par deux Tritons. Il est vu de profil, brandissant le trident; trois banderoles flottent dans les airs. A droite, s'élève un palmier portant une petite tablette sur laquelle se trouve une espèce de marque indéchiffrable. Fond noir.

Le dessin de cette pièce est de toute beauté et paraît appartenir à l'époque romaine du maître. H. 2 p. 6 l. L. 3 p. 10 l. Duchesne 213. Paris. Bale. Coll. Holford de Londres.

Appendice aux nielles.

Comme nous l'avons déjà dit, on a souvent attribué à Marc Antoine les trois nielles suivants, mais que nous ne tenons point pour des ouvrages de ce genre ou que tout au moins nous ne croyons point du maître.

283. La Madeleine portée au ciel. Elle est debout sur des nuages, soutenue par six anges. H. 3 p. 5 l. L. 2 p. 2 l.

Pièce considérée par Dr. Nagler comme un nielle ou estampe dans le genre des niélles.

284. Deux petits Amours près d'un tombeau. (Duchesne 227.) H. et L. 1 p. 1 l. Musée britannique.

Le dessin de ce nielle est trop faible pour qu'on doive l'attribuer à Marc Antoine.

285. Amymone enlevée par un Triton. (Duchesne 241.) Pièce ronde de 1 p. 5 l. de diamètre. Paris.

Duchesne avait déjà observé que cette petite pièce avait été exécutée d'après un maître allemand; mais nous ne saurions comprendre ce qui l'a induit à considérer Marc Antoine comme en ayant été le graveur.

Additions au Catalogue de Bartsch.

286. Paul agenouillé devant le Christ. Le Sauveur est à droite et tient un cartouche avec l'inscription :

Saule, Saule quid me persequeris?

tout auprès le monogramme $\bigwedge\!\bigwedge$. Devant lui est agenouillé St. Paul en armure complète avec l'inscription :

Domine quid me vis facere.

Pièce composée dans le goût du Francia et gravée au simple contour. H. 9 p. 1 l. L. 6 p. 8 l. Elle se trouve dans le Cabinet Bianconi de Milan. La planche doit même se trouver à Mantoue. (Zani. Enc. II. 9. p. 218.)

287. Pluton. Le dieu est debout dans une niche, la tête tournée à gauche et tient, des deux mains élevées, le bident. A ses pieds à gauche est assis le chien Cerbère. Le bord de la niche est couvert de tailles. H. 7 p. 5 l. L. 4 p. Francfort s/M.

Cette pièce, d'un très-beau dessin et gravée dans la manière délicate et soignée de Marc Antoine, appartient sans aucun doute à la suite de divinités dont Bartsch (Vol. XV. p. 80) décrit 12 pièces, en exprimant sa conviction qu'elles ont été gravées par Marc Antoine. Cependant il ne les a données que comme des imitations des vingt gravures de divinités d'après le Rosso et les a placées dans l'oeuvre de Jacopo Caraglio. Notre estampe, le Pluton, lui est restée inconnue. A propos des deux pièces, le Saturne et le Vulcain, il observe qu'elles ne sont pas entièrement finies et en conclut que Marc Antoine n'a gravé qu'en partie les estampes de cette suite.

288. Vénus blessée par une épine de rose. Cette composition est la même que celle décrite par Bartsch sous le No. 321 comme ayant été gravée par Marco de Ravenna. Ottley, dans son „Inquiry" etc. p. 811, fait déjà observer que Marc Antoine a également gravé ce sujet d'une excellente manière.

289. Le Satyre et la Bacchante. Il est debout à droite, vu de face à côté d'une Bacchante presque nue et tient, au-dessus de l'épaule de sa compagne, une draperie avec la main droite étendue et derrière elle une branche de pampres. Elle se couvre la partie antérieure du corps avec un léger vêtement et lève la main gauche. A gauche, s'élève un pied de vigne, à droite un laurier, à côté duquel se trouvent une flûte et un vase à boire sur lequel le Satyre pose le pied gauche. Le fond est obscur. Pièce non signée, mais traitée dans la

première manière de Marc Antoine et probablement d'après sa propre composition. Cette pièce forme pendant au No. 285 de Bartsch (No. 180 de notre Catalogue). Elle est assez libre. Coll. du Dr. Wellesley à Oxford. H. 7 p. 1 l. L. 4 p. 9 l.

290. Danse de trois Faunes et de trois Bacchantes. Cette composition se trouve sur deux feuilles la première contenant deux Faunes et une Bacchante, la seconde deux Bacchantes et un Faune qui dansent les uns derrière les autres. Bartsch décrit cette gravure sous le No. 250, comme la copie A, dont il n'avait vu qu'une feuille, à propos de laquelle il observe néanmoins qu'elle pourrait bien être l'original de Marc Antoine. Cette opinion est corroborée par la circonstance que sur la feuille qu'il ne connaissait pas on trouve, à mi-hauteur, sur une tablette, la marque de Marc Antoine. H. 6 p. 5 l. L. 19 p. 2 l.

291. Le pape Clément VII. Il porte la barbe, et la tête est tournée à gauche. Portrait dans un médaillon autour duquel on lit: CLAEMENS. PONT. MAX. Cette pièce appartient à la suite de portraits des papes Léon X. et Adrien VI. (B. 493 et 494.) H. 3 p. L. 1 p. 9 l. Dresde.

Appendice aux Gravures.

On attribue encore à Marc Antoine six portraits de pape, en profil dans des médaillons qui, portant les Nos 223 — 228, se trouvent dans la Collection Corsini à Rome et paraissent avoir servi d'illustrations à quelque ouvrage sur les papes. Elles sont très-bien gravées dans le goût du maître, mais pourraient n'avoir été gravées que sous sa direction. Ce sont les pièces suivantes.

292. Pie II. Tête tournée à droite, avec l'inscription:
ENEAS. PIVS. SENENSIS. PAPA. SECVNDVS.
A la fin, une rose.

293. Paul II. Tête tournée à gauche, avec l'inscription:
PAVLVS. SECVNDVS. PONTIFEX. MAX.
A la fin, un lion.

294. Sixte IV. avec l'inscription:
SIXTVS. QVARTVS. PONTIFEX. MAXIMVS.
A la fin, une branche de chêne.

295. Innocent VIII. La tête est tournée à gauche; avec l'inscription:

INNOCENTIVS. OCTAVVS. PONTIFEX. MAXIMVS.

A la fin, un écusson d'armoiries.

296. Alexandre VI. Tête tournée à droite. Inscription:

ALEXANDER. SEXTVS. P. M.

A la fin, un boeuf.

297. Pie III. Tête tournée à gauche, avec l'inscription:

PIVS. TERTIVS. PONTFEX. MAXIMVS.

A la fin, une lionne sur un croissant.

Chaque médaillon a 1 p. 11 l. de diamètre. (Voyez à ce sujet F. v. Bartsch, Collection des gravures de la bibliothèque impériale de Vienne, p. 50.)

Gravures de Marc Antoine d'après Alb. Durer.

Bartsch a déjà décrit, sous les Nos 584—652, la plus grande partie des pièces de ce genre et entre autres deux gravures exécutées d'après les dessins du maître allemand, à savoir: le Christ en croix entre la Vierge et St. Jean (No. 645), et la Mise au tombeau (No. 646). Il aurait pu y ajouter la Vierge à la porte, qu'il a placée sous le No. 45 dans l'oeuvre d'Albert Durer, puisque cette pièce est indubitablement du graveur italien. Comme elle porte la date de 1520, il s'ensuit que Marc Antoine, même dans toute la force de son talent, continuait à graver d'après le maître allemand. Bartsch n'a également point observé que deux pièces de la Vie de la Vierge ont été marquées par Marc Antoine de la date de 1506; dans l'Annonciation, en haut au-dessus du mur devant lequel est agenouillée la Vierge, et dans l'Adoration des Mages, au bas, dans l'enfoncement à droite.

Il est inutile, croyons-nous, de répéter ici le Catalogue de ces gravures que Bartsch a décrites dans la section XII de l'oeuvre de Marc Antoine comme étant des copies de ce maître d'après Albert Durer; nous nous contenterons d'ajouter ici celles qui ont échappé à ses recherches.

Additions à Bartsch.

(pp. 401 — 416.)

298. **Adam et Eve.** Copie en contre-partie d'après la gravure de Durer, Bartsch No. 1. Adam est à droite; sur la tablette suspendue à la branche de l'arbre sur lequel le perroquet est assis, on lit: ALBERTᵲ DVRER NORICVᵲ FACIEBAT. 1504. Le dessin et la taille sont de toute beauté, et l'estampe est gravée dans la première manière de Marc Antoine. H. 9 p. 1 l. L. 7 p. Bibl. de Vienne. Berlin. Francfort.

299. **La Cène.** Copie en contre-partie d'après la gravure sur bois de la Grande passion (B. No. 5), mais avec un fond différent; un tapis est suspendu derrière la figure du Christ. Une grande auréole entoure la tête de celui-ci, et on lit au milieu du bas sur une tablette:
Si quis manducaverit ex hoc pane vivit in aeternum. Aelbertus Durer inventor.
Pièce d'un excellent travail. H. 11 p. 2 l. L. 10 p. 6 l. Chez Colnaghi à Londres.

300. **Le Calvaire.** Copie, dans le sens de l'original, de la gravure sur bois, Bartsch No. 59. La tablette avec la marque de Durer se trouve également au milieu du bas. H. 7 p. 9 l. L. 5 p. 5 l. Francfort s/M.

301. **La Vierge au Singe.** Copie en contre-partie de la gravure de Durer B. No. 42. On en trouve des épreuves avec l'adresse Annibal formis Mantuae. H. 6 p. 8 l. L. 4 p. 6 l. (V. Heller, Alb. Durer No. 636.)

302. **La Vierge à la porte.** Bartsch enregistre cette pièce parmi les gravures d'Albert Durer sous le No. 85, quoiqu'il observe à ce sujet qu'elle n'est pas du maître, mais bien gravée d'après un de ses tableaux. Comme elle porte, avec le monogramme du maître allemand, la date de 1520 nous croirions plutôt qu'elle a été exécutée d'après un de ses dessins que Durer, dans son voyage aux Pays bas, aurait pu avoir donné à Tommaso Vincitore de Bologna, élève de Raphaël et qui serait parvenu ainsi entre les mains de Marc Antoine. H. 6 p. 3 l. L. 4 p. 5 l.

Les secondes épreuves de cette gravure ont une bordure ornée, ayant dans les coins les demi-figures des quatre Pères de l'Eglise latine dans des ovales, et aux côtés les figures allégoriques de la Foi et de la Charité. Cette bordure a été ajoutée par un maître qui paraît avoir vécu vers la fin du XVI°. Siècle. H. 8 p. 11 l. L. 6 p. 9 l.

Les troisièmes épreuves de la planche retouchée n'ont point de bordure.

303. La Sainte Famille avec deux Anges faisant de la musique, de l'an 1511. Copie en contre-partie et en petit de la gravure sur bois d'Albert Durer No. 97. (Bartsch.) On lit sur une banderole les noms:

IOACHIM. SALOME. CLEOPHAS. IOSEPH.

H. 3 p. L. 2 p. 3 l. Berlin.

304. La Sainte Famille assise dans une chambre voûtée. Copie, dans le sens de l'original et avec la marque de Durer à gauche, de la gravure sur bois, Bartsch No. 100. H. 8 p. L. 5 p. 3 l.

L'exemplaire à Francfort s/M. a les coins du haut rognés, mais de manière à laisser deviner qu'il s'y trouvait les figures d'Adam et d'Eve.

305. L'enfant prodigue. Copie en contre-partie d'après la gravure d'Albert Durer, B. No. 28, avec le monogramme du maître allemand dans le coin de gauche. Pièce de même dimension que l'original (?). Francfort s/M.

306. St. Jérôme dans sa cellule. Copie dans le sens de l'original de la gravure d'Albert Durer, B. No. 60. Pièce signée du monogramme du maître allemand, avec la date de 1514 sur la tablette à droite.

L'exemplaire dans la Collection de Francfort est une impression de la planche fort usée, de manière qu'il nous est impossible de porter un jugement exact sur l'exécution; mais les contours, bien conservés, sont dignes de Marc Antoine. H. 8 p. 10 l. L. 6 p. 7 l.

307. Trois saints évêques, placés l'un à côté de l'autre. Ce sont les SS. Erasme, Udalrique et Nicolas. Copie en contre-partie d'après la gravure sur bois de Durer, B. No. 118. De même dimension que l'original. Berlin.

308. Le Cuisinier et la Cuisinière. Copie dans le sens de l'original de la gravure sur cuivre d'A. Durer, Bartsch No. 84. H. 4 p. 3 l. L. 2 p. 10 l. Berlin.

On attribue quelquefois à Marc Antoine la copie en contre-partie de la gravure d'Albert Durer connue sous la désignation de l'Effet de la Jalousie (B. No. 73); mais non-seulement la taille manque de fermeté, mais la plupart des épreuves portent, au lieu du mono-

gramme de Durer, le suivant ⟦ꟼⱯ⟧. (Voyez Brulliot Dict. I. No. 2125.)
H. 10 p. 9 l. L. 7 p. 2 l. Berlin.

ⱯⱯ, A.V, 1514 — 1536.

Agostino di Musi, Veneziano.

(Bartsch X.V. passim.)

Ce graveur sur cuivre, communément nommé Agostino Veneziano,
s'est signé lui-même sur la gravure du Squelette, d'après Baccio
Bandinelli (B. No. 424):

Augustinus Venetus de Musis faciebat 1518,
et sur quelques-unes de ses premières estampes, Agustino di Musi.
La première de ces inscriptions nous apprend son nom de famille et
le lieu de sa naissance. Les premiers essais sont des copies d'après
Giulio Campagnola et Albert Durer, dont quelques-unes portent son
nom avec la date de 1514. Cette date est la première que l'on rencontre sur ses ouvrages, et Bartsch se trompe quand il dit que le
millésime 1509 se trouve sur la copie qu'il fit de l'Astrologue du
Campagnola, puisqu'il ne se trouve que sur l'original et une copie
anonyme, tandis que celle d'Agostino est marquée 1515.

On doit conclure de ce qui précède que notre maître est né vers
la fin du XVe. Siècle.

En 1515 et vers le commencement de 1516, il se trouvait à Florence, comme le dit Vasari, et comme nous le prouvent plusieurs pièces
qu'il grava à cette époque d'après Baccio Bandinelli et Andrea del Sarto.
Cependant, vers la fin de 1516, nous le trouvons à Rome où, sous la
direction de Marc Antoine, il grava quelques pièces d'après les dessins
de Raphaël, entre autres l'Elymas (B. No. 42) et Vénus blessée
et l'Amour (B. 379). Jusqu'à cette époque, Agostino se montre encore faible de dessin et irrégulier dans la taille; cependant il gagna
beaucoup sous ces deux rapports dans l'atelier du maître bolonais

VI.   4

comme on peut déjà le voir dans le Portement de Croix d'après Raphaël qu'il grava en 1517.

Quel que soit le progrès qu'il ait fait sous Marc Antoine, dont il a été le meilleur élève, il n'a jamais pu atteindre la perfection de son maître. Il est même quelquefois très-inégal dans sa taille, quelquefois maigre avec des hachures très-fines, d'autres fois fort nourrie et presque grossière. Cette inégalité dans ses travaux, jointe à la circonstance qu'il se signait tantôt ·Ħ·Ⅴ, tantôt A.V., ont induit Zani à croire que l'on doit voir dans ces marques celles de deux graveurs distincts, l'un allemand qui se serait servi de la première de ces signatures, tandis que la dernière seule appartiendrait à Agostino Veneziano. Bartsch a déjà réfuté cette opinion, mais comme Zani y persiste dans son Encyclop., etc. II. 7, p. 341, il ne sera pas hors de propos de dire que les assertions de Bartsch sont parfaitement fondées. Il suffit de voir les pièces que notre maître a gravées en 1516 et 1517 pour se convaincre qu'elles sont indifféremment signées ·Ħ·Ⅴ et A.V. quelquefois sur les estampes à taille maigre, quelquefois sur celles à taille nourrie, ce qui prouve suffissamment que les deux signatures appartiennent au même maître. On peut encore ajouter que la gravure du Christ mort soutenu par trois Anges (B. No. 40), signée ·Ħ·Ⅴ 1516, est précisément celle mentionnée par Vasari comme ayant été gravée par Agostino Veneziano d'après Andrea del Sarto.

Quant aux pèlerinages de notre maître, il paraît qu'après le sac de Rome en 1527, il se réfugia à Mantoue près de Jules Romain et et qu'il y a gravé quelques morceaux d'après ses dessins. A tout événement, l'estampe de l'Hercule vainqueur du lion, gravée d'après la composition de Jules Romain dans le château du T à Mantoue, est certainement de l'année 1528. De retour à Rome, il donna en 1530 et 1531 les beaux vases qui portent en partie les emblèmes des Médicis (ceux du pape Clément VII.) et les 20 feuilles d'arabesques d'après Giovanni da Udine, et dont Jacopo Francia grava trois pièces. Celui-ci se trouvait précisément en 1530 à Rome, comme le prouve sa gravure de Jésus à table chez Simon le pharisien, d'après Marc Antoine, qui porte cette date. En 1535 et 1536, Agostino s'occupa principalement de portraits et grava, entre autres, sur cuivre, celui du pape Paul III. Après cette date, on ne trouve plus rien de lui, si l'on en excepte la pièce douteuse du Vieillard dans la roulette d'enfant (B. 400), qui porte, avec l'adresse d'Antonio Salamanca, la date de 1538.

Le portrait très-délicatement gravé de Michel-Ange dans sa 87e année, vu de profil à droite, nous paraît gravé peut-être par Eneas Vico. Cette gravure porte, avec la signature A. V., la date de MDLXI. (H. 9 p. L. 6 p. 1 l. Coll. Albertine à Vienne.)

Comme nous ne trouvons, par conséquent, aucune gravure certaine de notre maître d'une date postérieure à 1536 nous devons en conclure qu'il mourut à cette époque ou peu de temps après.

Agostino Veneziano eut deux parents qui exercèrent à Venise la profession de graveur, Lorenzo di Musi, qui vivait en 1535, et Giulio di Musi, dont nous avons une estampe avec la date de 1554. Le premier paraît avoir été son frère et le second son fils ou son neveu.

Catalogue des gravures sur cuivre d'Agostino Veneziano.

(Bartsch XIV.)

I. Sujets de l'ancien et du nouveau Testament.

1. Le Sacrifice d'Abraham. Pièce signée A. V. H. 7 p. 8 l. L. 10 p. 5 l. (B. No. 5.)

2. Isaac bénissant Jacob. (B. 6.) Pièce signée A.V. 1524. H. 8 p. 4 l. L. 11 p. 4 l.

3. La Marine. (B. 8.) H. 10 p. 10 l. L. 16 p.
Les premières épreuves n'ont point la signature A.V.

4. La reine de Saba. (B. 13.) H. 15 p. L. 21 p. Vasari attribue cette estampe à Marc da Ravenna, et Bartsch a cru qu'il pouvait s'agir ici d'une estampe mal réussie et non terminée de Marc Antoine. La manière dont est gravée la plus grande partie de cette composition nous paraît être celle d'Agostino Veneziano, tandis que d'autres parties, particulièrement certaines têtes de femmes, nous paraissent révéler la main de Marc Antoine. On pourrait croire que notre maître eût commencé sous la direction du graveur bolonais à travailler la planche que celui-ci, mécontent de la réussite, aurait laissée non terminée.

5. La Nativité. (B. 17.) Pièce signée A. V. 1531. H. 9 p. 9 l. L. 14 p. 6 l.

6. **Le Massacre des innocents.** (B. 19.) Estampe signée
A. V. H. 3 p. 8 l. I. 5 p. 7 l.

7. **La Cène.** (B. 24.) Pièce qui a seulement la tablette et
qui parait avoir été gravée d'après un maître allemand. H. 6 p. 8 l.
L. 9 p. 2 l.

8. **La Cène.** (B. 25.) Copie d'après A. Durer, signée A. V.
1514. H. 14 p. 6 l. L. 10 p. 5 l.

9. **Le Portement de croix.** (B. 28.) Pièce signée ·Ⱥ·Ꝟ
1517, 2ᵉ épreuve 1519. H. 14 p. 9 l. L. 10 p. 3 l.

10. **La Mise au tombeau.** (B. 31.) H. 2 p. 9 l. L. 3 p. 2 l.

11. **Les trois Saintes femmes allant visiter le St. Sépulcre.** (B. 33.) H. 10 p. 9 l. L. 6 p. 7 l.

Ces trois femmes paraissent être des portraits de Romaines dessinées d'après nature et sont traitées plutôt dans la manière de Sébastien del Piombo que dans celle de Michel-Ange. On doute fort que
cette pièce soit de notre maître.

12. **Le Christ au tombeau soutenu par la Vierge, St.
Jean et deux autres personnages.** (B. 36.) H. 3 p. 9 l. L.
5 p. 3 l.

Cette pièce d'Agostino Veneziano a dû être exécutée d'après un
dessin de Jean Bellin.

Copie en contre-partie. H. 3 p. 10 l. L. 5 p. 3 l. Musée
britannique.

13. **Les Maries pleurant le corps mort du Christ.**
(B. 38.) H. 8 p. 10 l. L. 6 p.

Pièce signée A. V.

14. **Même sujet.** (B. 39.) H. 8 p. L. 6 p. 3 l.

Pièce signée ·Ⱥ·Ꝟ 1516.

15. **Le corps du Christ soutenu par trois Anges.**
(B. 40.) H. 10 p. 9 l. L. 8 p. 1 l.

Pièce signée ·Ⱥ·Ꝟ 1516, exécutée d'après un dessin d'André del
Sarto.

16. **La Mort d'Ananie.** Première épreuve avant l'adresse
d'Ant. Salamanca. (B. 42.) H. 10 p. L. 15 p.

17. **Elymas frappé de cécité.** (B. 43.) H. 9 p. 6 l. L.
12 p. 5 l.

Pièce signée ·Ⱥ·Ꝟ 1516.

II. Vierges et Saints.

18. La Vierge couronnée par un Ange. (B. 49.) H. 7 p. 9 l. L. 5 p. 8 l.

Pièce signée A. V.

19. La Vierge, l'enfant Jésus, le petit St. Jean et deux Anges. (B. 51.) H. 9 p. 2 l. L. 6 p. 4 l.

Pièce signée ·Ʌ·V 1518. Les épreuves postérieures portent l'adresse d'Ant. Salamanca.

Une répétition de cette pièce avec la même marque (B. No. 50) est trop mauvaise de dessin et trop différente dans la taille, pour être attribuée à notre maître. La madone et l'enfant sont d'après une esquisse de Raphaël qui se trouve dans la Collection royale de Londres.

20—23. Les quatre évangélistes. (B. 92—95.) H. 9 p. L. 6 p. 7 l.

Les dessins originaux pour ces gravures sont exécutés au bistre par Francesco Penni et se trouvent dans la Collection de M. Gatteau à Paris et dans celle de M. Major à Londres.

24. St. Jérome. (B. 100.) H. 4 p. 4 l. (?) L. 2 p. 11 l.

25. St. Jérôme au petit lion. (B. 103.) H. 5 p. 3 l. L. 7 p. 3 l.

Pièce signée A. V. Le dessin qui a servi pour l'original de cette copie est indubitablement d'origine vénitienne.

26. St. Michel. (B. 105.) H. 9 p. 10 l. L. 6 p. 8 l.

Le dessin original de cette pièce signée A. V. semble avoir été exécuté par un élève de Raphaël.

27. St. Dominique et autres saints religieux de son ordre agenouillés devant un crucifix. (B. 111.) H. 11 p. 5 l. L. 8 p. 2 l.

Pièce sans le monogramme, mais avec la date de 1528. Le dessin paraît être également d'un élève de Raphaël.

28. Les principaux Saints de l'ordre de St. Dominique entourant la Ste. Vierge. (B. 112.) H. 15 p. L. 9 p.

Pièce non signée et qui paraît avoir été exécutée d'après un dessin du Sodoma. L'estampe, dans son premier état, a une bordure divisée en 17 compartiments avec des sujets de la vie de Jésus et deux apôtres; elle mesure alors H. 18 p. L. 12 p. 9 l.

29. L'apôtre et le religieux agenouillé. (B. 114.) H. 5 p. 7 l. L. 4 p.

Pièce signée ·Ʌ·V 1517.

30. Ste. Marguerite. (B. 119.) H. 6 p. L. 4 p. 4 l.

Cette pièce signée AGVSTINO DE MVSI est une des premières estampes du maître et les épreuves de premier état sont imprimées au rouleau.

31. La Sibylle de Cumes. (B. 123.) H. 6 p. 2 l. L. 4 p. 9 l.

Pièce signée ·Ⱥ·V 1516. Cette composition a souvent été considérée comme représentant la figure allégorique de l'Espérance.

III. Sujets de l'histoire profane.

32. Tarpeia accablée par les Sabins. (B. 185.) H. 4 p. 8 l. L. 3 p. 5 l.

Pièce signée A. V.

33. Cléopâtre debout se laisse piquer par l'aspic. (B. 193.) H. 8 p. 2 l. L. 5 p.

Pièce avec la signature suivante:

BACIO FIORENTINO. INVENTOR. A. V. 1515.

34. Cléopâtre mourante avec l'Amour qui pleure. (B. 198.) H. 3 p. 2 l. L. 4 p. 9 l.

Cette pièce signée A. V. 1528 paraît avoir été exécutée d'après le dessin d'un des élèves de Raphaël.

35. Iphigénie reconnaît son frère Oreste. (B. 194.) H. 9 p. 8 l. L. 7 p. 2 l.

Les épreuves postérieures ont l'adresse d'Antoine Salamanca.

36. L'Empereur rencontrant un guerrier. (B. 196.) H. 15 p. L. 9 p. 10 l.

Pièce signée A. V. Les premières épreuves, dont il se trouve un exemplaire au Musée britannique, ne sont point marquées. La composition paraît être de Jean François Penni.

37. Diogène méditant assis près d'un arbre. (B. 197.) H. 2 p. 10 l. L. 4 p. 3 l.

Pièce signée ·Ⱥ·V 1515. La composition semble appartenir plutôt à un maître vénitien qu'au Bandinelli.

38. Camille. (B. 201.) H. 7 p. 4 l. (avec 7 l. de marge au bas) L. 7 p. 9 l.

Pièce signée A. V. 1531, avec une inscription au bas qui manque néanmoins souvent dans les premières épreuves. La composition est dans le style de Balthasar Peruzzi.

39. Tarquin et Lucrèce. (B. 208.) H. 10 p. 4 l. L. 15 p. 5 l.

Pièce signée A. V. MDXXIII; les secondes épreuves ont le millésime MDXXIII. Les troisièmes, de la planche retouchée, portent l'inscription Aeneas Vicus Parmen. rest. et dans les quatrièmes le groupe de deux chiens manque.

40. La Bataille au coutelas. (B. 212.) H. 12 p. 7 l. L. 17 p. 2 l.

Pièce signée A. V. La composition est de Jules Romain.

IV. Sujets mythologiques et Allégories.

41. Bacchus porté par deux Satyres. (B. 215.) H. 2 p. 4 l. L. 3 p. 4 l.

Pièce signée A. V. 1528 et gravée d'après un marbre antique.

42. Marche de Silène. (B. 240.) H. 6 p. 9 l. L. 9 p. 5 l.

Pièce signée A. V. et gravée sur un dessin de Jules Romain.

43. Danse de trois Faunes et de trois Bacchantes. (B. 250.) H. 6 p. 5 l. L. 19 p. 2 l.

Pièce signée ·Ⱥ·Ⅴ 1516. Cette composition paraît être celle d'un bas-relief antique. D'après Rechberg et Bartsch, cette gravure serait une copie d'après l'original de Marc Antoine qui porte sa signature sur une tablette à gauche.

44. L'Amour s'enfuit avec le bouclier de Mars. (B. 218.) H. 5 p. 6 l. L. 6 p.

Pièce non signée, dans la manière large du maître et gravée d'après un dessin de Raphaël pour la Farnesina.

45. L'Amour suivi par Vénus sur la mer. (B. 234.) H. 6 p. L. 8 p. 2 l.

Pièce signée A. V. La figure de l'Amour a quelque analogie avec celle de la pièce décrite par Bartsch sous le No. 219 et dont l'invention est de Raphaël, tandis que celle de la Vénus est d'un élève de Raphaël, probablement de Perino del Vaga.

46. Un Amour versant de l'eau sur la tête d'un autre. (B. 280.) H. 4 p. 8 l. L. 3 p.

Cette composition paraît être de Giovanni da Udine. On trouve de cette pièce des impressions encore assez belles, avec l'adresse AS. EXC   La pièce est signée à la gauche du haut.

47. **Vénus couchée sur un dauphin.** Elle est suivie de l'Amour tenant un flambeau. (B. 239.) H. 6 p. 5 l. L. 9 p. 2 l.

Pièce non signée.

48. **Vénus blessée et l'Amour.** (B. 286.) H. 6 p. 6 l. L. 4 p. 10 l.

Pièce signée ·Ā·V̄ 1516.   Belle composition de Raphaël pour la Salle de bain du Cardinal Bibbiena au Vatican.

49. **Vénus caressant l'Amour qui tient des flambeaux.** (B. 318.) H. 8 p. 10 l. L. 6 p. 3 l.

Pièce non signée.

50. **Vénus dans l'atelier de Vulcain, entourée d'Amours.** (B. 349.) H. 14 p. 4 l. L. 9 p. 9 l.

Pièce signée A. V. 1530.   D'après la composition de Raphaël pour Battiferri.

51. **Bacchus et Ariane.** (B. 485.) H. 9 p. 6 l. L. 7 p.

Pièce signée A. V. et connue sous le nom d'Angélique et Médor ou Vénus et Adonis, d'après la composition de Jules Romain pour la Salle de bain du Card. Bibbiena.

52. **Apollon et Daphné.** (B. 317.) H. 8 p. 7 l. L. 6 p. 2 l.

Le dessin de cette pièce datée de 1515 n'est pas assez beau et la taille est trop serrée pour répondre entièrement à la manière du maître. Cette composition semble néanmoins appartenir à Baccio Bandinelli.

53. **L'Apollon du Belvédère.** (B. 328.) H. 9 p. 9 l. L. 6 p. 2 l.

Pièce signée A. V. On en trouve une copie d'une taille assez raide signée également A. V. et dans laquelle le nez de l'Apollon est très-fort.   Berlin.

54. **Même sujet, en contre-partie.** (B. 329.) H. 9 p. 7 l. L. 6 p. 3 l.

Pièce signée A. V.   La statue est dans une niche.

55. **Léda.** (B. 232.) H. 5 p. L. 7 p.

Pièce non signée d'après un dessin de Jules Romain. Le Musée britannique possède une épreuve de cette composition gravée avec beaucoup plus de finesse et que l'on croit être de Marc Antoine. (Arch. de Naumann II. p. 246.)

56—59. Quatre pièces de la fable de Psyché. (B. 235—238.)

Signées A. V. Ces quatre estampes appartiennent à la série des 32 gravures exécutées par le maître au dé d'après les dessins de Michel Cocxie, comme Vasari le dit expressément. C'est donc une erreur d'attribuer ces compositions à Raphaël.

60. La Nouvelle apportée à l'Olympe. (B. 241.) H. 4 p. 5 l. L. 10 p.

Pièce signée A. V. 1516; d'autres épreuves portent la date de 1519 et la marque ·Ⱥ·V. Peut-être ces deux épreuves proviennent-elles de planches différentes, ce qu'il faudrait rechercher en les comparant ensemble. La manière dans celles de 1519 rappelle beaucoup celle de la pièce No. 40 de Bartsch d'après André del Sarto.

61. Lycaon métamorphosé en loup. (B. 244.) H. 10 p. 6 l. L. 15 p. 6 l.

Pièce signée M.D.XXIII. A. V.; les secondes épreuves portent le millésime MDXXIIII.

62. Orphée jouant de la lyre. (B. 259.) H. 3 p. 3 l. L. 2 p. 3 l.

Pièce signée A. V. 1528. On en trouve une copie en contre-partie gravée par un maître allemand. H. 3 p. 2 l. L. 2 p. 2 l. Berlin.

63. Hercule au berceau étouffant les serpents. (B. 315.) H. 8 p. 1 l. (sans la marge inférieure de 11 l.) L. 6 p. 6 l.

Pièce signée A. V. 1532, gravée d'après un dessin de Jules Romain. Les épreuves postérieures portent la date de 1533.

64. Le jeune Hercule debout. (B. 261.) H. 4 p. L. 2 p. 10 l.

Pièce non signée, mais certainement du maître, d'après un dessin de Baccio Bandinelli.

65. Hercule étouffant le lion de Némée. (B. 287.) H. 6 p. 9 l. L. 4 p. 5 l.

Pièce signée A. V. 1528 et gravée d'après une composition exécutée par Jules Romain dans le palais du T à Mantoue.

Copie dans le sens de l'original signée également A. V. 1528, mais d'une exécution très-inférieure. Berlin.

66. Hercule étouffant Anthée. (B. 316.) H. 8 p. 3 l. (avec une marge inférieure de 7 l.) L. 6 p. 8 l.

Pièce signée A. V. 1533.

67. **Même sujet.** (B. 437.) H. 10 p. 6 l. L. 8 p.

Pièce signée A. V. Copie de la gravure de Marc Antoine, Bartsch No. 346.

68. **Phaéton précipité du char du Soleil.** (B. 298.) H. 6 p. 10 l. (avec 1 l. de marge inférieure). L. 5 p.

Pièce signée A. V. sur une tablette et gravée d'après le dessin de quelque élève de Raphaël.

69—72. **Les Termes et Statues en gaînes** d'après l'antique. Suite de quatre pièces signées A. V. 1536. (B. 301—304.) H. 7 p. 3—6 l. L. L. 4 p. 4—6 l.

73. **L'Enfant offert à Priape.** (B. 336.) H. 9 p. 8 l. L. 6 p. 4 l.

Pièce marquée d'une tablette vide et qui semble être une copie en contre-partie avec quelques différences d'une gravure du maître au Caducée, Jacques de Barbary. Les draperies sont jetées absolument dans sa manière.

74. **La Prudence sous la figure d'une femme à tête de Janus.** (B. 357.) H. 4 p. 9 l. L. 5 p. 1 l.

Pièce signée ·A·V 1516.

75. **La Tempérance.** (B. 358.) H. 6 p. L. 8 p.

D'après une des trois vertus peintes à fresque par Raphaël dans la Salle della Segnatura.

76. **L'Amour de la Gloire.** (B. 370.) H. 3 p. 4 l. L. 2 p. 3 l.

Figure de femme debout tenant un casque et un bâton et accompagnée d'un petit Amour. D'après le dessin d'un des élèves de Raphaël.

Copie en contre-partie, sans marque et de mêmes dimensions.

77. **La Philosophie.** (B. 374.) H. 4 p. 3 l. L. 3 p.

Pièce non signée. Figure de femme assise dans une niche ayant à ses pieds la lune dans son croissant, dans la droite un livre fermé, et dans la gauche un globe.

78. **La Pureté, sous la figure d'une jeune femme montrant une licorne.** (B. 379.) H. 6 p. L. 4 p. 2 l.

Pièce signée ·A·V 1515, exécutée avec beaucoup de délicatesse d'après un maître lombard que l'on pourrait croire avoir été Bernardino Luini.

V. Sujets de fantaisie et de genre.

79. Le Vieillard dans un chariot d'enfant. (B. 400.)
H. 16 p. L. 11 p.

Pièce non signée, mais avec l'adresse: Ant. Salamanca excudebat MDXXXVIII.

D'après Vasari, cette estampe n'aurait pas été gravée par Agostino
Veneziano, comme on le croit ordinairement, d'après un dessin de
Baccio Bandinelli, mais par Girolamo Faggioli de Bologne, d'après une
composition de Giuntalocchi.

80. Le Dragon et l'Abeille. (B. 406.) H. 3 p. L. 4 p. 8 l.
Pièce marquée d'une simple tablette.

81. Les Deux hommes près d'un cimetière. (B. 407.)
H. 3 p. 8 l. L. 4 p. 9 l.

Pièce signée A. V. La composition semble appartenir à un maître
vénitien.

82. Le Vieux berger jouant du flageolet. (B. 408.) H.
3 p. L. 3 p.

Copie en contre-partie d'après Giulio Campagnola. (B. No. 7.)

83. Même sujet avec quelques variantes. (B. 409.) H.
4 p. L. 5 p. 7 l.

Pièce signée AGVSTINO. DI. MVSI et d'une exécution assez inexpérimentée.

84. La Femme couchée sur une peau de bête. (B. 410.
H. 4 p. 4 l. L. 5 p.

Pièce signée A. V. L'enfant qu'elle tient du bras gauche est copié
de celui que la femme à genoux embrasse dans le Massacre des
Innocents. Le paysage est dans le goût vénitien et le dessin du
nu est très-mou.

85. La Femme nue endormie. (B. 412.) H. 4 p. 5 l. L.
6 p. 9 l. ?

Pièce non signée dans la première manière du maître. Le dessin
et la composition sont tout à fait dans le goût vénitien.

86. Le Magicien ou l'Astrologue. (B. 411.) H. 5 p. 9 l.
L. 3 p. 7 l.

Copie en contre-partie d'après Giulio Campagnola (B. No. 8).
Voyez ce que nous avons dit à ce sujet dans l'oeuvre du maître.

87. Plusieurs animaux d'après A. Durer. (B. 414.)
H. 5 p. 5 l. L. 7 p. 9 l.

Pièce signée AGVSTIN < DI > MVSI >

88. **Les Deux armées en ordre de bataille.** (B. 415.)
H. 5 p. 6 l. L. 8 p.

Copie en contre-partie d'après le maître à la ratière. Pièce signée A. V. 1528.

89. **La Position des armées de Charles V. et de Soliman II.** (B. 419.) H. 9 p. 8 l. (avec marge de 3 l.) L. 12 p. 9 l.

Pièce signée A. V. 1532.

90. **La Carte géographique ou plan à vue d'oiseau du royaume de Tunis.** (B. 421.) H. 9 p. 7 l. L. 13 p. 9 l.

Pièce signée A. V. 1535.

91. **L'Académie de Baccio Bandinelli.** (B. 418.) H. 10 p. L. 11 p.

Pièce signée A. V. MDXXXI. Les épreuves postérieures sans la marque A. V. portent l'adresse d'Ant. Salamanca et sont des impressions de la planche retouchées. Cependant Bartsch tient ces épreuves pour des copies.

92. **Les Grimpeurs, d'après Michel-Ange.** (B. 523.) H. 12 p. 3 l. L. 16 p. 7 l.

Pièce signée MDXXIII. A. V.

93. **Le Squelette d'après Baccio Bandinelli.** (B. 424.) H. 11 p. 5 l. L. 18 p. 8 l.

Pièce signée AVGVSTINVS. VENETVS. DE. MVSIS. FACIEBAT. 1518. A. V.

94. **Le Philosophe lisant.** (B. 433.) H. 3 p. 3 l. L. 2 p. 3 l.

Pièce non signée, mais gravée selon toute apparence par notre maître d'après un dessin de Baccio Bandinelli.

95. **Les Deux philosophes.** (B. 439.) H. 4 p. L. 3 p. 8 l.
Pièce également non signée et probablement d'après le même maître.

96. **Un Vieillard aidant un autre à se relever.** (B. 440.) H. 4 p. L. 2 p. 10 l.

Pièce signée ·A·V, d'après un dessin de Baccio Bandinelli.

97. **Le Philosophe assis à une fenêtre.** (B. 447.) H. 4 p. 3 l. L. 1 p. 10 l.

Pièce signée A. V. Là composition est dans le goût vénitien.

98. **Le Soldat frappant un homme nu.** (B. 484.) H. 4 p. 4 l. L. L. 2 p. 10 l.

Pièce non signée; la composition est insignifiante et n'est point de Michel-Ange.

Copie en contre-partie signée I·H· 1530. B. XV. 492. No. 2.

99. L'Homme assis tenant une lyre. (B. 449.) H. 4 p. 3 l. L. 2 p. 11 l.

Pièce non signée, gravée d'après un dessin de Baccio Bandinelli.

100. La Femme portant un enfant. (B. 450.) H. 4 p. 8 l. L. 2 p. 10 l.

Pièce non signée. Cette excellente gravure est exécutée comme celle qui suit de la Femme aux oeufs, tout à fait dans la manière de Marc Antoine. Cette dernière estampe est considérée comme une des meilleures d'Agostino Veneziano, et nous croyons pouvoir lui attribuer également celle qui nous occupe et qui en forme le pendant. Toutes deux paraissent avoir été exécutées d'après nature dans la haute Italie; elles montrent, à tout événement, le costume des paysans de cette région.

101. Le Paysan et la femme aux oeufs. (B. 453.) H. 4 p. 8 l. L. 2 p. 10 l.

Pièce non signée, d'un excellent travail.

102. L'Homme au livre, tenant une flûte. (B. 454.) H. 4 p. 6 l. L. 3 p.

Pièce signée ·Ⱥ·V 1515 et gravée d'après un dessin du Bandinelli. C'est par erreur que Bartsch met une lyre auprès de la figure.

103. L'Homme qui en frappe un autre avec une massue. (B. 455.) H. 4 p. 7 l. L. 3 p. 2 l.

Pièce non signée, d'après un dessin de Baccio Bandinelli.

104. La Vieille s'acheminant vers la fosse. (B. 457.) H. 4 p. 9 l. L. 3 p. 2 l.

Pièce signée A.V. 1528 et d'un meilleur travail que le No. 456 de Bartsch, qui n'est qu'une copie médiocre de l'estampe de notre maître. L'écrivain viennois la donne cependant comme une gravure originale de Marc Antoine.

105. Le Jeune berger. (B. 458.) H. 5 p. L. 3 p.

Pièce signée A.V. C'est une copie d'après Giulio Campagnola.

106. Le Guerrier. (B. 461.) H. 5 p. 8 l. L. 3 p. 10 l.

La pose de la figure rappelle celle d'un des Colosses du Monte Cavallo. Le dessin n'est pas certainement de Raphaël et la taille très-maigre de cette pièce laisse quelque doute si on en doit attribuer l'exécution à Agostino Veneziano.

107. **Le Soldat attachant sa cuirasse.** (B. 463.) H. 6 p. L. 4 p. 4 l.

Cette figure du carton de Michel Ange et tournée ici à droite est gravée dans le même style que le groupe de cinq soldats du même maître (No. 423) et lui est en conséquence attribuée par Bartsch. Il pourrait se faire pourtant qu'il n'eût gravé que la copie A. signée A. V. 1517.

108. **La Femme portant un vase sur la tête.** (B. 470.) H. 6 p. 9 l. L. 4 p. 5 l.

Pièce signée A. V. 1528. Le dessin est d'un élève de Raphaël.

109. **L'Homme tenant une femme par les mains.** (B. 471.) H. 7 p. L. 4 p. 5 l.

Pièce non signée d'après un dessin de Raphaël.

110. **La Barque avec deux jeunes couples.** (B. 473.) H. 7 p. 10 l. L. 5 p. 7 l.

Pièce non signée. La composition n'est point de Raphaël; elle est plutôt dans le style de Balthasar Peruzzi

Il en existe une copie sur bois de la même grandeur dans la Collection Albertine à Vienne.

111. **La Femme debout près d'un vase.** (B. 474.) H. 8 p. L. 5 p. 6 l.

Pièce non signée.

Cette pièce, ainsi que les deux suivantes, dessinées par un élève de Raphaël, ont été probablement gravées par Agostino Veneziano.

112. **La Femme assise près d'un vase.** (B. 475.) H. 8 p. L. 6 p.

Pièce non signée.

113. **La Femme debout à côté d'un vase.** (B. 478.) H. 8 p. 5 l. L. 5 p. 10 l.

Pièce non signée.

114. **L'Homme nu portant la base d'une colonne.** (B. 477.) H. 8 p. 2 l. L. 5 p. 2 l.

Pièce signée A. V. dans une tablette et gravée d'après un dessin de Raphaël.

115. **L'Homme au drapeau.** (B. 482.) H. 9 p. 1 l. L. 5 p. 6 l.

Copie signée A. V. de la gravure de Marc Antoine, B. No. 481.

116. Le Jeune héros près d'un autel. (B. 483.) H. 9 p.
L. 6 p. 10 l.

C'est la figure de l'Alcibiade dans l'école d'Athènes; la pièce signée
A. V. est probablement gravée d'après un dessin de Raphaël.

117. L'Homme au laurier. (B. 491.) H. 11 p. 5 l. L.
8 p. 5 l.

Pièce marquée d'une tablette vide. Le dessin n'est évidemment
point de Raphaël. Peut-être notre maître n'aura-t-il eu qu'une légère
esquisse de Raphaël dont il a mal rendu le dessin.

118. Le Groupe de Pythagore dans l'Ecole d'Athènes.
(B. 492.) H. 16 p. L. 12 p.

Pièce signée A. V. MDXXII.

VI. Portraits.

119. Charles-Quint, demi-figure, vue de trois quarts. (B.
499.) H. 6 p. 4 l. (avec une marge de 1 p. 6 l. au bas). L. 5 p. 5 l.

Pièce signée A. V. MDXXXVI.

120. Ferdinand I., demi-figure de trois quarts à droite (B.
500) de la même grandeur que la pièce précédente,

Pièce signée A. V. MDXXXVI.

121. Jérôme Aleander, Archevêque de Brindisi et
Oria. (B. 517.) H. 12 p. 4 l. L. 8 p. 4 l.

Pièce signée A. V. 1536. Bartsch a donné, par erreur, le nom
d'Alexandre à ce prélat.

122. François I., roi de France. (B. 519.) Demi-figure,
tournée à droite. H. 15 p. 8 l. L. 10 p. 10 l. (marge inférieure
de 6 l.)

Pièce signée A. V. 1536.

123. Soliman II. (B. 518.) H. 15 p. 6 l. L. 10 p. 10 l.
(marge du bas 7 l.)

Portrait en buste de profil à gauche signé A. V. 1535.

124. Barbarossa. (B. 520.) H. 15 p. (avec 1 l. de marge
au bas) L. 10 p. 9 l.

Demi-figure, presque de face. Pièce signée A. V. 1535.

125. Le pape Paul III., mi-tête. (B. 521.) H. 7 p. 9 l.
(avec marge inférieure de 1 p.) L. 6 p. 9 l.

Buste de profil à gauche, signé A. V. MDXXXIIII.

126. Le même pape avec la calotte. (B. 522.) H. 7 p. 7 l. (marge du bas 1 p. 8 l.) L. 6 p. 3 l.

Buste de profil à gauche, signé A. V. MDXXXIIII.

127. Le même avec la tiare. (B. 523.) H. 15 p. (marge inférieure de 1 p. 2 l.) L. 11 p.

Demi-figure de profil à gauche. Pièce signée A. V. 1535.

128. L'empereur Charles-Quint. (B. 524.) H. 15 p. 5 l. L. 11 p. 3 l.

Demi-figure des trois quarts à droite. Pièce signée A. V. 1535.

Copie dans le sens de l'original sur bois et selon toute apparence par un maître allemand. En haut, sur une tablette:

CAROLVS. IMPERAT. R. QVINTVS.

H. 18 p. L. 13½ p. Musée britannique.

VII. Architecture, Vases et Ornements.

129—137. Chapiteaux, bases et entablements des trois ordres dorique, ionien et corinthien. (B. 525—533.) H. 4 p. —4 p. 7 l. L. 6 p. 9 l.—7 p. 4 l.

Suite de neuf feuilles signée chacune A. V. 1528 et S. B. (Sébastiano Bolognese.) Elles appartiennent à la première édition de l'ouvrage de Serlio: „Regole generali d'architettura“. Venezia 1537.

Elles ont été copiées par Antoine Sadeler en 1636.

138. L'église de St. Pierre à Rome. (B. 534.) Pièce ronde de 7 p. de diamètre.

On lit en haut l'inscription:

TEMPLI PETRI INSTAVRACIO. MCCCCCVI.

et au-dessous:

VATICANVS. M.

On peut voir par cette gravure le plan adopté par Bramante pour la réédification de l'église.

139. La frise à l'Amour et à la Sirène. (B. 539.) H. 4 p. L. 9 p.

Pièce signée A. V. 1530 et probablement gravée d'après un dessin de Giovanni da Udine.

140. Le Vase aux feuilles d'acanthe de l'église de Santa Agnese à Rome. (B. 540.) H. 9 p. L. 6 p.

Pièce non signée.

141—152. Vases antiques et modernes. (B. 541—552.)

Suite de 12 pièces, de dimensions variant de 10 p. 7 l. de hauteur sur 7 p. 7 l. de largeur à H. 7 p. 7 l. L. 6 p., toutes signées avec les dates de 1530 ou 1531. L'inscription:

SIC. ROMAE. ANTIQVI. SCVLPTORES. EX. AERE. ET. MARMORE.
FACIEBANT.

est inexacte en ce sens que deux des vases, les Nos 547 et 548, sont modernes et que le No. 550 porte même les armoiries des Médicis.

Les premières épreuves n'ont point de date.

153—154. Rinceaux d'ornement. (B. 553—554.)

Pièces gravées dans la manière du maître d'après un maître antique dans l'église de St. Silvestre.

155—161. Panneaux d'ornements. (B. 555, 558—563.)

Ces sept pièces sont gravées en partie d'après l'antique, en partie d'après des dessins de Raphaël ou de Giovanni da Udine comme on pourra le voir dans Bartsch.

162—181. Panneaux avec arabesques. (B. 564—583.)

Dans cette suite de 20 pièces d'après les dessins de G. da Udine, s'en trouvent deux de Jacopo Francia, signées I.F. Les autres, à l'exception d'une, portent toutes la marque d'Agostino Veneziano et sont gravées par ce maître.

Additions au Catalogue de Bartsch.

182. La Vierge au Singe. Copie en contre-partie, d'après A. Durer, B. No. 42.

Pièce signée AVGVSTINO DI MVSI. H. 6 p. 8 l. L. 4 p. 6 l.

183. La Vieille femme riche. Une vieille femme richement vêtue est debout à gauche, et tourne la tête vers un vieillard très-laid, qui tient de la main gauche une bourse qu'il lui met sous les yeux. Derrière elle une autre femme très-laide et la gorge découverte regarde et semble rire de ce qui se passe. Fond obscur avec la signature 1516 ·Ⱥ·V en haut à droite.

Ce sont trois caricatures, demi-figures, gravées en contre-partie, d'après un dessin de Leonardo da Vinci qui se trouve au Musée britannique. H. 6 p. L. 4 p. 9 l. Bibl. de Vienne. Francfort s/M. Cat. Wilson No. 114.

Copie en contre-partie par un Anonyme néerlandais, signée Cock exc. avec la souscription:

> Al ben ick leelyck, ick ben seit plesant
> Wilt ghy voen houet in aen mynen kant.

On en trouve une copie en contre-partie dans la Coll. Albertine à Vienne.

184—186. Trois bustes d'empereurs sur des piédestaux. H. 7 p. 6 l. L. 5 p. 5 l. Dans la Collection Albertine à Vienne.

— 184. CI. CÆSAR. I. RO. IMP.

— 185. C. GALIGVLA. CÆS. AVG. IIII. RO. IMP.

— 186. A. VITELLIVS. VIIII. RO. IMP.

Ces deux derniers sont signés sur le piédestal ·Ⱥ·V 1516.

187. Une rosace. Au milieu d'un médaillon se trouve une tête barbue à longues oreilles et avec des cornes de bélier; elle est entourée de six feuilles d'acanthe ayant au milieu de chacune une plante aquatique terminée en fleur.

Pièce non signée, mais tout à fait dans la manière du maître; en rond de 5 p. 6 l. de diamètre. Berlin.

Appendice.

188. Judith. Elle est debout, tenant de la main droite la tête d'Holopherne et la gauche posée sur la poitrine. La servante, vue de profil et la tête recouverte de son manteau, lui adresse la parole. Sur le lit, dans la tente, est étendu le corps d'Holopherne, le bras droit pendant.

Pièce non signée. H. 4 p. 4 l. L. 3 p. 1 l. Zani (Encycl. II. 4, 39) croit que cette pièce est gravée par Agostino Veneziano, et Heinecken (Dict. des Artistes I. 375, No. 4) la mentionne parmi les estampes douteuses de Marc Antoine.

ℜ, ᴅ ℘ ℜ.

Marco Dente da Ravenna.

(Bartsch XIV.)

Nous ne pouvons ajouter que fort peu de chose aux notices que nous donne Bartsch sur cet élève de Marc Antoine. Zani, auquel nous devons, dans ses premières communications, la connaissance du nom de famille de notre maître, ajoute dans son „Encyclopédie" (II. 5, p. 327) que la famille Dente appartenait, déjà dans le XIVᵉ. Siècle, aux familles patriciennes de Ravenne, comme il résulte du passage suivant des „Monumenti Ravennati," du Comte Fantuzzi (Tome V. p. 390):

„Tra la Nobilta di Ravenna ch' erano in consiglio l'anno
1309 vi si trovava un Joannes Ser Raineri Dento"
et dans „l'Histoire du Cloître de Ste. Justine de Padoue" du Cavaccio, on trouve (Liv. IV. p. 151—153) qu'il y est fait mention d'un certain Pietro Dente.

Zani cite encore à ce sujet un passage du livre de Girolamo de' Rossi Hist. Rauvennat. Libri Decem, Venetiis 1592, p. 692, où, confirmant les données antérieures de Vincenzo Carrari, on dit:

„Quamobrem dum, Roma capta ab Hispanis, in quo tumultu trucidatus est Marcus Dentes Ravennas, qui singulari arte figuras in aere incidebat, ut praeter innumera alia, Paridis et Innocentium Raphaelis Urbinatis picturae declarant.

Comme Girolamo de' Rossi vivait en termes de la plus grande intimité avec Vincenzo Carrari, né comme lui en 1529 et célèbre jurisconsulte de l'époque, on ne peut douter qu'ils n'aient tiré leurs renseignements touchant Marc de Ravenne de la même source, puisqu'ils sont tombés tous deux dans la même erreur relativement à la gravure du Massacre des Innocents qu'ils lui attribuent. Probablement ils avaient emprunté cette notice à Vasari qui, par erreur, attribue cette pièce à notre maître, tandis que les deux estampes No. 18 et 20 de Bartsch sont beaucoup mieux gravées que ne l'aurait jamais pu faire Marco Dente et que les copies de ces pièces appartiennent à des maîtres connus, si l'on en excepte pourtant la copie A du No. 18, que nous ne croyons point cependant devoir attribuer à notre artiste.

5*

Il semblerait que Marco, à l'instar d'Agostino Veneziano, ne se soit pas occupé dans sa jeunesse à graver d'après différents maîtres avant d'entrer dans l'atelier de Marc Antoine, et même la première pièce que nous connaissons avec sa signature et la date de 1515, celle du bas-relief des Trois Amours dans l'église de St. Vitale à Ravenne, est gravée absolument dans la manière de Marc Antoine, et notre opinion est confirmée par le fait que nous n'avons trouvé de lui aucune gravure d'une date antérieure ou qui pourrait nous montrer une taille différente. En général, il ne se montre avec avantage que lorsqu'il copie les gravures de son maître, dont il ne possédait ni la finesse de dessin ni la délicatesse du burin. Sous ces deux rapports, il est souvent raide et inférieur à Agostino Veneziano lui-même.

Catalogue de l'oeuvre de Marco Dente.

(Bartsch XIV.)

I. Sujets de l'Histoire Sainte.

1. Le Sacrifice de Noé. (B. 4.) H. 8 p. 10 l. L. 7 p. 6 l.
2. Dieu apparaissant à Isaac. (B. 7.) H. 7 p. 6 l. L. 8 p. 8 l.
3. Le Massacre des Innocents, d'après Baccio Bandinelli. (B. 21.) H. 15 p. L. 21 p. 6 l.
4. La Cène. Copie d'après Marc Antoine, B. 27. H. 10 p. 10 l. L. 16 p.
5. La Vierge avec l'enfant Jésus, lisant dans un livre. (B. 48.) H. 7 p. 8 l. L. 5 p. 4 l.

Copie en contre-partie d'une taille maigre, sans marque. H. 7 p. 8 l. L. 5 p. 2 l.

6. La Vierge à la longue cuisse. Copie de la gravure de Marc Antoine, B. 58. H. 15 p. L. 10 p.
7. La Vierge, demi-figure, allaitant l'enfant Jésus. Copie de la gravure de Marc Antoine, B. 61. H. 6 p. 2 l. L. 4 p. 4 l.
8. Le Christ et les 12 Apôtres. (B. 79—91.) H. 7 p. 9 l. L. 5 p. 2 l.

21. St. Michel. Copié de la gravure de Marc Antoine, B. 106. H. 9 p. 5 l. L. 6 p. 11 l.

II. Sujets de l'Histoire profane, sujets mythologiques et de fantaisie.

22. Entellus et Dares. (B. 195.) H. 11 p. 4 l. L. 10 p. La composition de cette pièce paraît être de Jules Romain.

23—26. Les quatre bas-reliefs de la Colonne Trajane. (B. 202—205.) H. 10 p. 9—11 l. L. 13 p. 7—15 l.

27. Trajan combattant contre les Daces. (B. 206.) H. 9 p. 4 l. L. 13 p. 6 l.

28. L'enlèvement d'Hélène. (B. 210.) H. 10 p. 10 l. L. 15 p. 10 l.

Les épreuves plus récentes portent l'adresse de Gio. Jac. Rossi formis Romae 1649 et G. R. formis.

29. Jupiter et Sémélé. (B. 338.) H. 10 p. 6 l. L. 7 p. 6 l. Pièce gravée d'après une composition de Jules Romain.

30. Vénus blessée par une épine de rose. (B. 321.) H. 9 p. 6 l. L. 6 p. 3 l.

Ottley, dans son Inquiry, p. 814, mentionne une gravure du même sujet par Marc Antoine et qui serait restée inconnue à Bartsch.

31. Vénus sur la mer, debout dans une conque. (B. 323.) H. 9 p. 9 l. L. 6 p. 3 l.

32. Vénus et l'Amour, portés sur des dauphins. (B. 324.) H. 9 p. 10 l. L. 6 p. 5 l.

33—40. Les huit bas-reliefs antiques. (B. 220—227.) H. 4 p.—4 p. 5 l. L. 6 p. 5—9 l.

L'original de l'Apollon gardant les troupeaux d'Admète porte la marque du maître. La copie décrite par Bartsch est en contre-partie.

41. Le bas-relief aux trois Amours. (B. 242.) H. 6 p. L. 13 p.

Ce bas-relief en marbre, connu généralement sous le nom du Trône de Neptune, se trouve actuellement dans le Musée du Louvre à Paris. Zani, dans son Encyclopédie (II. 5, p. 336), dit que la pièce originale porte, avec la signature de Marco da Ravenna, l'inscription suivante:

OPVS. HOC. DIVI. VITALIS. M.D.XV.

Copie A. C'est celle décrite par Bartsch sous le No. 242, avec la souscription:

OPVS. HOC. ANTIQVVM. SCVLP. REPERITVR. RAVENNAE. IN. AED. DIVI. VITALIS. M.D.X.VIIII.

D'après Zani, les dernières impressions seulement de cette pièce auraient été marquées du monogramme.

Copie B. Avec la même inscription que celle de la pièce précédente et signée d'un R majuscule.

Copie C. C'est celle qui a été décrite par Bartsch et qui n'est point signée.

42. L'Amour s'enfuyant par mer. (B. 219.) Pièce ovale en largeur. H. 4 p. 6 l. L. 6 p. 1 l.

Copie B en contre-partie avec la même inscription que dans l'original, mais différente dans la position des lettres.

43. Les Trois Grâces. (B. 341.) H. 10 p. 6 l. L. 8 p.
Pièce non signée.

Copie en contre-partie. H. 13 p. 4 l. L. 9 p. 4 l.

44. Galathée sur la mer. (B. 351.) H. 15 p. L. 10 p. 7 l.
Pièce signée d'un R.

45. Léda avec le Cygne. (B. 283.) H. 5 p. 6 l. L. 3 p. 9 l.
Pièce non signée d'après un dessin de Jules Romain. Au Musée britannique, on possède une épreuve où le monogramme du maître se trouve à côté de la draperie pendante.

Copie en contre-partie non signée, de la même dimension que l'original.

46. Le Jugement de Pâris. (B. 246.) H. 10 p. 10 l. L. 16 p. 2 l.

D'après une composition de Raphaël. Quoique cette pièce soit une copie fidèle de l'original de Marc Antoine, la taille n'en est pas moins dure et sèche.

47. Laocoon et ses fils, enlacés par les serpents envoyés par Neptune. (B. 243.) H. 10 p. 2 l. L. 14 p. 5 l. Ce groupe n'est point d'après l'antique ou d'après un dessin de Raphaël.

48. Même sujet. (B. 353.) H. 18 p. L. 12 p. 2 l.
Pièce signée MARCVS RAVENAS; d'après le groupe antique.

49. Le Satyre portant une Nymphe. (B. 300.) H. 7 p. L. 4 p. 6 l.

50. Le jeune Olympe. (B. 309.) H. 8 p. 2 l. L. 3 p. 10 l.

Il est assis dans une niche. Ce sujet est copié d'après l'antique, mais restauré dans quelques parties avec beaucoup de maniérisme.

51. La Force (?). (B. 395.) H. 9 p. L. 6 p. 8 l.

Pièce gravée d'après un dessin de Jules Romain. Le lion est absolument dans sa manière.

52. Les Trois animaux dans un ovale. (B. 405.) H. 4 p. L. 5 p. 10 l.

53. La Bataille avec le cheval qui rue. (B. 420.) H. 8 p. 4 l. L. 13 p. 5 l.

Pièce qui a été probablement gravée d'après un dessin de Jules Romain, mais certainement point d'après Raphaël.

54. Les Squelettes, d'après Baccio Bandinelli. (B. 425.) H. 10 p. 6 l. L. 16 p.

55. La Femme de retour de la chasse, avec un lièvre et deux oiseaux. (B. 466.) H. 6 p. 2 l. L. 4 p. 5 l.

Pièce non signée, gravée d'après un bas-relief antique.

56. L'Assemblée de Savants. (B. 479.) H. 8 p. 8 l. L. 7 p. 1 l.

D'après Francesco Salviati.

57. Le tireur d'épine. (B. 480.) H. 9 p. L. 6 p. 3 l.

D'après la statue antique en bronze au Capitole.

58. La Cassolette aux Cariatides. (B. 490.) H. 11 p. 4 l. L. 5 p. 4 l.

59. La Statue équestre de Marc-Aurèle. (B. 515.) H. 12 p. 8 l. L. 8 p. 5 l.

60. Arabesque à la tête de Méduse. (B. 556.) H. 7 p. 10 l. L. 4 p. 7 l.

Cette pièce est signée du second des monogrammes ci-dessus.

61. Arabesque à l'enfant dans un rinceau. (B. 557.) H. 7 p. 9 l. L. 5 p.

Pièce signée comme au No. précédent.

Appendice.

62. Arabesque au mascaron. Le mascaron est orné de feuilles et donne naissance à deux rinceaux contournés s'élevant de

chaque côté. Le fond est à tailles perpendiculaires et à gauche se
trouve la signature ᴀD ᴀ𝒳. Cette pièce forme pendant au numéro
précédent.

62. Arabesque au bélier. L'animal soutient un vase sur-
monté d'une lampe. De chaque côté du bélier s'élèvent des rinceaux.
Pièce non signée, mais d'une exécution semblable à celle du No. 59.
Cab. Cicognara No. 606.

Additions.

Dans l'ouvrage d'Alexandre Zanetti, intitulé „Le premier siècle de
la Calcographie, ou Catalogue raisonné des estampes du Cabinet de feu
le Comte Cicognara, Venise 1537", on attribue à Marco da Ravenna,
sous le No. 602, une estampe représentant la Louve du Capitole
qui, outre la signature R, porte la date ∞ D. LVI. (1556). Elle ne
peut donc appartenir à notre maître qui, ainsi que nous l'avons vu
plus haut, mourut en 1527 lors du sac de Rome. La taille de cette
gravure est en outre fort médiocre. H. 9 p. 5 l. L. 12 p. 5 l.

Zanetti se trouverait peut-être plus justifié quand, dans le même
Catalogue, sous les Nos 603—605, il attribue à Marco da Ravenna quatre
pièces en partie marquées d'un R, mais qui portent les dates de 1540
et 1541. Comme ces estampes portent en même temps l'adresse d'Ant.
Salamanca, il pourrait se faire que, gravées avant 1527 par notre
maître, mais n'ayant point été publiées par lui ou par son éditeur, elles
soient tombées longtemps après sa mort entre les mains du Salamanca.

Ce sont les pièces suivantes qui forment suite et ont été gravées
d'après les dessins de Jules Romain.

63. L'entrevue de Scipion et d'Annibal. (B. XV. p. 31,
No. 5) avec l'inscription suivante, mais sans la marque:
SCIPIO ET HANNIBAL COLLOQVNTVR. — EXCVDEB. ANT.
SALAMANCA 1540.
H. 14 p. 6 l. L. 20 p. 6 l.

64. Scipion prend d'assaut le camp des Carthaginois.
(B. XV. p. 31, No. 4.)
Pièce signée R avec l'inscription:
P. COR. SCIPIONIS. VICTORIA. ANT. SALAMANCA. 1540.
H. 15 p. 3 l. L. 20 p.

65. La prise de Carthage. (Zanetti No. 603.) C'est la même composition gravée par George Pencz en 1539 et décrite par Bartsch sous le No. 36. La pièce dont parle Zanetti a les inscriptions suivantes : à côté des assaillants, avec des échelles, CARTHAGO, et un peu au-dessous la marque R. Puis, au milieu du bas, EXC.... SALA-MANCA MDXL. H. 15 p. 10 l. L. 21 p. 9 l.

Elèves anonymes de Marc Antoine. Graveurs sur cuivre.

Sous ce titre, nous enregistrons toutes les gravures que Bartsch a décrites dans son XIVe. volume mêlées à l'oeuvre de Marc Antoine, d'Agostino Veneziano et de Marc de Ravenne, sans les attribuer avec certitude à l'un ou l'autre de ces maîtres. Nous y ajoutons celles que l'écrivain viennois a placées dans son XVe. volume sous l'indication de Graveurs anonymes de l'école de Marc Antoine; enfin les estampes de la même catégorie qui ont échappé à ses recherches. Afin de faciliter les recherches, nous avons maintenu l'ordre que nous avons adopté jusqu'ici, même quand nous avons reconnu que plusieurs de ces gravures anonymes appartenaient au même maître et auraient dû, par conséquent, se suivre dans la description. Nous avons cependant relevé cette circonstance dans les observations qui les accompagnent.

I. Sujets de l'ancien et du nouveau Testament.

1. Dieu créant les animaux. (B. XV. 5, No. 1.) H. 10 p. 7 l. L. 15 p. 6 l.

D'après la composition de Raphaël peinte à fresque dans les loges du Vatican.

2. Le Sacrifice de Caïn et d'Abel. (B. XV. 9, No. 4.) H. 8 p. L. 16 p. 4 l.

3. Le Sacrifice de Caïn, composition allégorique. (B. XV. 8, No. 3.) H. 8 p. 9 l. L. 12 p.

Dans le Cabinet de Paris, on trouve un exemplaire de cette pièce signée A. V. Cependant la manière n'est point celle d'Agostino Veneziano, quoiqu'elle ait quelque analogie avec la sienne.

4. **Caïn tue son frère Abel.** (B. XV. 7, No. 2.) H. 4 p. 8 l. L. 5 p. 6 l.

5. **Joseph racontant ses songes à ses frères.** (B. XV. 10, No. 5.) H. 9 p. L. 13 p. 6 l.

D'après la composition de Raphaël dans les loges du Vatican.

6. **Joseph se faisant connaître à ses frères.** (B. XV. 11, No. 6.) H. 6 p. 6 l. L. 10 p.

7. **David vainqueur de Goliath.** (B. XIV. No. 11.) H. 4 p. 1 l. L. 2 p. 11 l.

Il se penche pour couper la tête du géant. Cette composition semble appartenir à Baccio Bandinelli.

Copie en contre-partie, sans marque. H. 4 p 2 l. L. 3 p.

8. **Abigaïl apportant des présents à David.** (B. XV. 12, No. 8.) H. 10 p. 2 l. L. 16 p.

9. **Judith.** (B. XV. 13, No. 9.) H. 7 p. 9 l.? L. 4 p. 8 l.

Elle met la tête d'Holopherne dans le sac qui est tenu par la servante.

10. **Même sujet.** Judith est assise, tournée à droite, sur un petit mur, tenant de la main droite abaissée un glaive et de la gauche, sur ses genoux, la tête d'Holopherne. A la gauche du bas, sur une pierre, on lit la date de 1543.

Pièce à l'eau-forte d'un maître allemand qui paraît s'être formé à l'école de Marc Antoine. H. 6 p. 7 l. L. 4 p. 9 l.

11. **La mort de Zambri et de Cozbi.** (B. XIV. 14.) H. 10 p. 4 l. L. 8 p.

Si la composition est de Jules Romain, comme Bartsch l'affirme, la gravure n'a point rendu le style de ce maître.

Copie avec l'adresse EXCVDEBAT ANT. SALAMANCA. H. 10 p. 11 l. L. 7 p. 10 l. avec une marge inférieure de 9 l. (Zani, Encycl. II. 3, 222.)

12. **La Naissance de la Vierge.** (B. XV. 13, No. 1.) H. 14 p. L. 16 p.

Riche composition de Baccio Bandinelli.

13. **L'Annonciation.** (B. XIV. 15.) H. 11 p. L. 9 p. 8 l.
Pièce gravée d'après une composition de Raphaël.

14. La Nativité avec l'adoration des bergers. (B. XV. 14, No. 2.) H. 10 p. 7 l. L. 7 p. 6 l.

15. Même sujet. (B. XV. 15, No. 3.) H. 22 p. 6 l. L. 15 p. 10 l.?

2 feuilles d'après une composition de Jules Romain.

16. La Fuite en Egypte. (B. XV. 16, No. 4.) H. 10 p. 2 l. L. 7 p. 5 l.

Pièce signée R V. La composition ne rappelle cependant point le style de Raphaël.

17. Le Massacre des Innocents, connue sous le nom de la pièce au Chicot, B. XIV. No. 18. H. 10 p. 2 l. L. 15 p. 9 l.

Nous avons déjà fait connaître, en parlant de la gravure de Marc Antoine No. 20, d'après cette composition de Raphaël, les raisons qui nous ont porté à la préférer à celle dont nous parlons ici et qui, de son côté, est un vrai chef-d'oeuvre. Nous avons également ajouté que le No. 18 a beaucoup d'analogie dans la manière avec celle de George Pencz, surtout quand on la compare avec celle des Triomphes du Pétrarque gravés par ce maître, ce qui nous fait croire que la pièce au chicot a été exécutée par ce maître d'après un dessin de Raphaël. Nous répéterons ici que les premières épreuves de cette pièce ne portent point le monogramme de Marc Antoine, qui, un peu différent de la forme ordinaire (M), y a été ajouté plus tard.

18. Le Christ guérissant un aveugle. (B. XV. 16, No. 5.) H. 10 p. 4 l. L. 16 p. 9 l.

19. La Transfiguration. (B. XV. 19, No. 9.) H. 12 p. 4 l. L. 8 p. 10 l. avec 4 l. de marge au bas.

Pièce gravée d'après la composition bien connue de Raphaël.

20. La Cène. Au milieu et derrière une table, le Christ assis lève la main gauche. A sa gauche, St. Jean qui se tourne vers St. Pierre; celui-ci semble lui adresser une question. Sur le devant de la table, à gauche, un apôtre se baisse portant la main vers un chien avec un os, à ses pieds. Sur le devant, à droite, est assis Judas avec la bourse, tourné vers la gauche, et sur le même côté un apôtre vu de dos. Entre les colonnes du fond, une vue de montagnes. Pièce cintrée. H. 6 p. 5 l. L. 9 p. 9 l. Dresde. Bruxelles.

21. Le Christ en croix entre les deux larrons. (B. XV. 18, No. 8.) H. 12 p. 9 l. L. 17 p. 6 l.

Pièce gravée en 1541 dans le style d'Agostino Veneziano.

22. **Même sujet.** (B. XV. 18, No. 7.) H. 12 p. 10 l. L. 17 p. 7 l.

Pièce ressemblant beaucoup, quant à la composition, à la gravure précédente, mais d'une taille plus médiocre et datée de 1553.

23. **Le Christ en croix.** (B. XIV, 29.) H. 3 p. 1 l. L. 2 p. Pièce médiocre.

24. **La Vierge pleurant sur le corps de son fils.** (B. XIV. 34.) H. 11 p. 5 l. L. 8 p.

Pièce connue sous le nom de la **Vierge au bras nu**, quoique la manche du bras gauche soit indiquée, mais de manière à ce que le bord en soit à peine visible et qu'elle semble manquer. La taille, quoique d'une grande finesse, s'éloigne trop de la délicatesse de celle de Marc Antoine, pour qu'on puisse la lui attribuer; l'expression également n'est point celle qu'il savait imprimer à ses têtes. Même le paysage n'est point dans sa manière et rappelle plutôt le style de B. Beham, ce qui nous porterait à attribuer à cet artiste l'exécution de cette belle pièce.

25. **„Pasce oves meas", ou St. Pierre déclaré chef de l'Eglise.** (B. XV. 17, No. 6.) H. 8 p. 4 l. L. L. 12 p. 2 l.

Pièce gravée d'après une esquisse de Raphaël.

II. Vierges et Saints.

26. **La Madone de Foligno.** (B. XIV. 53.) H. 9 p. 4 l. L. 6 p. 8 l.

La taille de cette pièce est très-délicate, mais diffère beaucoup de celle de Marc Antoine, comme Bartsch l'a déjà fait observer et comme le prouve, du reste, l'estampe de ce maître qu'il a décrite sous le No. 52.

Copie d'un maître qui s'est signé d'un G dans une tablette.

27. **La Vierge au poisson.** (B. XIV. No. 54.) H. 9 p. 6 l L. 8 p.

La taille de cette pièce ne correspond point à celle de Marc Antoine, comme l'a dit Vasari, ni à celle de Marc de Ravenne, comme le veulent Bartsch et Mariette.

28. **La Vierge, demi-figure, tenant l'enfant Jésus.** (B. XV. 19, No. 10.) H. 2 p. 8 l. L. 2 p. 1 l.

Composition ayant quelque analogie avec le style du Francia.

29. **La Vierge embrassant l'enfant Jésus.** (B. XV. 20, No. 11.) H. 6 p. 9 l. L. 4 p. 10 l.

Le dessin, surtout dans la tête et dans la main de la Vierge, a beaucoup d'analogie avec celui du Parmesan quand, durant son séjour à Rome, il cherchait à imiter le style de Raphaël. La gravure, d'une taille inexperimentée, appartient à quelque élève de Marc Antoine.

30. **La Vierge avec l'enfant Jésus, tenant un livre.** (B. XV. 21, No. 12.) H. 8 p. 2 l. L. 4 p. 9 l.

Pièce gravée dans le style du Caraglio, d'après un dessin du Parmesan.

31. **La Vierge vue de profil avec l'enfant Jésus.** Elle est tournée à droite et penche la tête sur celle de l'enfant debout près d'elle et qui la regarde. Il passe une de ses jambes sur le bras de sa mère, tandis que l'autre pose sur un livre. Sur l'appui se trouve l'inscription:

OSCVLATVS ME OSCVLO ORIS SVI. CĀTI.

Pièce gravée dans la manière de Marc Antoine. H. 4 p. 3 l. L. 2 p. 11 l. Paris.

32. **La Vierge avec l'enfant Jésus assise sur les nuages.** Pièce médiocre d'après un dessin de Raphaël. Au haut, une main indique la Vierge et à côté on lit l'inscription:

S. Ambrosiᵃ Hetēxoga ϊϱμⲁ nec nodus originalis nec cortex venialis culpe fuit.

Puis:

Questa oratiōe esta denōviata da vno sāto hō p̄dicatore al popolo đ bologna contra peste et dice c̄h qualūnque p sona c̄h vna volta el giorno ī honore đ la īmaculata cōceptiōe dira la dita oratiōe nō potra mai morir di morbi chi nō sa legere la porti adosso e q̄sto e sperimentato a firenze.

Siena. Cortona e voltera.

Oratio.

Stella celi extirpavit q̉ lactocuit dominvm mortis pestē quā plātavit primᵃ porēs hominv̄ ipsa stella nūc dignet sidera etc. . . . . . amē.

H. 5 p. 9 l. L. 4 p. Paris.

33ᵃ. **Sta. Maria di Monte Serrat.** La Vierge, avec l'enfant Jésus sur le genou gauche, est assise, couronnée, entre des rochers couverts de petites maisons isolées qui s'élèvent de chaque côté.

(Montserrat en Espagne.) Dans la marge du bas, l'inscription du titre, et à droite, près d'un cloître, l'adresse A n t. S a l. e x c. H. 8 p. 7 l. L. 5. p. 1 l. Bibl. royale de Bruxelles.

33ᵇ. La Madone „del Pilar" à Saragossa. Elle est debout sur le tronçon d'une colonne tenant du bras gauche l'enfant Jésus et abaissant la droite vers la foule de ses adorateurs. A droite et à gauche, deux hommes agenouillés et deux autres debout. En haut et de chaque côté, deux anges faisant de la musique, et au bas, deux têtes de chérubins. Tout à fait au bas, sur un listel, l'inscription:

VIRGO. MATER. DEL PILAR DE CARAGOCA.

H. 8 p. L. 6 p. 1 l. R. Weigel.

34. La Vierge assise sur l'autel. (B. XIV. No. 55.) H. 9 p. 8 l. L. 6 p. 10 l.

Elle tient l'enfant Jésus; au bas, St. Joseph debout et un Saint évêque.

35ᵃ. Ste. Famille. Au milieu est assise la Vierge, dans une attitude de tristesse, les mains croisées sur les genoux; devant elle l'enfant Jésus balayant l'atelier; plus en arrière, St. Joseph occupé à scier une poutre. Dans le fond, deux femmes qui s'émerveillent. Dans le lointain, la mer, sur laquelle on voit un vaisseau, forme un horizon très-élevé au-dessus duquel on voit le soleil. Tout à fait sur le devant, un tronc d'arbre peu élevé soutenant une enclume sur laquelle pose un marteau; des tenailles sont suspendues au tronc; sur le terrain, au milieu, un coquillage. H. 6 p. 5 l.? Musée britannique. (Arch. de Naumann II. p. 26.)

35ᵇ. La Vierge accompagnée de Saints. (B. XV. 22, No. 13.) H. 11 p. 2 l. L. 8 p. 1 l.

Elle est debout au milieu de l'estampe, entourée de rayons; le Saint-Esprit plane au-dessus d'elle et de chaque côté du haut se voit un Ange en adoration. Ste. Marie Madeleine lui baise les pieds et de chaque côté sont agenouillés St. François et Ste. Cathérine. Cette composition dans le style de Raphaël a été gravée par un élève de Marc Antoine.

Brulliot (Dict. II. 2441) dit que cette pièce est la copie d'une gravure marquée R V sur une tablette et pense qu'elle peut appartenir à Jacopo Francia. Nous n'avons jamais rencontré l'estampe dont il s'agit.

36. Couronnement de la Vierge. (B. XIV. 56.) H. 12 p. 10 l. L. 9 p. 4 l.

Pièce gravée dans la manière d'Agostino Veneziano.

37. Le Christ donnant sa bénédiction. (B. XIV. 77.) H. 7 p. 10 l. L. 5 p.

Cette pièce est une imitation en contre-partie de la gravure de Marc Antoine, Bartsch No. 64, ce qui fait que le Christ bénit de la main gauche au lieu de la droite comme dans l'original.

38. St. Michel. (B. XIV. 107.) H. 7 p. 3 l. L. 5 p.

Il est debout, la main gauche levée vers le ciel et s'appuyant de la droite sur une épée dont la pointe est à terre. Cette pièce est une imitation des gravures, B. Nos 105 et 106, exécutée dans le style de Jean Duvet.

39. St. Pierre. (B. XIV. No. 78.) H. 7 p. 10 l. L. 5 p.

Il est debout vu de face; le dessin est du même maître que celui de la gravure No. 65 de Bartsch.

40. St. Paul. (B. XIV. 108.) H. 3 p. 8 l. L. 2 p. 4 l.

Le Saint est debout, tenant l'épée dont la pointe repose sur le terrain et sur laquelle il appuie le bras droit qui cache son visage.

41. St. Jean Baptiste au désert. (B. XV. 25; No. 4.) H. 7 p. L. 5 p. 5 l.

Il est assis tenant de la main gauche une croix. Le dessin est analogue à celui du Parmesan et les secondes épreuves portent la date de 1532.

42. St. Jean Baptiste. (B. XV. 27, No. 5.) H. 7 p. 9 l. L. 5 p. 10 l.

Il est assis tenant une écuelle de la main droite. Pièce gravée dans la manière du Bonasone, d'après le dessin de quelque élève de Raphaël.

43. La Lapidation de St. Etienne. (B. XV. 23, No. 2.) H. 10 p. 6 l. L. 15 p. 6 l.

Le Saint est agenouillé au milieu de l'estampe; trois hommes lui jettent les pierres que deux autres ramassent. A droite, un juge, avec sa suite. Pièce gravée d'après un dessin de Raphaël.

44. St. George. (B. XV. 24, No. 3.) H. 8 p. 2 l. L. 9 p. 8 l.

Le Saint galope vers la droite. D'après Raphaël, d'une taille un peu inexpérimentée, mais d'un bon dessin. Le Tableau de Raphaël avec cette composition se trouve à St. Pétersbourg.

45. St. Ambroise et l'empereur Théodose. (B. XV. 22, No. 1.) H. 9 p. 2 l. L. 7 p. 3 l.

Le Saint empêche le monarque d'entrer dans l'église.

46. St. Christophe. Il est vu de dos, tenant au lieu de bâton un palmier et enfoncé jusqu'au milieu du corps dans l'eau. L'enfant Jésus, également vu de dos, est assis sur l'épaule gauche du Saint. A gauche, sur la rive, on voit l'ermite avec une lanterne. Pièce gravée par un élève de Marc Antoine. H. 3 p. 10 l. L. 2 p. 10 l. Munich.

47ª. La Véronique. (B. XIV. 122.) H. 4 p. 2 l. L. 2 p. 9 l.

Pièce gravée dans l'atelier de Marc Antoine, d'après le dessin d'un élève de Raphaël.

47ᵇ. Même sujet. La Véronique est debout tournée à droite, et tient des deux mains le suaire avec la sainte face. Fond à tailles horizontales. On lit au bas: Rome 1519, le tout encadré d'une bordure ornée. Pièce médiocre d'après un bon dessin.

48. La Sibylle avec l'enfant, tenant un flambeau. (B. XV. 27, No. 6.) H. 2 p. 6 l. L. 1 p. 8 l.

Pièce gravée d'après un dessin de Raphaël.

49. Même sujet en contre-partie. (B. XV. 28, No. 7.) H. 5 p. 4 l. L. 3 p. 10 l.

Pièce d'une exécution médiocre.

50. Deux Sibylles, pièce décrite par Bartsch (XV. 49, No. 6), sous le titre de la Théologie et de la Métaphysique. H. 12 p. 10 l. L. 10 p. 8 l.

C'est néanmoins la composition des deux Sibylles de Raphaël, peinte à fresque dans l'église de Sta. Maria della Pace à Rome.

Le pendant donné à cette pièce par Bartsch sous la désignation de la Dialectique et là Logique (XV. 48, No. 5) est une gravure de Giov. Antonio da Brescia.

III. Sujets de l'histoire profane et de la Mythologie.

51. Enée sauvant son père Anchise. (B. XIV. 186.) H. 5 p. 9 l. L. 4 p. 6 l.

Ascagne les suit. Vasari, dans sa vie de Marc Antoine, dit que celui-ci a gravé cette composition d'après un dessin de Raphaël et tombe ainsi dans une double erreur.

52. Le Combat au coutelas. (B. XIV. No. 211.) H. 12 p. L. 16 p. 10 l.

Cette gravure de l'école de Marc Antoine a été exécutée d'après un dessin de Jules Romain.

53. Lucrèce. (B. XV. 28, No. 1.) H. 7 p. 10 l. L. 5 p.

Elle est presque nue, sur le point de se tuer avec un poignard.

54. Didon(?). Elle est appuyée contre un arbre et se perce le sein d'un poignard qu'elle tient de la main gauche. A gauche, un bûcher enflammé. Sur une rivière, dans le paysage, nagent deux cygnes. Pièce ronde de 1 p. 7 l. de diamètre. Paris.

55. Les Horaces et les Curiaces. (B. XV. 29, No. 2.) H. 10 p. 3 l. L. 15 p. 2 l.

Ils combattent les uns contre les autres. D'après un dessin de Jules Romain.

56. La Continence de Scipion. (B. XV. 29, No. 2.) H. 11 p. 2 l. L. 16 p.

Il rend à son mari la belle prisonnière.

57. L'Incendie du bourg. (B. XV. 33, No. 6.) H. 15 p. 10 l. L. 21 p. 2 l.

Pièce gravée d'après le dessin de Raphaël pour la fresque du Vatican. Les secondes épreuves portent, avec l'adresse d'Ant. Salamanca, la date de 1545.

58. La Défaite des Sarrasins à Ostie. (B. XV. 34, No. 7.) H. 14 p. L. 19 p. 3 l.

D'après le dessin de Raphaël pour la fresque du Vatican.

59. Jupiter. (C. XIV. 216.) H. 4 p. 3 l.? L. 3 p.?

Le dieu est assis de profil à droite.

60. Jupiter foudroyant les Géants. (B. XV. 45, No. 16.) H. 12 p. 6 l. L. 20 p. 10 l.

Au haut, l'Olympe entouré du Zodiaque; au bas, les géants terrassés par Jupiter. Pièce gravée par un inconnu d'après une composition de Perino del Vaga.

61. Jupiter accompagné de l'Amour et de quelques déesses. (B. XV. 41, No. 11.) H. 8 p. 4 l. L. 11 p. 9 l.

On ne connaît ni l'auteur de la composition, ni le graveur de la pièce.

62. Le Banquet des dieux(?).

Des hommes et des femmes qui paraissent des divinités sont réunis autour d'une grande table. Au milieu, une femme tient élevé un grand plat avec des fruits et tourne la tête à gauche; à droite, une vieille portant un vase; près d'elle on voit l'Amour. Cette composition de quatorze figures paraît être du Rosso et la gravure être le coup d'essai de quelque maître inconnu.

H. 9 p. 4 l. L. 15 p. 3 l. Paris.

63. Apollon et Daphné. (B. XIV. No. 317.) H. 8 p. 7 l. L. 6 p. 2 l.

Les tailles de cette estampe, conduites avec beaucoup de finesse, n'ont rien d'analogue avec la manière d'Agostino Veneziano, auquel on l'attribue généralement. La composition est indubitablement de Baccio Bandinelli.

64. L'Apollon du Belvédère. (B. XIV. No. 330.) H. 11 p. L. 6 p. 1 l.

Cette pièce, faible de dessin et d'exécution, ne peut être attribuée à Marc Antoine.

65. Apollon, d'après une statue antique. (B. XIV. No. 299.) H. 7 p. 2 l. L. 3 p. 7 l.

Il est debout dans une niche, le bras droit au-dessus de la tête et la main gauche appuyée sur sa lyre. Les jambes sont recouvertes d'une draperie. Dessin médiocre et gravure dans le style de Marc Antoine.

66. L'Apollon; il est vu de face entre deux troncs d'arbres; sur celui de droite pend un carquois avec des flèches. Dans la main gauche il tient une lyre qu'il pince de la droite. Pièce peu importante. H. 5 p. 5 l. L. 3 p. 1 l. Munich.

67. Le Faune et le Tigre. (B. XIV. 307.) H. 8 p. 2 l. L. 3 p. 9 l.

Ce groupe, d'après un marbre antique, est dans une niche; la pièce semble avoir été gravée par un élève inconnu de Marc Antoine.

68. Bacchus. (B. XIV. 308.) H. 8 p. 2 l. L. 3 p. 9 l.

Le dieu, vu de profil à droite, est debout dans une niche ayant à ses pieds une panthère. Pièce gravée comme la précédente d'après un modèle antique et par le même maître.

69. Le jeune Olympe. (B. XIV. No. 309.) H. 8 p. 2 l. L. 3 p. 10 l.

Il est assis sur un tronc d'arbre et vu de profil dans une niche. Cette gravure, comme les deux précédentes, est la reproduction d'une sculpture antique un peu maniérée dans quelques-unes de ses parties.

70. Bacchus et un Satyre. Le dieu est assis à gauche et écoute le Satyre qui lui présente un chalumeau. Celui-ci est vu de profil et tient de la main gauche un bâton recourbé. H. 6 p. 1 l. L. 5 p. 1 l.

6*

71. **Junon, Cérès et Psyché.** (B. XIV. 327.) H. 9 p. 9 l. L. 7 p. 4 l.

D'après la composition de Raphaël pour les fresques de l'anti-chambre de la Farnesina.

72. **Vénus et l'Amour.** (B. XIV. No. 260.) H. 3 p. 10 l. L. 2 p. 9 l.

Groupe emprunté à la composition du Jugement de Pâris, B. No. 245.

73. **Vénus, l'Amour et Pallas.** (B. XIV. 310.) H. 8 p. 2 l. L. 4 p. 10 l.

Figures empruntées pareillement à la composition que nous venons de citer.

74. **Le triomphe de Vénus.** (B. XV. 38, No. 7.) H. 4 p. 4 l. L. 6 p. 6 l.

La déesse est debout sur une conque marine, entourée de tritons, de nymphes et d'amours.

75. **Diane sur les nuages.** (B. XV. 39, No. 9.) Pièce ovale. H. 11 p. 2 l. L. 15 p. 6 l.

La déesse est portée sur un chariot traîné par deux chiens vers la gauche. Derrière elle sont assises deux femmes avec un enfant.

76. **Diane au bain.** (B. XV. 40, No. 10.) H. 10 p. 3 l. L. 15 p. 3 l.

Entourée de ses nymphes, elle jette de l'eau sur Actéon, qui commence à être changé en cerf.

77. **Une Néréide, portée par un triton.** (B. XIV. 228.) H. 4 p. 8 l. L. 6 p. 2 l.

Cette pièce est d'un dessin trop faible pour qu'on puisse l'attribuer à Marc Antoine; elle n'est pas même gravée dans sa première manière et doit être, par conséquent, d'un de ses élèves.

78. **Une Nymphe enlevée par un triton.** (B. XIV. No. 229.) H. 4 p. 3 l. L. 6 p. 4 l.

La composition de cette pièce paraît appartenir à un élève de Raphaël et avoir été gravée dans l'atelier de Marc Antoine.

79. **Le Jeune homme et la Nymphe suivie de l'Amour.** (B. XIV. 252.) H. 2 p. 10 l. L. 1 p. 11 l.

La composition de cette pièce n'est point de Raphaël, mais bien d'un de ses élèves, peut-être de Penni, et l'exécution en est due à un des meilleurs imitateurs de Marc Antoine.

80. La Famille du Satyre. A droite est assise la femme, allaitant son enfant; près d'elle deux vases antiques. A gauche, le Satyre joue du violon. Pièce gravée par un élève de Marc Antoine. H. 4 p. L. 3 p. 6 l. Bâle.

81. Silène et deux satyres. Le premier, dans un état d'ivresse, est assis sur le bord d'une cuve remplie de raisins et deux satyres le soutiennent. A la gauche du bas, une amphore que Silène a renversée du pied et d'où s'écoule le vin. H. 8 p. 4 l. L. 6 p. 2 l. Francfort s/M.

82. La Nymphe près du terme de Pan. (B. XIV. No. 258.) H. 3 p. 3 l. L. 2 p. 3 l.

Cette bonne pièce est gravée dans le style de Jacques Binck, auquel nous croyons pouvoir l'attribuer.

83. La Femme du Satyre auprès de la statue de Priape. (B. XIV. No. 284.) H. 6 p. 6 l. L. 4 p.

Groupe emprunté aux gravures de Marc Antoine (B. Nos 248 et 249). Cette pièce à l'eau-forte est traitée absolument dans la manière allemande et doit avoir été exécutée par un maître de cette nation dans l'école de Marc Antoine.

84. Deux Nymphes, Silène et deux Faunes. Une des nymphes, vue presque de dos, tient une tablette en l'air; à ses pieds, un satyre, à moitié visible, soulève de la droite le vêtement de la nymphe et offre à un compagnon une écuelle, afin que celui-ci la remplisse de l'outre qu'il tient. Tout près se tient Silène ivre à côté d'une femme qui tient un plat. Au-dessus du mur d'appui, on aperçoit un château. Bonne pièce, gravée dans le style de Marc Antoine d'après un dessin de Jules Romain. H. 6 p. 8 l. L. 6 p. 9 l. Munich.

85. La Bacchante montée à rebours sur un bouc. (B. XV. 36, No. 3.) H. 4 p. 5 l. L. 3 p. 2 l.

De la main droite elle se tient à un terme de Pan.

86. L'Amour enlevant la massue d'Hercule. (B. XV. 36, No. 4.) H. 7 p. 2 l. L. 6 p. 6 l.

D'après un dessin de Raphaël pour les fresques de la Farnesina.

87. L'Amour et le Griffon. (B. XV. 39, No. 8.) H. 5 p. L. 6 p. 2 l.

L'Amour voltige vers la droite en portant sur la tête son arc et son carquois. Pièce gravée, comme la précédente, d'après une composition de Raphaël pour la Farnesina.

88. Un Fleuve. (B. XIV. No 214.) H. 2 p. 2 l. L. 3 p.

Cette figure est empruntée à la composition du Jugement de Pàris, B. 245.

89. Une Nymphe assise. (B. XIV. No. 257.) H. 3 p. 2 l. L. 2 p. 2 l.

Figure également empruntée à la composition du Jugement de Pàris (B. 245) que nous venons de citer.

90. Léda. (B. XIV. No. 233.) H. 6 p. 3 l. L. 7 p. 4 l.

La composition ainsi que le dessin très-faible de cette pièce ne sont point dignes de Jules Romain. Le fond ainsi que la rive du fleuve montrent cependant les bords du Tibre. La taille de cette pièce est maigre.

91. Eurydice. (B. XIV. No. 262.) H. 4 p. 6 l. L. 2 p. 6 l.

Elle s'élève des enfers les mains étendues. D'après un dessin de Jules Romain. Pièce ovale. H. 4 p. 6 l. L. 2 p. 6 l. (?)

92. Pandore et Mercure. (B. XV. 35, No. 2.) H. 2 p. 9 l. L. 1 p. 9 l.

Le dieu la ramène au ciel après qu'elle a versé sur la terre le contenu de la boîte.

93. Même sujet. (B. XV. 35, No. 1.) H. 2 p. 11 l. L. 2 p.

Elle est amenée sur la terre par le dieu.

Ces deux pièces formant pendant sont exécutées dans le style de Giulio Bonasone, peut-être par lui et d'après sa propre composition.

94. Psyché emportée dans l'Olympe. (B. XV. 36, No. 5.)

D'après la composition de Raphaël pour les fresques de la Farnesina.

95. Les Noces de Psyché et de Cupidon. (B. XV. 43, No. 14.)

D'après la composition de Raphaël pour la Farnesina. Pièce en deux feuilles. H. 12 p. 6 l. L. 16 p. 4 l. et 10 p. 5 l.

96. Répétition du même sujet. (B. XV. 44, No. 15.) H. 9 p. L. 14 p. 6 l.

Gravure en contre-partie de la pièce précédente et de plus petites dimensions.

97. La Naissance d'Adonis. (B. XV. 42, No. 11.) H. 11 p. L. 15 p. 2 l.

Avec l'adresse de Ant. Lafreri Roma 1544.

98. La Mort des enfants de Niobé. (B. XV. 42, No. 13.)
H. 11 p. 10 l. L. 16 p. 6 l.

Les premières épreuves n'ont point l'adresse Ant. S. Romae
1541.

IV. Sujets allégoriques.

99—105. Les trois vertus théologales et les quatre
vertus cardinales.

Ce sont: la Foi, l'Espérance, la Charité et la Tempérance, la
Prudence, la Justice et la Force, représentées par des figures de femmes avec leurs divers attributs assises sur une figure d'homme, indiquant leur conquête. Fond d'architecture: à côté des figures se trouvent leurs noms: FIDES, CHARITAS, SPES; TEMPERANCIA, PRU-
DENTIA, JUSTICIA, FORTITUDO.

Ce sont des pièces peu importantes, gravées cependant dans la
manière de Marc Antoine. H. 3 p. 2—3 l. L. 2 p. 7 l. Munich.

106. CHARITAS. Elle est debout, tenant un enfant du bras
droit et saisissant de la gauche un autre enfant qui accourt vers
elle. Un autre enfant, à gauche, se cache dans les plis de sa draperie.
Au-dessus, un rideau; au bas, une tablette. Cette pièce appartient à
l'école de Marc Antoine. H. 5 p. 2 l. L. 3 p. 1 l. Munich.

107. La Paix. (B. XIV. 394.) H. 7 p. 4 l. L. 4 p. 6 l.

Figure de femme conduite par un petit génie ailé qui lui offre
une banderole d'olivier. Pièce délicatement gravée.

108. La Renommée. Demi-figure de femme vue de face et
dont les épaules seules sont couvertes d'une draperie qu'elle saisit de
la main droite; elle est couronnée de lauriers et tient une branche de
laurier dans la main gauche. Au bas, la date de 1541. Cette pièce
paraît appartenir à un maître de la haute Italie. H. 2 p. 11 l. L.
2 p. 5 l. Munich.

109. La Logique. Figure allégorique de femme vue de face,
presque nue et seulement couverte par derrière d'une draperie. De
la main droite elle montre une toque ornée de fleurs qu'elle tient
élevée de la gauche. A droite, gît une colonne brisée. Dans le coin
de gauche se trouve un C et au milieu du bas, l'inscription LOICA.

Cette pièce appartient à l'école de Marc Antoine. H. 5 p. 2 l.
L. 2 p. 10 l. Munich.

110. **L'Innocence poursuivie par la Sottise.** A côté de la Sottise représentée par une femme debout sur un globe ailé, se tiennent quatre hommes armés dont deux ont saisi une seconde figure de femme vêtue (l'Innocence). A droite, on voit trois philosophes dont l'un parlant à un des guerriers indique l'Innocence, tandis que les deux autres s'éloignent. Fond de ruines antiques et champs. Dans les airs, Mercure s'entretenant avec une déesse.

Pièce vigoureusement traitée. H. 8 p. 10 l. L. 14 p. 7 l. Munich.

111. **Le Guerrier et la Nymphe endormie.** (B. XV. 53, No. 10.) H. 10 p. 10 l. L. 15 p. 11 l.

Riche composition dans le style du Parmesan, mais mal gravée.

112. **Allégorie sur la puissance de l'Amour.** (B. XV. 54, No. 11.) H. 14 p. 6 l. L. 17 p. 4 l.

Riche composition où Vénus et l'Amour jouent aux dés.

V. Sujets de fantaisie.

113. **Les Témoins du naufrage.** (B. XIV. No. 401.) H. 2 p. 7 l. L. 3 p. 4 l.

Un homme montrant à plusieurs personnes réunies autour de lui un vaisseau qui fait naufrage. Cette composition est du Salviati.

114. **Les Livres brûlés.** (B. XIV. 402.) H. 2 p. 5 l. L. 3 p. 3 l.

Un homme agenouillé jette une branche de laurier dans un feu qui consume des livres.

Cette pièce est signée R et appartient au même maître qui a gravé la pièce précédente ainsi que les deux suivantes.

115. **Le Pêcheur.** (B. XIV. 403.) H. 2 p. 5 l. L. 3 p. 3 l.

Un homme agenouillé tient des deux mains un poisson. Dans le fond, deux hommes s'entretiennent en marchant.

116. **Le Philosophe et les Livres qui brûlent.** A gauche, quatre livres au milieu des flammes vers lesquels trois hommes poussent un vieillard; le plus jeune des trois, sur le premier plan, indique les livres. A droite, un soldat et sur le devant un arbre sec. Pièce gravée par le même maître que les trois précédentes. H. 2 p. 6 l. L. 3 p. 3 l. Coll. Aremberg à Bruxelles.

117. **La Femme à l'aigle.** Elle est assise près d'un arbre à

droite, s'appuyant du bras gauche contre une pierre et étendant le bras droit vers un aigle qui s'envole tenant dans ses serres un lièvre. A gauche, dans le lointain, une ville, avec un château sur une montagne.

Belle gravure d'un bon dessin et qui rappelle la manière du maître à la ratière. H. 6 p. 3 l. L. 4 p. 9 l. Musée britannique.

118. L'Enfant assis sur un monstre marin. (B. XIV. No. 413.) H. 3 p. 6 l. L. 7 p. 3 l.

Cette composition est empruntée à une sculpture antique.

119. Les Deux hommes près du bois. (B. XIV. 427.) H. 2 p. 2 l. L. 1 p. 9 l.

Un homme qui s'avance à grands pas montre des deux mains un bois où s'introduit, à gauche, un jeune paysan marchant à quatre pattes.

120. Le Jeune homme nu, assis sur une butte. (B. XIV. No. 451.) H. 4 p. 4 l. L. 3 p.

Il est assis le corps à gauche, la tête tournée à droite. Pièce d'une taille assez raide d'après un dessin de Baccio Bandinelli.

121. Le jeune homme nu, assis sur une souche. (B. XIV. 452.) H. 4 p. 4 l. L. 3 p.

Un bout de draperie lui recouvre les épaules; il regarde le spectateur appuyé sur une massue. Dans le fond, six autres figures.

122. La Femme pensive. (B. XIV. No. 460.) H. 5 p. 10 l. L. 3 p. 3 l.

Elle est assise près d'une fenêtre; à ses pieds est un chien. Pièce gravée par un élève de Marc Antoine d'après un dessin du Parmesan qui se conserve actuellement au Musée de Florence. Outre les deux copies mentionnées par Bartsch, Vorsterman a aussi gravé cette composition en l'attribuant à Paul Véronèse.

123. Les Deux hommes nus debout. (B. XIV. 464.) H. 6 p. L. 4 p. 6 l.

Ces deux figures sont empruntées à la composition de Michel Ange représentant l'ivresse de Noé. Ce sont les deux fils du patriarche. La copie mentionnée par Bartsch a été gravée par J. Binck.

124. L'Homme assis qui se chausse. (B. XIV. 472.) H. 7 p. 6 l. L. 5 p. (?)

Il est couronné de lierre et se chausse la jambe droite tendue en avant. Figure empruntée au célèbre carton de Michel Ange, mais d'une taille trop raide et trop dure pour qu'on puisse l'attribuer à

Marc Antoine qui, on le sait, vit pour la première fois ce carton en 1510 à Florence, quand il était déjà artiste consommé.

125. L'Homme assis tenant une flûte. (B. XIV. 467.) H. 6 p. 5 l. L. 4 p. 5 l.

Il est nu et s'appuie de la gauche sur un tertre, tenant de la droite une flûte.

Composition du Bandinelli et dont le dessin et la taille sont trop faibles pour être de Marc Antoine.

126. Les Chanteurs. (B. XIV. No. 468.) H. 6 p. 8 l. L. 4 p. 6 l.

Ce sont trois figures dans le costume de la haute Italie ou même de l'Allemagne. Bartsch compare cette pièce à celle du Joueur de guitare (le Philotheo) qui est néanmoins d'une exécution beaucoup plus fine. La taille des chanteurs est trop raide pour que cette pièce soit de Marc Antoine.

127. Le Guerrier romain. (B. XV. 46, No. 1.) H. 2 p. 4 l. L. 1 p. 8 l.

Il est debout de profil à droite.

128. Le Vieux roi. (B. XV. 46, No. 2.) H. 3 p. 2 l. L. 2 p.

Il est assis vu de face sur une pierre carrée.

129. La Femme assise avec les deux enfants. (B. XV. 37, No. 3. H. 5 p. 5 l. L. 4 p.)

Jeune femme vêtue à l'antique, assise de profil à gauche. Dans le fond, deux enfants assis à une espèce de table. Pièce gravée d'après une composition du Parmesan.

130. La Poursuite. (B. XV. 48, No. 4.) H. 5 p. 11 l. L. 4 p. 5 l.

Un jeune homme nu cherche à saisir une des deux femmes nues qui s'enfuient et qui semble vouloir se défendre.

131. L'Homme nu couché dans une tente. (B. XV. 50, No. 7.) H. 5 p. 7 l. L. 4 p. 3 l.

Cette figure est la même que celle de l'Adam dans la Création du premier homme, par Michel Ange, dans la Chapelle Sixtine.

132. Les Boeufs à l'abreuvoir. (B. XV. 51, No. 8.) H. 3 p. 7 l. L. 6 p.

Composition empruntée à une peinture antique. Un jeune pâtre debout parle à un autre qui donne à boire à un veau.

133. L'Autel d'Hercule. Devant la statue au demi-dieu placée sur un piédestal près d'un arbre, s'élève l'autel couronné de

flammes. Derrière la statue, un homme barbu parle à deux autres
personnages qui s'avancent de la gauche, et près du premier se trouve
un jeune homme. La composition est celle d'un bas-relief antique,
tandis que la gravure appartient à l'école de Marc Antoine. H. 8 p.
4 l. L. 7 p. 11 l. Francfort s/M.

134. Le Vieillard condamné à être percé de flèches.
(B. XV. 52, No. 9.) H. 3 p. 8 l. L. 5 p. 3 l.

Il est déjà attaché à une colonne, et deux hommes nus s'apprê-
tent à le percer de flèches, tandis qu'un autre homme nu semble in-
tercéder pour lui le juge assis à droite.

135. La Licorne. L'animal est assis sur les hanches au
haut d'une colline et penche la tête vers le bas. A gauche, s'élève
un arbre qui, ainsi que le fond, est couvert de tailles horizontales.
La gravure est de l'école de Marc Antoine. H. 3 p. L. 2 p. 3 l.
Musée britannique.

136. Le Jeune homme examinant la blessure de son
pied. (B. XIV. No. 465.) H. 6 p. 6 l. L. 4 p.

Cette figure est la même que celle du Tireur d'épine au Capitole, avec cette différence que dans celle-ci c'est la plante du pied
qui est blessée.

137. Statue mutilée d'un homme vêtu. (B. XIV. No. 486.)
H. 10 p. 4 l. L. 4 p. 2 l. (?)

Il est vu de profil à gauche. Sur la partie supérieure d'un tronc
d'arbre, on voit un R qui n'est point cependant la marque de Marco
da Ravenna, puisque le genre de la taille diffère beaucoup du sien.

VI. Architecture et Ornements.

138. L'Autel de Jupiter dans le premier temple au
Capitole. (B. XIV. No. 535.) H. 10 p. 3 l. L. 7 p. 2 l.

La statue du Dieu est placée dans une niche entourée d'architecture. Souscription:

PRIMVM. TEMPLVM. JOVIS. IN. CAPITOLIO.

Pièce médiocre de l'école de Marc Antoine.

139. L'Autel du même dans le second temple au Capitole. (B. XVI. 56, No. 3.) H. 10 p. 3 l. L. 7 p. 2 l.

Composition analogue à celle de la pièce précédente avec la souscription:

SECONDO TEMPIO. DE GIOVE. IN CANPITOLIO. IN. RO.

Les premières épreuves n'ont point encore l'adresse d'Antonio Salamanca.

140. L'Autel de l'Amour. (B. XIV. No. 356.) H. 10 p. 11 l. L. 8 p.

La statue du dieu est dans une niche ornée comme dans les deux pièces précédentes.

141. La Base de la colonne de Théodose à Constantinople. (B. XV. 57, No. 4.)

Avec la souscription:

Basamento de la colona di Constantinopolo mandato a Rafelo da Urbino.

142. L'Arc de triomphe de Constantin le Grand. (B. XIV. No. 537.) H. 10 p. 10 l. 8 p.

En haut plane un génie tenant une banderole avec l'inscription:

ARCO DE CONSTANTINO. IN. ROMA. ANT. SALAMANCA. EX-CVDEBAT.

143—149. Sept Cariatides, figures d'hommes. Ils portent des chausses et des manteaux, comme les Romains représentaient les barbares et sont placés dans des niches. Six d'entre eux soutiennent un chapiteau avec entablement, le septième a au-dessus de la tête une tablette avec le millésime 1548. H. 10 p. 1—3 l. L. 4 p. 4 l. Munich.

150. Un Homme et une Femme debout sur une console. Ils sont vêtus à la mode des barbares, l'homme à droite, la femme à gauche. Figures empruntées à un groupe antique. H. 9 p. 9 l. L. 6 p. 3 l. Munich.

151. Une Colonne torse. C'est une des colonnes dans l'église de St. Pierre imitées de celles du temple de Jérusalem. Pièce in-folio non signée, mais avec l'adresse de Ant. Lafrerj Romae, et qui est attribuée au maître au dé.

152. Panneau d'ornements. (B. XV. 55, No. 1.) H. 5 p. L. 4 p. 3 l.

Deux enfants soutiennent un petit temple de Vénus et de l'Amour. Pièce gravée probablement d'après un dessin de Giovanni da Udine.

153. Autre panneau d'ornements. (B. XV. 56, No. 2.) H. 5 p. 9 l. L. 4 p. 1 l.

Rinceau contourné en forme de 2 avec trois figures, une femme ailée et deux enfants.

154. **Frise remplie de rinceaux.** (B. XV. 57, No. 5.) H. 4 p. 2 l. L. 18 p.

On y voit un homme qui marche sur ses deux bras et à droite une femme sur la cuisse de laquelle rampe un ver chimérique.

155. **Autre frise avec rinceaux de pampres.** A gauche, une demi-figure d'animal ailé et devant elle une grue; à droite, s'élève des rinceaux un corps de femme portant une tête fantastique d'animal sur un long cou. H. 3 p. 4 l. L. 9 p. 7 l. Collection Aremberg à Bruxelles.

VII. Portraits.

156. **Alexandre le Grand.** Buste coiffé d'un casque vu de profil à gauche, dans un médaillon avec l'inscription ALEXANDER MAGNVS. Pièce ronde de 1 p. 11 l. de diamètre sur une planche de 2 p. 9 l. en carré, et qui appartient à l'école de Marc Antoine. Berlin.

157. **Jules II.** (B. XIV. No. 516.) H. 8 p. L. 7 p.

Le buste du pape est vu de profil à gauche; au-dessus, l'inscription:

IVLIVS II. PONT. MAX.

Fond noir marbré.

158. **Clément VII.** Buste de profil à gauche, sans barbe, dans un médaillon; au-dessous:

CLE. VII. P. M.

Pièce ronde de l'école de Marc Antoine, de 5 p. 3 l. de diamètre. Dresde.

159. Dans la Collection Corsini, à Rome, se trouvent cinq feuilles contenant des portraits de papes dans des médaillons de 6 p 2 l. de diamètre. Ces pièces sont numérotées de 223 à 228 et, comme nous l'avons déjà dit, semblent appartenir à quelque ouvrage sur les papes.

a) **Eneas Pius Senensis papa secundus.** Buste à droite. No. 223.

b) **Paulus secundus pontifex maximus.** Buste à gauche. No. 224.

c) **Sixtus quartus.** Cette pièce manque dans la suite Corsini.

d) **Innocentius sextus. P.M.** Buste à gauche. No. 226.

e) **Alexander sextus**. P.M. Buste à droite. No. 227.

f) **Pius tertius**. P.M. Buste à gauche. No. 228.

160. **Octave Farnese, duc d'Urbino**. (B. XIV. No. 498.) H. 5 p. 10 l. L. 4 p. 6 l.

Buste de profil à gauche dans un médaillon entouré de l'inscription:

OCTAVIVS. FARN. DVX. VRBI. PRAEF.

161. **Jacopo Sannazaro**. Buste de trois quarts, tourné à droite, les cheveux coupés ras à la nuque et la poitrine couverte d'une draperie très-simple. On lit au bas:

GIACOB. SANAZARO. ANT. SAL. EXC.

Les secondes épreuves ont cette souscription en lettres cursives. Francfort s/M.

162. **Lodovico Ariosto**. Buste de profil à droite, avec le nom au-dessous. Belle gravure de l'école de Marc Antoine. H. 8 p. 3 l. L. 5 p. 6 l. Wolfegg.

163. **Antonio Salamanca**. Buste de cet éditeur et graveur bien connu. Il est vu de trois quarts tourné à gauche, déjà dans un âge avancé, la bouche un peu pincée et la tête couverte de rares cheveux, coiffée d'une toque basse. La poitrine est couverte d'une espèce de surtout ou manteau. La pièce est entourée d'une riche bordure soutenue par deux cariatides qui terminent en enroulement à guise de serpents et posent sur une base. Dans le haut de l'estampe se trouve un médaillon où l'on voit assise la figure allégorique de Rome tenant de la main une petite statue de la Victoire. Au bas, se lit l'inscription suivante:

ANTONIVS SALAMANCA ORBIS ET VRBIS ANTIQVITATVM IMITATOR.

La manière dont cette estampe est gravée rappelle le style de Nic. Beatrizetto, et nous serions porté à croire qu'elle a été gravée par lui.

✶, ⸱IA⸱v.

Jacopo Caraglio.
(Bartsch XV. 61.)

Nous ne pouvons ajouter que fort peu de chose aux notices que nous donne Bartsch sur ce graveur. Pietro Aretino, dans sa comédie „La Cortigiana", Venise 1534, le nomme Gian Giacomo Caraglio Veronese, élève de Marc Antoine et qui dans son génie surpassait encore son maître. Il s'est signé lui-même sur quelques-unes de ses gravures Jacobus Veronensis et Jacobus Veronensis faciebat. Cependant l'inscription „Jacobus Parmensis fecit" sur sa gravure du Martyre des Apôtres St. Pierre et St. Paul, semblerait indiquer, comme l'a déjà fait observer Bartsch, qu'il serait né à Parme et n'aurait fixé que plus tard sa résidence à Vérone. Cette opinion semblerait confirmée par le fait que son estampe de l'Adoration des Mages d'après le Parmesan, qui est exécutée dans le même style délicat que celle que nous avons citée plus haut, porte la date de 1526, ce qui nous la désigne comme un des ouvrages de sa jeunesse. Il se trouvait cependant dans le cours de cette même année à Rome, puisqu'il y grava pour le Baviera les 20 pièces des Dieux. Ces estampes, comme celles qui suivirent, portent déjà l'empreinte du style de Marc Antoine. Déjà en 1539 il se trouvait au service du roi de Pologne Sigismond I, en qualité d'architecte et de graveur en creux. Comme il avait déjà exécuté deux médaillons de Bona Sforza, reine de Pologne, et d'Alessandro Pesente, Véronais qui se trouvait au service de cette princesse, médaillons dont il avait envoyé un échantillon à l'Arétin, il s'ensuit qu'il était déjà avant cette époque graveur en creux, et une agate avec le buste en profil de la reine Bona nous montre qu'il gravait également en pierres dures. Cette intaille qui se trouvait dans la Collection de Debruge Duménil à Paris (Cat. 1847, p. 69, No. 415), porte l'inscription:

Bona. Sphor. Regina. Poloniae.

et

Jacobu. Veron.

Andrea Pietro Giulianelli, dans son livre intitulé: „Memorie degli intagliatori moderni in pietre dure etc. del Secolo XV. fino al Secolo XVIII. Livorno 1753", dit (p. 39) que Ca-

raglio s'occupa aussi en Pologne d'architecture. Comme ces différentes occupations le retenaient dans un pays où il lui était difficile de
trouver le temps ou l'occasion de travailler d'après les dessins de bons
maîtres, on serait porté à en conclure qu'il aurait fort peu gravé sur
cuivre après la date de 1539, et que toutes ses estampes remontent à
une époque antérieure.

Le roi Sigismond de Pologne mourut en 1558, et nous ne savons
combien de temps il s'arrêta encore dans ce pays. Vasari nous apprend seulement qu'il retourna à Parme chargé de biens et d'honneurs
et qu'en 1568 il versa dans le trésor de cette ville des sommes con-
sidérables. On ne connaît point d'une manière certaine la date de sa
mort, que l'on croit cependant avoir eu lieu vers 1570, dans une maison de campagne qu'il possédait aux environs de Parme.

Observations au Catalogue de Bartsch.

5. La Sainte famille d'après Raphaël.

Copie B. Elle est signée à droite du monogramme $\mathcal{M}$ · H.
11 p. 9 l. L. 9 p. 10 l.

6. La Descente du St. Esprit.

Les premières épreuves de cette pièce ne portent point encore
l'inscription. Les impressions plus récentes ont au milieu du bas la
souscription:

INDVIMINI: VIRTVTE. EXALTO.

et à gauche: Raphaël d'Urbino, avec l'adresse d'Ant. Lafrerj.

P. 80. Les Dieux de la Fable. (B. 24—43, pp. 80—84.)

D'après les deux pièces de Pluton et de Mercure, que nous
avons eues sous les yeux, il nous faudrait conclure avec Bartsch que
ces estampes ont été gravées par Marc Antoine, mais en partie seulement terminées par lui. Cependant, il a dû en exécuter plus de 12,
puisqu'on y retrouve de plus le Pluton No. 7. Il est d'autant plus
singulier que ces belles pièces soient si rares que Caraglio avait déjà
en 1526 utilisé les dessins du Rosso.

57. L'Ecole d'un ancien philosophe. Sur un autel, on
lit: D. IGNOTO; ce qui se rapporte probablement au passage du dis-

cours de St. Paul aux Athéniens où il dit avoir lu sur un autel l'inscription „Au Dieu inconnu“, et la désignation donnée par Bartsch à cette pièce serait ainsi justifiée. L'opinion de Zani qui, dans son Encycl. (II. 8, 142), voit dans le sujet de cette estampe „l'Eclipse de Soleil à la mort du Christ“, pourrait être également fondée, puisqu'on y lit en très-petits caractères l'inscription suivante: Aut. Deus. patitur. aut. tota. mundi machina. destruitur. ce qui se rapporterait au passage de l'évangéliste Matthieu, Chap. XV. Le même écrivain voit dans l'homme assis au pupitre et qui montre cette inscription, St. Denis l'Aréopagite, conjecture qui n'aurait de valeur qu'autant qu'elle serait fondée sur quelque ancienne légende.

61. Diogène avec le coq plumé. Brulliot (Dict. I. 2828) ne croit pas que cette estampe d'après un dessin du Parmesan ait été gravée par Caraglio et que la marque qui s'y trouve n'indique point le nom de Platon, mais celui du graveur inconnu de la planche.

62. Alexandre et Roxane. La copie en contre-partie de cette estampe, décrite par Bartsch, est tellement dans la manière du maître au dé que nous n'hésitons point à la lui attribuer.

P. 99, No. 1. Ixion embrassant le nuage, sous la forme de Junon. Mariette croit que cette estampe a été gravée par le maître au monogramme 𝕏𝕽 , puisque la taille en diffère beaucoup de celle du Caraglio. Nous sommes de la même opinion.

Additions à Bartsch.

65. Vénus pleurant la mort d'Adonis. La déesse soutient des deux mains le corps de son amant gisant à terre. A droite, l'Amour debout pleure, les mains jointes. Dans le fond, un groupe d'arbres auquel est suspendue une draperie. Pièce non signée. H. 6 p. 2 l. L. 4 p. 11 l.

Brulliot, Table gén. No. 470, dit que cette pièce appartient à la suite des „Amours des Dieux“. (B. 9—23.)

Dans le Catalogue de la Collection W. Y. Ottley, on indique comme appartenant encore à cette suite, outre l'estampe que nous venons de décrire, les suivantes:

VI. 7

66. **Jupiter et Io entourés de nuages.**

67. **Jupiter et Sémélé.**

68. **Apollon et Hyacinthe.**

Nagler, dans son ouvrage „**Die Monogrammisten**", p. 680, décrit encore une pièce de cette suite:

69. **Jupiter transformé en Satyre et Diane.** Elle est assise sur les genoux du dieu dont l'aigle, à ses côtés, tient la foudre, tandis que l'Amour s'occupe de la déesse qui résiste.

Comme quelques-unes de ces pièces sont numérotées et que, entre autres, celle représentant Vénus et l'Amour porte le No. 20, il s'ensuivrait que la série entière serait, au moins, de 20 pièces que nous connaîtrions ainsi dans leur ensemble.

, B. V.

Le maître au dé.

(Bartsch XV. 181.)

Toutes les recherches faites jusqu'ici pour découvrir le nom de ce maître ont été vaines, et comme il a quelquefois ajouté un V à son initiale, on a cru pouvoir en déduire qu'il était de Venise. On peut dire avec plus de certitude qu'il a été un des meilleurs élèves de Marc Antoine, dont il s'approche souvent, quoiqu'il n'arrive jamais à la bonté du dessin ni à la délicatesse de la taille de son maître. Plusieurs de ses gravures qui paraissent appartenir à sa jeunesse, portent la date de 1532; nous trouvons également celle de 1533 sur une de ces pièces, mais toutes les autres n'ont point de millésime, ce qui nous laisse dans l'incertitude sur la durée de sa vie ou l'époque de sa mort. Cependant, si le portrait du Pape Jules III, qui régna de 1550 à 1555, est véritablement de notre maître, on pourrait en conclure qu'il a vécu du moins jusqu'à la moitié du XVIᵉ Siècle.

Observations au Catalogue de Bartsch.

2. Le Portement de croix. La composition appartient à un élève de Raphaël, qui y a introduit le cavalier du Spasimo.

3. La Conversion du centenier. Cette composition pourrait tout aussi bien être intitulée: le Crucifiement, nom sous lequel elle est décrite par Brulliot et Zanetti, qui a cru y trouver une gravure inconnue à Bartsch.

9. Le Couronnement de la Vierge. Il y a un état de cette pièce entre les deux indiqués par Bartsch, sans l'inscription CO-RONATIO, etc. RA. IN, mais avec l'adresse „Romae Ant. Lafrerj.“

14. St. Sébastien. Le dessin de cette pièce est absolument dans la manière du Sodoma, et nous croyons qu'il appartient à ce maître.

15. St. Roch. Cette pièce forme pendant avec celle que nous venons de citer et le dessin est du même artiste.

16. Vénus blessée. La composition de cette pièce est imitée d'un dessin de Raphaël.

24. Les Chars d'Apollon et de Vénus. La composition de cette pièce, ainsi que celle des deux suivantes, appartient à un élève de Raphaël; probablement à Francesco Penni.

25. Jupiter amoureux de Ganymède. Dessin du même artiste que celui de la pièce précédente.

26. Allégorie sur le mariage et l'amour. Composition du même maître qui a donné le dessin des deux pièces que nous venons de citer.

27. Le Sacrifice à Priape. Le dessin de cette pièce est de Jules Romain, qui s'est servi de la composition sur un bas-relief antique. Dans les premières épreuves, le membre viril du dieu est droit. La planche passa des mains de Laffreri dans celles de Thomassin, pour venir ensuite en possession de J. de Rossi.

32—35. Jeux d'Amours, tirés des tapisseries papales. Ces compositions sont de Giovanni da Udine. Les épreuves récentes ont, outre l'adresse de Laffreri, celle de „Gio. Giac. Rossi formis Romae, alla pace, etc. 1655.“

36. Frise à l'enfant monté sur une chèvre. Dans les premières épreuves, on ne trouve point encore le B sur le dé. On le

7*

trouve dans les secondes épreuves avec l'adresse d'Ant. Lafreri et dans les dernières avec celle de: Nicolo van Aelst formis.

37. **Frise au triomphe de l'Amour.** Les épreuves de cette pièce ont les mêmes caractères distinctifs que dans le pendant que nous venons de citer.

39—70. **La Fable de Psyché d'après Apulée.** Nous avons déjà dit, à propos de quelques-unes des pièces de cette suite gravées par Agostino Veneziano, que ces compositions ne sont point de Raphaël, mais, comme Vasari le dit expressément, de Michel Coxcie. Cette assertion est d'ailleurs confirmée par le manque d'ensemble dans la composition, les bras démesurément longs des figures, l'introduction du poêle inconnu en Italie et certaines inconvenances qu'aucun Italien, et Raphaël avant tout, ne se serait point permis d'y introduire. Cependant il paraîtrait que dans ces compositions l'artiste néerlandais a cherché à imiter le maître d'Urbin, dont il a souvent utilisé les dessins pour cette suite.

72. **Enée sauvant son père Anchise.** Les dernières épreuves portent l'inscription: Raphael Urbino inventor. — Phls. Thom. exc. Romae.

73. **La Victoire de Scipion sur Syphax.**
Copie dans le sens de l'original avec la marque et la souscription:
Vittoria hauuata da Scipione contro Siface Re etc. —
Raphael Vrbinas inventor. Phls. Thomasinus exc.
H. 7 p. 1 l. L. 9 p. 2 l.

74. **Le Triomphe de Scipio.**
Copie dans le sens de l'original avec la souscription:
Trionfo di Scipione, etc. — Raphaël Urb. in. Phls.
Thom. exc.
H. 6 p. 11 l. L. 9 p. 2 l.

75. **Une jeune femme se regardant dans un miroir;** près d'elle un homme qui regarde.
Il est douteux que cette pièce ait été gravée par le maître au dé, puisqu'elle est exécutée avec beaucoup plus de finesse et de régularité dans la taille qu'il n'en a d'ordinaire. A tout événement, elle appartient à un des meilleurs élèves de Marc Antoine. La femme représentée est évidemment la maîtresse de Raphaël et le jet des draperies est tel que l'on pourrait croire qu'elle vient de poser pour une figure de la Madone et qu'elle se regarde par conséquent avec satisfaction dans le miroir. La figure de l'homme paraît être celle de son Domes-

tique le Baviera. S'il en est ainsi, cette petite pièce représenterait une scène de la vie domestique du grand peintre d'Urbin.

Copie en contre-partie où la figure de l'homme se trouve à droite. Pièce médiocre de dessin et d'exécution et qui paraît être l'oeuvre d'un amateur. H. 5 p. L. 4 p. 6 l. Dresde.

76. Le Phénix. Il est sur le bûcher, entouré de divers animaux.

Cette pièce appartient à la série Nos 24—26 et a été dessinée par le même artiste.

78. Le Combat naval. Les épreuves postérieures de cette pièce ont l'adresse: Romae. Ant. Lafreri.

Copie dans le sens de l'original et de même dimension. Sur la marge très-étroite du bas, on lit: Raptus Helenae.

Additions à Bartsch.

86. L'Annonciation. L'Ange plane à gauche, tenant une tige de lys et étendant la droite. Vis à vis, près d'une table, la Vierge qui se tourne vers l'Ange. En haut, le St. Esprit. La marque du graveur se trouve devant l'entrée à gauche. La composition paraît appartenir à un maître florentin, peut-être au Salviati.

Les premières épreuves de cette pièce n'ont point encore l'adresse d'Ant. Lafreri, Romae.

H. 15 p. 9 l. L. 11 p. 6 l. Bibl. de Vienne. Berlin. Paris.

Appendice.

87. Portrait du Pape Jules III. Demi-figure tournée vers la gauche dans un ovale orné de sphinx et de bouquets de fruits. Pièce avec la marque du maître. H. 11 p. L. 8 p. (Catalogue de Petzold.)

88. Chapiteaux des cinq ordres. 15 sujets sur une feuille. H. 9 p. 9 l. L. 13 p. 5 l. (Même Cat. VII. No. 54.)

89. Un fût de colonne sur sa base. Il est orné de pampres. H. 17 p. 3 l. L. 10 p. 8 l. (Cat. Petzold, No. 55.) Avant l'adresse d'Ant. Lafrerj.

$\widetilde{IB}$., I.B., I. BO.

Giulio Bonasone.

(Bartsch XV. 103.)

Cet artiste natif de Bologne était dessinateur et graveur, mais son style d'exécution est celui d'un peintre peu régulier dans la conduite de sa taille. On devrait en conclure que Bonasone n'a point été l'élève de Marc Antoine, quoiqu'il s'approche du maître ou tout du moins de l'école de Raphaël pour le dessin. Il résulte du Catalogue de son oeuvre donné par Bartsch que la plus ancienne date sur ses gravures est celle de 1531, tandis que la plus récente est celle de 1574. On ne connaît rien autre des circonstances de sa vie, sinon qu'il a vécu à Rome et qu'il est probablement mort dans cette ville.

Observations au Catalogue de Bartsch.

4. Noé sortant de l'Arche. Les dernières épreuves portent l'adresse d'Antoine Lafrerj.

9. Judith retournant à Béthulie. Dernières épreuves avec l'adresse Ant. Lafrerij, à droite.

50. La Vierge s'évanouissant entre les bras de trois saintes femmes. Cette composition est d'après une première esquisse pour le tableau de la Déposition de Raphaël dans la Galerie Borghèse.

60. La Vierge pleurant sur le corps de son fils. Copie en contre-partie avec l'inscription:

WL nerat. est. propt. etc. — Hans Liefrinck exc.? H. 8 p. 1 l. L. 5 p. 7 l. Bibl. de Berlin.

63. Ste. Famille. Composition empruntée au tableau de Raphaël, la Sainte famille au chêne. Ici un rideau forme le fond.

111. Flore assise dans un jardin. A la gauche du bas: Ju. Bonaso. F. Les dernières épreuves ont l'adresse de Lafrerj.

112. Le Jugement de Pâris. On trouve de cette pièce des premières épreuves sans la signature et dans lesquelles les ciels ne sont pas encore terminés. Berlin.

170. Le dieu Pan assis auprès d'une Nymphe.

La copie en contre-partie du maître ‖ℍ𝑆 porte la date de MDLVI. C'est un travail médiocre. H. 9 p. 7 l. L. 8 p. 1 l.

On en trouve une copie du même maître avec sa signature et la date de MDLXI. Paris.

173. Quatre Nymphes, avec deux dieux marins, assises autour d'un rocher.

Les dernières épreuves de cette pièce ont l'adresse:

Gio. Giacomo de Rossi, le stampe alla pace.

177. Hommes et femmes dans une baignoire. Les premières épreuves de cette pièce n'ont point la signature de Bonasone et au bas, à gauche, le caducée est remplacé par un serpent. Berlin.

L. M.

Lorenzo di Musi, Veneziano, 1535.

(Bartsch XV. 498.)

Le nom et la patrie de cet artiste semblent indiquer qu'il était parent, peut-être frère ou fils d'Agostino Veneziano. Sa taille est excellente et il s'y montre un digne imitateur de son homonyme. Bartsch ne connaissait de lui que l'estampe du Sultan Barbarossa, qui est signée de son nom en entier avec la date de 1535. Nous pouvons ajouter à son oeuvre deux autres pièces, sans qu'il nous ait été donné cependant d'avoir quelques renseignements sur la vie du maître.

Additions à Bartsch.

2. **Moïse tirant de l'eau du rocher.** Le législateur des Hébreux est à gauche avec son frère Aaron. A droite, une foule nombreuse avec deux chameaux. Dans le fond, une colline surmontée d'un bois. A gauche, au-dessus de l'endroit d'où Moïse tire l'eau, est un bâton, avec un chien qui semble chercher quelque chose. Pièce signée L. M., avec l'adresse d'Ant. Lafrerj. Folio oblong. Coll. Wellesley. Oxford.

3. **Figure allégorique de la Paix.** Elle porte la main gauche sur la poitrine et tient de la droite un petit génie qui lui offre un rameau d'olivier. A la droite du bas, les initiales L. M. et au même côté vers le haut, des vers italiens:

Della Pallade pudica, etc.

Cette pièce est une copie de l'estampe de Marc Antoine (B. 393.) H. 7 p. 10 l. L. 4 p. 4 l.

Giulio Sanuto, Veneziano.

(Bartsch XV. 499.)

Nous ne savons rien autre chose de ce maître sinon qu'à en juger par la signature sur ses gravures, il était de Venise et qu'il vivait en 1540. Quelques-unes de ses estampes sont exécutées d'après des tableaux de Raphaël ou des gravures de Marc Antoine, ce qui nous semblerait indiquer qu'il a résidé à Rome et qu'il s'y est formé dans son art. Cependant il ne se distingue ni par la beauté du dessin, ni par la régularité de la taille.

Observations au Catalogue de Bartsch.

5. La Bacchanale dans un bois. (B. No. 5.) H. 16 p. 2 l. L. 20 p. 4 l.

Les premières épreuves, avant la retouche et avec des détails très-libres, ne portent point le nom du graveur. Les secondes portent la signature IVLIVS SANNVTVS. F. et viennent de la planche retravaillée dont on a fait disparaître les obscénités les plus grossières.

6. Le Déluge, d'après la peinture à fresque de Raphaël dans les loges du Vatican. In 4. oblong. Bibl. de Vienne.

7. La Chasteté de Joseph. Copie dans le même sens d'après l'original de Marc Antoine (B. No. 9), et signée du second des monogrammes ci-dessus. (Julius Venetus faciebat.)

8. La Pietà, d'après Michel Ange.

La Vierge soutenue par trois Anges tient le corps du Christ posé sur une pierre. A la droite du bas, M. A. inuētor; à gauche, A. Sala. excudebat. H. 7 p. 10 l. L. 10 p. Coll. de Quandt. Cat. No. 1988. Francfort s/M.

9. St. Jean Baptiste. Il est assis à gauche, nu et presque de dos. Il étend la jambe droite et montre de la gauche la source qui jaillit du rocher, tandis qu'il appuie la droite sur le terrain où gisent son vêtement de peau et une petite croix. Tout près l'inscription AGNVS DEI. A droite, paît un mouton. Fond de paysage avec une ville sur un rocher. Pièce bien exécutée sans marque. H. 14 p. 6 l. L. 11 p. 9 l. Berlin. Munich.

10. Apollon et Marsyas. Le dieu est assis à droite, jouant du violon, tandis que Marsyas joue de la trompette; plus loin Pallas et le roi Midas assis. La déesse tient une bannière avec la dédicace à:
      Antonia d'Este, Duca di Ferrara.
Vers la gauche on voit le Parnasse avec les neuf Muses; au-dessous l'inscription:
Ex Parnasi Raphaelis pictura vt vacuum hoc impletur.
Sur le premier plan Apollon écorche Marsyas, et plus loin, à gauche, le dieu renverse Marsyas à terre en présence de Pallas. Tout à fait sur le devant un homme couché tient une tablette avec l'inscription:
Apolinis et Marsiae Fabula ex clarissimi Pictoris Anto-
            nii de Corregio Pictura.

Le fond est la petite place de St. Marc à ~~Vienne.~~ Venise
Grande gravure en trois feuilles. H. 19 p. L. 46 p. Gotha.

Nagler dit que cette gravure porte la dédicace à Alphonse II d'Este, duc de Ferrare, en date du 18 Juillet 1562 et que les dimensions sont: H. 19 p. 2—6 l. L. 15 p. 8—10 l. pour chaque feuille.

Dans la galerie Litta, à Milan, on trouve cette composition peinte (à l'exception du Parnasse) sur un panneau long et étroit qui a servi de couvercle pour un clavecin. On y attribue ce tableau au Corrège, mais les proportions un peu longues des figures nous feraient croire plutôt que c'est un ouvrage de la jeunesse du Parmesan.

11. Vénus et Adonis. La déesse assise et vue presque de dos cherche à retenir son amant et à l'empêcher de partir pour la chasse. Adonis tient trois chiens en laisse. Composition du Titien. Dans le haut de l'estampe, on lit:

Al nobile e mag. sig. Alberto Utiner di Venitia il di XXI.
    di Settembre MDLVIII.

et au bas: Giulio Sanuto.

H. 20 p. L. 15 p. 9 l.?

Appendice.

On attribue encore au Sanuto les pièces suivantes que nous n'avons point vues:

12. Abraham adorant les trois anges. Le patriarche plie le genou gauche en terre et joint les deux mains. Un des anges pose la main sur l'épaule de son compagnon. Mariette croit que la composition est du Titien, et Zani pense que l'estampe est gravée par Gaspare Osello ou par Giulio Sanuto. H. 10 p. 9 l. L. 7 p. 1 l. Paris. Bibl. de Vienne.

13. Le Martyre de Saint Laurent. Copie de la gravure de Marc Antoine d'après Baccio Bandinelli; deuxième impression. B. No. 104.

Copie A de Bartsch, qui cependant ne l'attribue que par conjecture à Sanuto et ajoute que la taille en est médiocre.

14. L'Arbre de vie. Composition allégorique où l'on voit, au haut, des scènes de l'ancien et du nouveau testament mêlées à des sujets de la Danse macabre etc. On lit à la marge du bas: Creat .... MDLXXII. G. S. Fol. oblong.

Nous observerons au sujet de cette attribution dans le Dictionnaire du Dr. Nagler No. 5, que les deux circonstances de la date comparativement récente et de la signature G. S. qui n'a jamais été employée par Sanuto, nous font douter que cette pièce puisse être du maître.

15. Apollon conduisant le char du soleil. Nous trouvons cette pièce mentionnée comme appartenant à Sanuto dans un manuscrit du Directeur Rechberger de Vienne.

16. Le Supplice de Tantale. Pièce d'une taille extrêmement légère et spirituelle; fol. oblong. Nagler (Dict. No. 10.)

17. Magnifique vase à deux anses.

Le corps du vase est orné de figures, de rinceaux etc. Fol. obl. Nagler, Dictionnaire des Artistes, No. 12.

CER, CRF, CR, CR

Cesare Reverdino.

(Bartsch XV. 465.)

Comme notre artiste a souvent signé son nom de baptême des deux lettres C E, on en a conclu généralement qu'il se nommait Cesare. On ne connaît pas davantage sa patrie que l'époque de sa naissance et de sa mort, et nous trouvons seulement par les dates sur ses estampes qu'il vivait de 1531 à 1561. Sa manière ressemble à celle d'Agostino Veneziano et quelquefois à celle de Bonasone. On peut douter, par conséquent, qu'il ait appartenu à l'école de Marc Antoine, d'autant plus qu'il montre peu d'entente du dessin et que le sien est généralement faible.

Dans le Catalogue de l'oeuvre de Reverdino, tel qu'il est donné par Bartsch, il s'est glissé beaucoup d'erreurs, puisqu'on lui attribue beaucoup de gravures d'autres maîtres et que la série de celles qu'on lui donne est très-incomplète. Nous nous éloignerons donc en ce qui le regarde de la règle que nous suivons d'ordinaire, et nous donnerons toutes les gravures de son oeuvre qui sont venues à notre connaissance, en nous référant à l'occasion au Catalogue de Bartsch. D'abord nous laissons suivre quelques remarques sur les gravures d'autres maîtres mentionnées dans le même catalogue.

Observations au Catalogue de Bartsch.

La Conversion de St. Paul. (B. 10.) Cette pièce est une épreuve récente d'une planche non niellée de Mateo di Giovanni Dei, qui se trouve dans la Collection de Florence et qui a été enregistrée par Duchesne dans son ouvrage des Nielles sous le No. 139.

St. Antoine l'ermite. (B. 12.) La manière dont cette estampe est gravée rappelle celle de l'ancienne Ecole de Padoue. Elle ne saurait être de Reverdino.

St. Jérôme. (B. 13.) Le dessin et la gravure de cette pièce très-maniérée et dont on trouve de fréquents exemplaires, empêchent de pouvoir l'attribuer à Reverdino.

Le Combat des centaures. (B. 23.) La taille de cette pièce est tellement archaïque qu'Ottley a cru pouvoir l'attribuer au Pollajuolo.

Les Deux ermites. (B. 32.) Cette pièce est également d'un très-ancien travail de l'Ecole de Padoue.

Catalogue de l'oeuvre de Reverdino.

1. Moïse sauvé des eaux. (B. 1.) Cette pièce, ainsi que toutes les autres exécutées par notre maître d'après les dessins du Parmesan, ne porte point sa marque, qu'il ne mettait qu'aux gravures de sa propre composition. H. 7 p. 8 l. L. 5 p. 2 l.

2. Moïse faisant sortir l'eau du rocher. (Bartsch 2.) L'épreuve décrite par Bartsch ne porte point le monogramme, mais seulement la date de 1531. On en trouve cependant des épreuves avec la première des marques ci-dessus.

3. Judith. Pièce jusqu'aux genoux. L'héroïne juive est debout devant le lit, tournée vers la gauche et tient des deux mains la tête d'Holopherne. Sur le bord du lit, le premier des monogrammes ci-dessus. H. 6 p. 6 l. L. 5 p. 2 l. Paris.

4. Sampson déchirant la gueule du lion. Dans une salle soutenue par des colonnes. Pièce non signée et qui appartient à la même série que la Vierge (B. 7), et la Lucrèce, ainsi qu'une autre de 1554. Estampes rondes de 3 p. de diamètre.

5. David tranchant la tête à Goliath. Il lève son épée des

deux mains. Dans le fond, près d'une caverne, cinq soldats et deux autres dans le lointain. Près de la caverne on lit:

GOLIATH INTERFICITVR A DAVIDE, etc.

et sous le bras gauche de Goliath, le premier des monogrammes ci-dessus. H. 5 p. 2 l. L. 5 p. 6 l. Paris.

Des épreuves postérieures assez bonnes portent l'adresse:

Petri de Nobilibus formis.

6. Le Jugement de Salomon. Il est assis à droite sur son trône; devant lui sont agenouillées les deux femmes. Le bourreau, debout à gauche et entouré de huit autres personnages, tient l'enfant élevé par le bras. Au bas, sur un billet, le monogramme du maître. H. 3 p. 4 l. L. 4 p. 3 l. Paris.

7. La Nativité. (B. 4.) Cette gravure d'après un dessin du Parmesan n'est point terminée et ne porte point de monogramme. Elle n'est point dans la manière usuelle du maître et il est douteux qu'elle soit de lui.

8. Même sujet. Dans le fond d'un riche édifice représentant le palais en ruines de David, est agenouillée la Vierge, ainsi que deux Anges devant le Christ nouveau-né. St. Joseph s'avance portant de la main gauche une lampe. En haut planent cinq anges et on voit, en petit, dans le paysage l'annonciation aux bergers. Au bas, l'inscription:

PARVVLVS NATVS EST NOBIS ET FILIVS DATVS EST NOBIS.

et un peu plus à droite:

CE. Reverdinvs fecit.

H. 4 p. 3 l. L. 5 p. 9 l. Paris. Berlin.

9. L'Adoration des bergers. Au milieu des ruines d'une riche architecture est assise la Vierge tenant l'enfant Jésus, auquel un berger baise le pied. De la droite accourent deux autres pasteurs. Sur la frise de l'édifice on lit:

DOMINVS DEVS TVVS IN MEDIO, etc.

et à côté des deux bergers:

Pastores abeunt in Bethleem, etc.

Plus bas:

Ce. Reverdinvs. f.

Pièce ronde de 7 p. 4 l. de diamètre. Berlin. Paris.

10. L'Adoration des Mages. (B. 3.) La Vierge est assise à droite avec l'enfant Jésus, devant lequel un des rois est agenouillé, tandis que les deux autres se tiennent debout à gauche. Au milieu

du bas, sur une pierre, le monogramme du maître. Pièce ronde de 4 p. 6 l. de diamètre.

11. **Le Christ élevant St. Pierre à la dignité de chef de l'Eglise.** (B. 5.) Le Christ, très-mouvementé, plane dans une gloire se tournant à gauche vers St. Pierre agenouillé et lui montrant les brebis qui paissent. Au bas: **C. Reverdinus** f. Pièce bombée en haut et en bas. H, 9 p. 5 l. L. 6 p. 4 l.

12. **St. Pierre marchant sur les eaux.** Pièce qui forme pendant avec la précédente. Le Christ tend la main à St. Pierre. (B. 6.) H. 9 p. 9 l. L. 6 p. 5 l.

13. **Le Sermon sur la montagne.** Le Sauveur est debout sur une pierre au milieu de l'estampe. A sa droite une foule de vieillards, de lévites, d'aveugles, de perclus s'adressant à lui; à sa gauche ses adversaires, les pharisiens, les docteurs de la loi, les faux prophètes enveloppés de nuages signifiant les ténèbres, s'éloignent de lui avec leurs livres et leurs instruments. Pièce signée au bas: **C. Reverdinus** f. H. 6 p. 5 l. L. 10 p. 3 l. Paris.

14. **La Vierge assise.** (B. 7.) Elle est vue de profil, la tête baissée, tenant de la droite un livre que feuillette l'enfant Jésus assis sur les genoux de sa mère. Le chiffre est au milieu du bas. Pièce ronde de 3 p. de diamètre.

15. **La Vierge debout.** Elle se tient avec l'enfant Jésus dans une salle, tournée vers la gauche; près d'elle le premier des chiffres ci-dessus avec la date de 1554. Pièce ronde de 3 p. de diamètre. Paris.

16. **La Sainte famille.** (B. 8.) La Vierge est assise à gauche contre un arbre et tient l'enfant Jésus sur les genoux. St. Joseph, vu seulement à moitié, est à droite. Cette pièce est d'après un dessin du Parmesan ou, comme le veut Bartsch, d'après une estampe de Meldola avec quelques changements. H. 4 p. 3 l. L. 3 p.

17. **La Vierge avec cinq Saints.** (B. 9.) Elle est assise au milieu de l'estampe avec l'enfant Jésus, qui veut descendre des genoux de sa mère pour embrasser le petit St. Jean. Derrière eux, St. Jean l'évangéliste; à gauche, la Madeleine et deux autres saintes femmes. D'après le Parmesan. H. 9 p. 2 l. L. 6 p. 6 l.

18. **La Conversion de St. Paul.** (B. 11.) Saul est agenouillé au milieu de l'estampe, ébloui par les rayons de lumière. A droite, un cheval renversé et deux cavaliers qui s'enfuient à gauche. Sur le devant, à gauche, on lit sur une pierre:

PAVLVS DAMASCVM PETENS, etc.,
et à droite, la marque du maître. Pièce ovale. H. 5 p. 9 l. L. 7 p. 8 l.

19. L'Enfant prodigue. (B. 14.) Il est de retour et s'agenouille devant son père qui se penche vers lui. A droite, quatre de ses parents, trois autres à gauche. Sur une pierre, au premier plan, on lit:

PATER PECCAVI IN COELVM ET CORAM TE. LVCAE XV.
D'après un dessin du Parmesan. H. 5 p. 3 l. L. 3 p. 3 l.

20. Ste. Marie Madeleine. Elle est prosternée, pénitente, tournée vers la gauche, devant un crucifix qui s'élève au milieu des ruines et sous lequel on lit:
Dimissa sunt ei peccata multa quoniam dilexit multum. Quatre petits anges planent dans les airs, et à droite, on voit un cloître sur un rocher. Sur le haut d'un mur l'inscription:
CReverdinus f.
H. 4 p. 9 l. L. 8 p. Paris.

21. Le Jugement dernier. (B. 15.) Le Christ est assis en jugement entre deux anges qui tiennent les instruments de la passion. A gauche est agenouillée la Vierge et dans la partie supérieure se trouvent les Saints sur des nuages. Au bas, les damnés parmi lesquels on voit le groupe du Laocoon. Cette estampe est une des plus finement exécutées du maître, dont le nom se trouve à la gauche du bas. Les épreuves plus récentes ont l'adresse:
Johann Bussemecher excudit Coloniae.
Pièce ronde de 7 p. 6 l. de diamètre.

22. Clélie se préparant à passer le Tibre. (B. 16.) Elle est à cheval et porte en croupe une de ses compagnes. Trois autres jeunes Romaines courent vers la droite. A droite, la figure du dieu du fleuve, et dans le fond à gauche, le camp de Porsenna avec une partie de Rome à droite. Au bas, la signature: C. Reverdinus f. et, à gauche, l'inscription:
CHLOELIA VIR. TIB. TRANAVIT.
Pièce ronde de 6 p. 1 l. de diamètre.

23. Tarquin et Lucrèce. (B. 17.) Tarquin, à gauche, monte dans le lit de Lucrèce qu'il menace d'un poignard. Au-dessus de la tête de celle-ci une tablette avec l'inscription:
Lucretia foemina nobilis Collatini uxor etc.

et au bas, à gauche, la signature C. Reverdinus f.   H. 6 p. 5 l.
L. 9 p. 6 l.

24. Lucrèce. Elle est vue de face, nue, et se plonge une épée
dans le sein. Le fond est une colonnade en ruines. Pièce non signée, ronde de 3 p. de diamètre. Paris.

25. M. Curtius. Il se précipite, à cheval, dans le gouffre.
A droite six et à gauche, près d'un mur, trois hommes du peuple.
Inscription: M. CVRTIVS PRO POPVLO, et au bas, à gauche, C. Re-
verdinus f.   Pièce ronde, de 7 p. 6 l. de diamètre. Paris.

26. Mars et Vénus. (B. 18.) Il est assis sur un lit et tient
la déesse sur ses genoux. Celle-ci passe le bras autour du cou du
dieu et tient de la main gauche un vase. L'Amour se voit dans le
fond à droite et près de lui l'inscription:

     Omnia vincit Amor, et nos cedamus Amori.
A la gauche du bas, la signature CER. Pièce ronde de 4 p. 10 l.
de diamètre.

27. Mars et Vénus surpris par Vulcain. (B. 19.) Celui
jette le filet sur le couple assis sur un lit à gauche. A la gauche du
bas, l'inscription:

     Peius adulterio turpis adulter obest,
et sur une tablette le monogramme du maître. Pièce ovale. H. 4 p.
5 l. L. 10 p. 1 l.

28. La Forge de Vulcain. (B. 20.) Les Cyclopes travaillent
et à droite Vulcain assis s'entretient avec une déesse. De la gauche
s'avance Vénus précédée de l'Amour. A la gauche du bas, la signature C. Reverdinus f. et au milieu l'inscription:

     Ferrum exercebant vasto Cyclopes in antro.
H. 5 p. 6 l. L. 6 p. 10 l.

29. Léda couchée. (B. 21.) Le Cygne, avec les ailes déplo-
yées, est au milieu de l'estampe et donne un baiser à Léda couchée
sur une draperie. A droite, Castor et Pollux; le premier debout, le
second sortant de l'oeuf; un troisième enfant est assis sur le devant
à gauche; près de lui l'inscription Ce. Reverdinus, fecit. Au
milieu du bas, l'inscription:

     Fecit olorinis Ledam recubare sub alis.
H. 5 p. 9 l. L. 9 p. 6 l.

30. Léda debout. Près d'elle le Cygne, l'Amour, Castor et
Pollux. Sur un mur d'appui on lit:

     Cantamus Ledae natos Jovis, etc.

A la gauche du bas, Ce. Reverdinus f. (B. 22.) H. 10 p. L. 7 p. 1 l.

31. Zethus et Amphion. Ils attachent Dircé aux cornes du taureau. D'après le groupe antique du palais Farnèse, actuellement à Naples. Pièce signée C. R. f. Folio en largeur. (V. Nagler, Künstler-Lexicon No. 32 et Cat. Sternberg No. 691.)

32. Bacchanale. Frise de 15 personages, satyres, femmes et enfants. Les figures sont isolées. Au milieu Silène couché, dans la bouche duquel un faune verse du vin. Le second faune, à droite, tient une tablette avec la date de 1564. H. 2 p. 4 l. L. 10 p. Paris.

33. Dix-neuf enfants qui jouent. Pièce formant pendant avec la précédente. Au milieu, un enfant couronné, ressemblant à un Bacchus, est assis sur un tonneau; près de lui un autre enfant apporte des raisins dans un panier plat posé sur sa tête. A gauche, un troisième enfant bat du tambour, tandis qu'un quatrième, à droite, en frappe un autre, agenouillé, du bâton. Un petit Amour tient plus loin un cercle dans lequel un enfant couché est frappé de verges. H. 2 p. 4 l. L. 10 p. 1 l. Paris.

34. Sept enfants qui jouent. Cinq d'entre eux dansent devant un édifice où un sixième regarde d'une fenêtre, tandis que le septième sonne de la trompette. A la gauche du bas, la signature C. R. H. 3 p. 11 l. L. 6 p. 2 l. Paris.

35. Enfants dansant au son du tambour. (B. 35.) Quatre dansent, tandis que le cinquième bat du tambour. Au bas, l'inscription:

ADOLESCENTIA ET VOLVPTAS VANA SVNT.

Pièce non signée, mais dont le Cabinet de Paris possède un exemplaire avec le nom de Ce. Reverdinus. Cette estampe est une copie en contre-partie de celle de Giov. Ant. di Brescia. (B. 19.) H. 4 p. L. 7 p. 6 l.

36. Dix enfants dansant au son de la cornemuse. (B. 37.) Ils dansent en rond, se tenant par les mains et se tournant le dos. Un onzième enfant joue de la cornemuse et près de lui on voit le chiffre II. Au bas, l'inscription:

Ubi est adolescentia, ibi est gaudium sine malicia.

Pièce non signée. H. 3 p. 7 l. (avec 3 l. de marge) L. 7 p. 3 l.

37. Huit enfants dansant au son de la cornemuse. Ils dansent en se tenant par les mains, et l'un d'eux est monté sur un autre qui marche à quatre pattes. Le neuvième enfant, qui joue

VI.   8

de la cornemuse, est debout, à droite, sur une pierre avec la marque I.,
ce qui peut faire croire que cette pièce est le pendant de la précédente. A la gauche du bas, la marque du graveur. Les épreuves
plus récentes ont l'adresse:

Romae Ant. Lafrerij MDLXX.

H. 3 p. 9 l. L. 11 p. 4 l.

38—44. Les sept Vertus. Suite de sept pièces. H. 6 p.
1 l. L. 4 p. (B. 25—31.)

— 38. La Foi. Une femme debout tenant de la droite une croix
et de la gauche une tablette avec l'inscription:

Fides est cogitare cum assentione, etc.

A droite, un chien est couché près d'une colonne brisée et à la gauche
du haut une main tient une couronne royale. Au bas, la marque du
maître.

— 39. L'Espérance. Femme debout vue de profil et tournée
vers la droite. Elle lève les mains vers les rayons qui descendent du
haut, à droite. Dans le fond, le Phénix sur un bûcher allumé. Au
bas, l'inscription:

Spes est certa expectatio, etc.

La marque est à la gauche du bas.

— 40. La Charité. Figure de femme debout portant un enfant
du bras droit et relevant son vêtement de la main gauche. Un second
enfant est debout devant elle. Dans le fond, un pélican s'ouvrant le
sein pour nourrir ses enfants. A droite, sur une pierre, l'inscription:

Charitas est rectissima animi affectio, etc.

Le chiffre est à la gauche du bas.

— 41. La Prudence. Une femme se regardant dans un petit
miroir qu'elle a dans la main gauche et tenant, de l'autre, un compas.
A la gauche du bas, l'inscription:

Prudentia est rerum bonarum ac malarum scientia.

A la gauche du bas, la marque du graveur.

— 42. La Justice. Figure de femme debout tenant d'une
main la balance, de l'autre le glaive. Au bas, l'inscription:

Justitia est servare unicuique, etc.

La marque est à gauche.

— 43. La Force. Femme debout appuyant le bras droit sur
une colonne brisée. A ses pieds, un lion, et sur une tablette, l'inscription:

Fortitudo est firmitas, etc.

Le chiffre est au milieu du bas.

— 44. La Tempérance. Une femme debout verse un fluide d'un vase dans un autre. A gauche est couché un chameau. Au bas, l'inscription:

Temperantia est moderatio cupiditatum rationi obe-
diens.

La marque du graveur est à la gauche du bas.

45. Archimède ou le Mathématicien. Il est assis à droite, et inscrit un hexagone dans un cercle. De la main gauche il tient une équerre et un fil à plomb se trouve sur le terrain. Dans le fond, un édifice en ruines où l'on voit un escalier tournant. A gauche, le soleil. Pièce signée au bas: C. Reverdinus f. H. 3 p. L. 4 p. 1 l. Berlin. Paris.

46. Le Joueur de luth ou le Musicien. Il est assis à gauche jouant du luth et entouré d'instruments de musique. Le fond est un édifice de riche architecture et où se trouve un chien. Pièce non signée, mais faisant pendant à la précédente. H. 2 p. 11 l. L. 4 p. Paris.

47. Allégorie sur le globe terrestre. Sur le devant, à gauche, est assis un squelette tenant en haut le globe du monde où l'on voit figurées l'Europe, l'Asie, l'Afrique et l'Amérique. Au milieu se trouve la demi-figure d'un vieillard barbu qui tient de la main droite un sablier, tandis qu'il saisit de la gauche la jambe du squelette. Derrière lui, une jeune femme debout et devant celle-ci une vieille au nez crochu. A la droite du bas, la signature C. Reverdinus f. Pièce cintrée par le haut. H. 4 p. 6 l. L. 4 p. 8 l. Paris.

48. Les Femmes au bain. (B. 35.) L'une est couchée à droite, l'autre à gauche et les deux autres se trouvent un peu en arrière dans une grotte. A gauche, on voit Mercure, à mi-corps, entre deux rochers; il tient dans la main un oeil humain. Sur une tablette, l'inscription:

Averte faciem tuam a muliere corrupta etc.

et au bas, C. Reverdinus f. H. 4 p. 8 l. L. 7 p. 3 l.

49. Danse de paysans. (B. 34.) Les quatre couples se tiennent par la main et dansent autour d'un arbre sous lequel un vielleur est debout. A la droite du bas, la signature C. Reverdinus f. et sur une tablette l'inscription:

Animus gaudens aetatem floridam facit.

8*

50. **Les Alchimistes.** (B. 39.) Ils sont rassemblés autour d'un creuset enflammé, vus à mi-corps avec des têtes en caricature et quelquefois hideuses. Un d'eux porte la main à son bonnet, avec une expression de doute, et dans le fond, un autre portant lunettes semble se moquer des autres. A la droite du bas, la signature C. Reverdinus et sur une banderole l'inscription:

Spes chimici vanas buccis mendacibus inflant, etc.

H. 9 p. 10 l. L. 6 p. 3 l.

51. **L'Ane instruisant les autres animaux.** Il est assis à gauche sur un banc entre deux troncs d'arbre et instruit les animaux réunis autour de lui; sur un papier suspendu près de lui, on lit:

HEV, HEV, QVÆ MISEROS TRAMITE DEVIO DEDVCIT IGNO-
RANTIA,

et à la droite du haut, sur une tablette:

QVVM ERROR TRANSIT IN CONSVETVDINEM FIT MALVM IMME-
DICABILÈ.

Au milieu du bas, la signature du maître. Pièce ronde de 4 p. 10 l. de diamètre.

52. **Un Alphabet romain.** (B. 23.) Tablette renfermant sur quatre rangées un alphabet romain; sur la lettre Z gravée à rebours se trouve le monogramme de Reverdino. H. 3 p. 6 l. L. 5 p. 9 l.

Bartsch en compte 12 numérotées de 1 à 12. Nous pouvons y ajouter les deux suivantes.

13. **L'Adoration des bergers.** La Vierge contemple l'enfant Jésus couché sur la paille et soutenu par un ange; trois bergers l'adorent. On ne voit que les têtes du boeuf et de l'âne. Inscription:

Christus lux orbis, etc.

Pièce non signée, et que Zani attribue à Reverdino. H. 4 p. 2 l. L. 5 p. 6 l.

14. **Six enfants jouant dans une salle ornée.** A gauche, on voit un grand trône de marbre et des arbres visibles à travers trois petites fenêtres. Cette composition a probablement été emprun-

tée à un bas-relief antique, mais elle est raide de taille et très-incorrecte de dessin. Pièce non signée et attribuée à Reverdino dans la description du Cabinet Cicognara. H. 6 p. L. 9 p. 9 l.

$$NB, \wedge N \wedge B \wedge F \wedge, \begin{matrix} N_vB \\ L_vF \end{matrix}$$

Nicolas Beatrizet, de Lorraine.
(Bartsch XV. 237.)

Nous ne pouvons guère ajouter aux renseignements que Bartsch nous donne sur cet artiste. Il naquit en 1507 à Thionville, mais on ignore l'année de sa mort. D'après les dates de ses estampes on peut croire qu'il a vécu à Rome de 1540 jusqu'à 1562. Son nom de famille était Beautrizet, comme il se signe lui-même sur son estampe No. 105 de Bartsch, mais il l'écrivait ordinairement Beatricius ou Beatrizet, pour se conformer à la prononciation italienne.

Ses premiers travaux ont dans la manière une certaine analogie avec celle d'Agostino Veneziano, ce qui pourrait faire croire qu'il a été l'élève de ce graveur. Plus tard il se servit pour les demi-teintes de points selon le mode introduit par George Ghisi, mais il resta toujours un peu rude dans l'exécution et exagéra les muscles dans le goût de Michel Ange. On ne peut donc le compter parmi les graveurs délicats de l'école de Marc Antoine, mais il a le mérite de nous avoir conservé par la gravure plusieurs des dessins de Michel Ange et que, d'après Vasari, celui-ci avait exécutés pour la Marquise de Pescara, Vittoria Colonna, et qui se trouvent actuellement pour la plus grande partie en Angleterre.

Observations au Catalogue de Bartsch.

19. **Le Christ au Jardin des Oliviers**, d'après le Titien. Cette pièce, signée N.B.F.SE, est exécutée d'une manière froide et

compassée et n'a aucun rapport avec celle du maître; c'est pourquoi Bartsch croit y voir un des premiers ouvrages du maître et explique les lettres SE par le mot Sequanus. Cependant nous croyons avec Brulliot (Dict. II. No. 2098) que cette signature doit se lire Natalis Bonifacio fecit Sebenicus, et cela avec d'autant plus de raison que les épreuves postérieures de cette pièce portent l'adresse de Joan. Bertelli, etc., et qu'une autre pièce représentant St. Jérôme d'après le Titien est également signée N. A. F. S. 1571, avec l'adresse Nicolo Nelli formis, ce qui indique que ces pièces ont été gravées par le même maître et publiées à Venise.

23. Le Christ debout tenant sa croix. D'après la statue de Michel Ange dans l'église de Sancta Maria sopra Minerva. Les épreuves postérieures ont l'adresse suivante:

      Marcelli clodij formis Romae.

33. La Conversion de St. Paul. Le pendant de cette pièce, représentant le Crucifiement de St. Pierre également peint à fresque par Michel Ange dans la chapelle Paulina, a été gravé par Giovan Battista de' Cavalieri.

38. La Chute de Phaéton. D'après Michel Ange. H. 15 p. 4 l. L. 10 p. 7 l.

Aux deux copies de cette pièce mentionnées par Bartsch, on en doit ajouter une troisième marquée M L (Michele Lucchese).

40. Bacchanale d'enfants. Les épreuves postérieures de cette pièce portent l'adresse:

      In Roma presso Carlo Losi l'anno 1773.

Additions à Bartsch.

109. Paul III. Le pape est vu de profil à droite et porte barbe et capuce. Buste dans un ovale surmonté des armes du pape tenues par deux génies femelles. Au bas, dans un cartouche, l'inscription:

      Paulus III. Pont. opt. max. an. XVI. — Ant. Lafrerij. H. 10 p. 10 l. L. 7 p. 9 l. Berlin.

110. Paul IIII. Il est vu de trois quarts, tourné vers la droite et assis sur un fauteuil. Il pose la main droite sur sa poitrine et tient de la gauche un petit livre. A la droite du haut ses armoiries. Dans la marge du bas, on lit:

Paulus iiij. Pont. Max. gravissimus christianae pietatis
...... assertor atque restaurator.
H. 12 p. (avec une marge de 1 p. 2 l.) L. 8 p. 6 l.
Coll. Albertine à Vienne.

111. Ganymède enlevé par l'aigle de Jupiter. Il plane
dans les airs soutenu par l'aigle et entouré de nuages. A la droite
du bas, dans un riche paysage, hurle son chien. Pièce signée MI-
CHAEL ANG; au bas l'inscription:
GANIMEDES. JVVENIS. TROIANVS. RAPTVS. A. JOVE.
Les premières épreuves ne portent point d'adresse. H. 15 p. 3 l. L.
10 p. 3 l.

112. Le Songe de la vie humaine. Un jeune homme nu
assis sur une caisse remplie de masques et tenant de la droite un
globe, regarde vers le haut de l'estampe où un génie lui souffle à l'oreille
au moyen d'un tube. Autour, dans les airs, on voit représentées les
passions: la Gourmandise, l'Ivrognerie, la Luxure, l'Avarice, la Colère,
etc. A la gauche du bas: MICHAEL ANGELVS INVEN. Pièce non
signée. H. 16 p. L. 10 p. 9 l.

On trouve des épreuves de cette gravure avec l'adresse d'Ant.
Salamanca et, plus tard, avec celle de Giov. Domenico de' Rossi alla
pace.

113. Vue de Malte, avec l'inscription: MELITA NVNC MALTA.
A gauche, une inscription de neuf lignes:
Melita insula in mari Siculo sita, etc.
et au bas:
Nicolaus beatricius Lotharingus incidit et formis suis, etc.
H. 14 p. 7 l. L. 11 p. 2 l.

114. Le Théâtre de Marcellus à Rome, avec les indications
numérotées suivantes:
I. Scaena. II. Proscaenium. III. Pulpitum. IV. Orchestra.
V. Chorus. VI. Cavea. XII. Padea sive Cunei.
A la gauche du bas, le monogramme NB. F. Gr. in-fol. en largeur.

115. Figures anatomiques. Beatrizet a gravé les 42 pièces
anatomiques pour le Manuel d'Anatomie de l'Espagnol Juan Valverde de
Hamasco, qui avaient été dessinées par le peintre Gaspar Becerra, soit
d'après Vesale, soit d'après des esquisses de Valverde lui-même. Les
Tables de myologie, Nos 4 et 5, et le portrait de l'Auteur ont été signés
de son monogramme. L'édition originale en espagnol parut en 1556
chez Anton Salamanca et Antonio Laffreri à Rome, in-folio. Toutes les

éditions postérieures, publiées en 1560, 1566, 1589 à Venise et à Anvers, n'ont point les gravures de Beatrizet, mais des copies ou des illustrations empruntées au Vesale. (V. Choulant, Geschichte der anatomischen Abbildungen. Leipzig 1852, p. 63.)

Appendice.

On a encore attribué à Beatrizet les pièces suivantes, en se fondant seulement sur les rapports qu'elles ont avec sa manière, puisqu'elles ne portent point de signature.

116. Les Vices tirant à la cible. A gauche, on voit l'Amour céleste endormi, tandis que des enfants allument le feu à droite. Onze figures nues, planant en partie, lancent des flèches contre une tablette suspendue à un terme. Au bas, à gauche, MIC. ANG. BONAROTI. INV. et à droite, l'adresse de Ant. Lafrerij Romae. H. 8 p. 10 l. L. 12 p. 10 l. L'esquisse originale à la sanguine, de Michel Ange, se trouve dans la Collection royale de Londres.

117. Un Dieu fleuve. Il est couché la tête tournée à droite près d'un mur antique. Les bras, les jambes et le nez de cette statue antique sont mutilés. A gauche est assis l'artiste qui la dessine et au-dessus de sa tête on voit en partie le Campo Vaccino à Rome. Sur un mur, on lit un sonnet commençant:
Quest' è di Roma un nobil cittadino, etc.
Au milieu du bas, l'adresse: A. S. ESCVDEBAT. H. 11 p. 4 l. L. 14 p. 11 l.

118. Pasquino. Ce groupe antique mutilé représentant Ménélas portant le corps de Patrocle, est bien connu comme ayant donné l'origine aux Pasquinades dont dix se trouvent introduites dans la gravure et dont la première commence:
Romae caput attamen ipsa, etc.
et la dernière:
Pazzia, Sapientia, etc.
Sur le piédestal, on lit un sonnet dont voici les deux premières strophes:
Jo non son (come paio) un Babbuino
Stroppiato, senza piedi, et sensa mani,

Ne men con gli altri membri sconci et strani
La Scimia son di Niccolo Zoppino.
Ma son quel famosissimo Pasquino
Che tremar faccio i Signor più soprani,
Et stupir forastieri et Paesani
Quando compongo in volgare, o in latino, etc.

Au bas, à droite, est une balance antique et à terre gisent des oreilles d'âne, des crânes de bélier, des bâtons et des verges. A droite, on a la vue sur une des rues de la ville. A la droite du bas, l'inscription: Ant. Salm, scudebat Romae 1542. H. 13 p. 3 l. L. 9 p. 9 l.

119. L'Augure Ancius. Il coupe en présence de Tarquin la pierre à aiguiser. Adresse: Salamanca excudit 1545. Pièce in-fol. en largeur. Catalogue Sternberg, No. 3460.

120. Le Colisée. Vue intérieure et extérieure de l'édifice en quatre feuilles. Pièce grand-in-folio en largeur. Catalogue Sternberg, No. 60.

Æ.V., E.V.

Aeneas Vico, de Parme.

(Bartsch XV. 275.)

D'après les notices que Bartsch nous donne sur cet artiste, nous voyons que ses travaux portent les dates de 1541 à 1560, et qu'il a été employé d'abord par Tommaso Barlacchi, dont probablement il était l'élève. A en juger par sa manière, il paraît avoir cherché à se perfectionner en imitant successivement le style d'Agostino Veneziano, de Giacopo Caraglio, de Giulio Bonasone et de Marc Antoine même. Ce ne fut que plus tard, vers 1550, qu'il adopta une manière de graver à lui particulière et dans laquelle il joignit à beaucoup de délicatesse des tailles fines et serrées qui donnent quelquefois à ses gravures un aspect métallique. Affo dit dans ses „Memorie degli scultori parmigiani", Vol. IV, que Aeneas Vico était fils d'un certain François et qu'il naquit en 1523. D'après le même écrivain, il était orfévre et mourut en 1563, à l'âge de 44 ans. D'après cette dernière assertion, il serait né en 1519, et celle de Bartsch qui le ferait aller en 1568 à la cour d'Alphonse II, à Ferrare, serait erronée.

Observations au Catalogue de Bartsch.

13. **La Conversion de St. Paul.** L'inscription qui s'y trouve:

Francisci Flor. Jo. Car. Salviati alumni inventum,

ne se rapporte pas, comme le croit Bartsch, à Franz Floris, mais à **Francesco de Salviati Florentino**, comme l'avait déjà dit, du reste, Vasari lui-même.

21. **Mars et Vénus.** Cette pièce est une copie en contre-partie de la gravure de Giov. Battista Bertano, surnommé le Ghisi, de l'an 1539 (B. No. 13).

49. **L'Académie de Baccio Bandinelli.** Les secondes épreuves de cette pièce portent, avec le nom d'Aeneas Vico, l'adresse:

Romae Petrus Paulus Palumbus formis.

Le troisième état est celui que Bartsch décrit comme le second.

450. **Rinceau de feuillages à la femme ailée.** Les premières épreuves de cette pièce n'ont point encore l'adresse de Salamanca.

Additions à Bartsch.

495. **La Béatrice du Dante.** Buste dans un ovale.
Alla illustra S. Vittoria Capanna.
H. 4 p. 6 l. L. 2 p. 7 l.

496. **Francesco Petrarcha.** Buste de profil à gauche dans un ovale richement orné:
All' Illustriss. S. Marchese d'Oria.
Cette dédicace ne se trouve point sur les premières épreuves. H. 4 p. 7 l. L. 2 p. 8 l. Francfort.

497. **Giovanni Boccaccio.** Buste dans un ovale.
Al S. Giovan Vincenzo Vigliena Illustr. Sigr. Mio.
Pièce non signée. H. 4 p. 5 l. L. 2 p. 7 l.

498. La Fiametta del Boccaccio. Buste de trois quarts tourné à droite. Au bas:

Al S. Gio. Vincenzo Pinello, magnifico S. mio.

Et plus bas, à gauche, AEN.; à droite, V.P., signature que l'on trouve encore sur la gravure d'une Léda d'après M. Ange. H. 4 p. 5 l. L. 2 p. 7 l.

499. Vittoria Colonna. Buste de face dans un ovale. La riche bordure est terminée en haut par deux serpents entrelacés.

Alla illustrissima S. Donna Dianora Sanseverino. Pièce non signée. H. 4 p. 5 l. L. 2 p. 9 l. Francfort.

500. Andrea Bollani. Buste de profil tourné à gauche dans un ovale avec l'inscription:

Il magnifico Andrea Bollani d'anni XXV. P. 4.

A la gauche du bas:

Aenea Vico da P. invent. faceva.

H. 5 p. 7 l. L. 4 p. 2 l. Cat. Evans, No. 158.

501. Le Siége de Nice par Charles Quint. A la gauche du bas, la signature Æ. V. 1543. Grand-in-fol. en largeur. (Nagler, Monogr. I. 263, No. 3.)

Appendice.

502. Le Christ sur un sarcophage entouré d'anges. Il est assis soutenu par deux anges. A ses pieds, deux autres, dont l'un tient un calice, l'autre la couronne d'épines. Sur le terrain gisent d'autres instruments de la passion. Dans le fond, à gauche, on voit le Calvaire et deux saintes femmes se rendant au tombeau; à la droite du bas, la marque E.V. et, au-dessous, l'inscription:

OMNIS CREATVRA COMPATITVR CHRISTO, etc.

et dans le coin, à droite, l'adresse:

Gio. Domenico Facquel form. in calle delle acque.

Une bordure ornée entoure la pièce. H. 16 p. 10 l. L. 11 p. 5 l.

L'épreuve qui nous a servi pour la description de cette pièce est comparativement récente et on y aperçoit encore les traces d'une adresse antérieure et, à en juger par la rudesse de l'impression, la planche a dû être fortement retouchée. A tout événement, dans son état actuel, cette gravure, quoique signée des initiales de Vico, n'est point dans sa manière.

503. Hercule et une jeune femme. Il est assis à droite, vu de dos, sur la dépouille du lion et tourne la tête vers une jeune femme légèrement vêtue qui tient un masque. Aux pieds du demi-dieu, on voit un autre masque et sa massue. Pièce dans la manière de Vico, mais non signée. H. 5 p. 7 l. L. 4 p. 2 l.

Nicolo della Casa.

Les gravures de cet artiste passent souvent pour celles d'Enea Vico, quoiqu'il soit très-inférieur à ce dernier maître. Nous n'avons sur lui d'autres renseignements que ceux que nous fournissent les signatures de ses estampes. Nous y trouvons qu'il était lorrain et qu'il travaillait à Rome vers la moitié du XVIe. Siècle. Puisqu'il était de la Lorraine, son nom italien della Casa ne peut être qu'une traduction; il s'appelait probablement Desmaisons.

Gravures sur cuivre.

1. Le Jugement dernier. D'après la grande fresque de Michel Ange. Pièce en quinze feuilles, dont celle avec la barque de Caron porte la signature N. D. L. CASA. F. et l'adresse Ant. Salamanca exc. 1543. Coll. Albertine à Vienne.

2. L'Empereur Charles Quint. Ce portrait, avec une riche bordure, est une copie en contre-partie de celui d'Enea Vico (B. 255). La pièce porte l'inscription:
N. D. LA CASA. LOTARINGVS. F. ANT. SALAMANCA EXCVDEBAT. H. 19 p. L. 13 p. 8 l.

3. Côme de Medicis. Demi-figure en armure complète, encore très-jeune, d'après un dessin de Baccio Bandinelli. (B. XV. p. 279.)

4. Baccio Bandinelli. Figure jusqu'aux genoux. Il est assis tourné à droite, et tient devant lui une statuette, sur la plinthe

de laquelle se trouve la signature : N. D. LA. CASA. F. Dans le haut
et dans l'embrasure d'une fenêtre, on voit encore deux demi-statuettes
et une statuette entière virile et au-dessus l'inscription :

BACCIO. BANDIN. FLO*.

A la gauche du bas, près de deux autres statuettes, l'adresse :

ANT. LAFRERI. R.

Cette bonne pièce d'une vigoureuse exécution paraît avoir été gravée
d'après un dessin du Bandinelli même. H. 10 p. 9 l. L. 8 p. Francfort s/M. Wolfegg.

A A.

(Bartsch XV. 549.)

Ce graveur paraît avoir été condisciple d'Agostino Veneziano dans
l'atelier de Marc Antoine ; à tout événement, la finesse de sa taille
correspond à celle des deux maîtres que nous venons de nommer.
Bartsch ne connaissait de lui que la copie de la Bacchanale, ou mieux
de la jeune et de la vieille Bacchante ; nous avons encore retrouvé de
lui les portraits suivants :

2. J u l e s I I. Il est vu de profil à droite, coiffé d'une calotte,
sur fond à tailles horizontales. Dans un médaillon, avec l'inscription :

IVLIVS SECVNDVS. PONTIFEX MAXIMVS. 1512.

le chiffre 2 à rebours. Sur un cartouche, les initiales A A. Pièce
ronde de 1 p. 9½ l. de diamètre, sur planche carrée de 2 p. Bibl.
de Vienne.

3. S o l i m a n I I I. De profil à droite, la tête couverte d'un turban. Au-dessous de la tête du sultan, une tablette avec son nom en
arabe. A gauche, sur un cartouche, le millésime 1526. Sur la plinthe
l'inscription :

SVLEMAN IMPERA⊕R. T.

Pièce non signée, mais du même style que la précédente. H. 5 p.
5 l. L. 4 p. 6 l.

Ʌ

La gravure à l'eau-forte qui porte cette marque est la seule que nous connaissions du maître. La beauté du dessin nous porte à croire qu'il appartenait à l'école de Raphaël.

1. **Le Bain de Vénus.** La déesse tient des deux mains sous le bras droit un vase et s'apprête à descendre dans le bain. L'Amour repose dans l'eau d'une vasque à gauche. Une des trois Grâces tient le rideau à gauche; la seconde, à droite, vue de profil ramasse les vêtements de Vénus et la troisième se tient derrière celle-ci. Fond obscur. Au coin de droite on trouve la signature ci-dessus. Belle pièce à l'eau-forte. H. 4 p. 3 l. L. 3. p. 9 l. Paris.

P B.

Ce maître appartient sans contredit à l'école de Marc Antoine; cependant il est encore incertain s'il est Italien, Allemand ou Néerlandais; la manière dont il a traité ses estampes nous ferait pencher pour cette dernière origine.

1. **La Charité.** Elle est assise sur un lit, la partie inférieure du corps couverte, et donne le sein à un enfant agenouillé à droite sur un coussin. A gauche sur le lit se tient un autre enfant qui tourne la tête en arrière pour regarder un satyre qui entr'ouvre les rideaux. Devant le lit à droite se voient deux autres enfants dont l'un chevauche un dada, tandis que l'autre le frappe d'un bâton. A la marge du bas, l'inscription CHARITAS, et dans la marge à gauche, le monogramme. H. 7 p. 7 l. L. 5 p. 6 l. Bibl. de Bruxelles.

2. **Hercule vainqueur du lion.** Il est vu de face étouffant le lion dans ses bras. Fond d'architecture où se trouve le monogramme à droite.

Copie en contre-partie de la gravure d'Agostino Veneziano. (B. No. 237.) H. 4 p. 6 l. L. 2 p. 11 l.

3. **La femme du Satyre près du terme de Priape.** Copie en contre-partie d'après la gravure à l'eau-forte d'un élève allemand de Marc Antoine. (B. No. 284.) H. 5 p. 6 l. L. 4 p.

₽ , ⸱₽⸱.

Jacques Prévost de Gray. 1535—1547.

(Bartsch XV. 496.)

Bartsch, qui ne connaissait de ce graveur français que les quatre termes qu'il décrit sous les Nos 1 — 4, ignorait la signification des monogrammes ci-dessus. Robert-Dumesnil mettait à profit les notices de Mariette, et ayant trouvé une gravure signée de son nom, nous a appris que c'était un peintre et graveur que l'on croit être né à Gray vers l'an 1500. Dans l'église de Saint Mamert, à Langres, il a peint un tableau de la Mort de la Vierge. Les gravures au burin et à l'eau-forte portent les dates de 1535 à 1547. Quelques-unes sont d'après ses propres compositions, d'autres sont des copies de Marc Antoine et des élèves du maître bolonais, mais la plus grande partie consiste en sujets d'architecture d'après l'antique, dessinés à Rome. Comme il est resté longtemps dans cette ville et qu'il a cherché à imiter la manière d'Agostino Veneziano, on l'a ordinairement rangé parmi les graveurs italiens.

———

Observations et Additions à Bartsch.

1 — 4. Termes. Bartsch croit que ces pièces ont été gravées à l'eau-forte d'après Polidoro da Caravaggio, mais la composition en est trop maniérée pour être de ce maître et elle est plutôt dans le style du Rosso. Probablement elle est de l'invention de Prévost lui-même et la gravure est exécutée d'un style très-large.. (Robert-Dumesnil 4 — 7.)

5. François I., roi de France. Portrait demi-figure, un peu tournée vers la gauche. Le roi est en armure complète, dont une partie est cachée sous son manteau. La tête est coiffée d'une barrette entourée d'une couronne; de la main droite, vue seulement en partie, il s'appuie sur une masse d'armes. En haut, à gauche, le casque du souverain, et vis-à-vis le monogramme avec la date de 1536. Au bas, l'inscription :

FRANCISCVS GALLORVM REX CHRISTIANISSIMVS.
H. 16 p. 2 l. L. 11 p. Paris. (Robert-Dumesnil No. 3.)

6. Vénus. Elle est debout vue de face, la taille ornée d'une ceinture; une draperie tressée avec les cheveux de la déesse tombe derrière elle jusqu'à terre et cache en partie le serpent dont elle est accompagnée. Elle tient des deux mains sur l'épaule droite un vase d'où coule un fluide mêlé de serpents dans une tasse à droite et sur laquelle on lit: J. Prevost Inv.; aux côtés, l'inscription:

PLVS VENENI QV̄A MELLIS HABET.

Sur une pierre à la gauche du bas, le millésime 1546. La composition est dans le style de maître Roux. H. 6 p. 9 l. L. 4 p. 4 l. (Robert-Dumesnil, No. 1.)

7. Vénus et l'Amour. Elle est presque nue devant l'Amour monté sur des échasses. Près de celui-ci un globe sur lequel se trouve le second des monogrammes ci-dessus. Dans le fond, un paysage vu à travers une arcade. H. 4 p. 10 l. L. 3 p. 10 l. (Brulliot, Dict. I. No. 3050. IV.)

8. Cybèle. Elle est vue de face appuyée contre un arbre, la partie inférieure du corps couverte jusqu'aux hanches et tenant sur les deux mains les figurines de Jupiter et de Junon qu'elle regarde avec complaisance. Sa tête est couronnée d'un petit temple avec deux tours. Au bas, de l'eau coule d'une corne. Dans la bordure, on lit:

Opis saturni cōiunx materque deorum 1547. —

J. prevost I⊽e.

H. 7 p. 8 l. avec la marge. L. 5 p. 1 l. (Robert-Dumesnil, No. 2.)

9. Euridice tirée des enfers. Sur un rocher au-dessous de son pied gauche, le monogramme. Copie en contre-partie de la pièce attribuée à Marc de Ravenne, d'après une composition de Jules Romain. (B. 262.) H. 6 p. 4 l. L. 3 p. 8 l. Paris.

10. Hercule vainqueur de l'hydre. Voyez Brulliot, Dict. I. No. 3050. III.

11. La Femme aux deux éponges. A sa droite un jeune homme verse de l'eau dans un vase posé sur le terrain. Fond avec des ruines. Copie en contre-partie de l'estampe de Marc Antoine, B. 373. (Brulliot, Dict. No. 3050, V.)

12—25. Diverses pièces d'architecture corinthienne avec les mesures. Ces pièces en hauteur ont différentes dimensions. Toutes portent le monogramme du maître et, à l'exception de la première avec le millésime de 1535, portent également la date de 1537.

On trouve en outre, comme appartenant à cette suite, des chapiteaux et piédestaux de colonne en deux planches imprimées sur une seule feuille in-folio.

12. Chapiteau tiré des Thermes d'Antonin. H. 8 p. 3 l. L. 5 p. 1 l.

13. Chapiteau tiré du Colisée. Il est d'ordre composite romain; on lit à côté:

CORINTHIO. Hoc est Romae ..... prope theatrum sive
coliseū 1537.
H. 5 p. L. 6 p. 9 l. Munich.

14. Base ornée d'une colonne du palais Baldassini. On lit à côté:
Haec est Romae in domo Marchionis de' baldassini 1537. Au bas, le monogramme et CORINTHIA. H. 4 p. 2 l. L. 6 p. 2 l. Munich. (Dumesnil No. 10.)

15. Entablement tiré des Thermes. H. 5 p. 10 l. L. 4 p. 6 l. (Dum. No. 11.)

16. Entablement tiré de l'église de Ste. Agnès près de Rome. H. 4 p. 11 l. L. 4 p. 5 l. (Dumesnil, No. 12.)

17. Entablement tiré du Capitole. H. 6 p. 6 l. L. 4 p. 10 l. (Dum. No. 13.)

18. Entablement tiré du temple d'Antonin et Faustine. H. 7 p. 3 l. L. 5 p. (Dum. No. 14.)

19. Entablement et frise tirés du même temple. H. 7 p. 7 l. L. 5 p. 4 l. (Dum. No. 15.)

20. Entablements tirés de l'église de Ste. Potentiana et de la Minerve. H. 7 p. 9 l. L. 5 p. (Dum. No. 16.)

21. Entablements d'anciens édifices romains. H. 7 p. 5 l. L. 5 p. 3 l. (Dum. No. 17.)

22. Entablement tiré de l'église de Ste. Bibiane. H. 7 p. 9 l. L. 5 p. (Dum. No. 18.)

23. Entablement tiré du Capitole. H. 7 p. 10 l. L. 5 p. 11 l. (Dum. No. 19.)

24. Deux Chapiteaux antiques à Rome. Avec le monogramme et la date de 1537. Paris.

Ҝ

Ce maître, à en juger par sa manière de graver, était un élève d'Agostino Veneziano. Bartsch ne connaissait de lui qu'une pièce ronde avec trois vaisseaux; nous pouvons y ajouter les suivantes:

2. Léda et le Cygne. Elle est assise à droite, près d'un mur, et tient par le cou le cygne qui lui donne un baiser. A gauche, derrière Léda, on voit deux troncs d'arbre. Le chiffre est à la gauche du bas. H. 5 p. 7 l. L. 3 p. 7 l. Coll. Wellesley à Oxford.

Bartsch décrit cette composition (XIV. 283) d'après une épreuve sans le monogramme et en attribue l'exécution à Marc de Ravenne, dont la marque se trouve également sur un exemplaire du Musée britannique.

3. Ixion embrasse un nuage sous la forme de Junon. Ce groupe dans les nuées remplit le haut de la gravure. A la droite du haut, on voit la déesse occupée à donner au nuage sa propre figure. Au bas, des ruines et un petit satyre assis sur une souche renversée. Au bas et dans le champ, des vers italiens:

Nubiloso pensier arse Ixion, etc.

Pièce non signée. H. 9 p. 6 l. (avec 1 p. 3 l. pour les vers.) L. 6 p. 6 l. (B. XV. 99, No. 1.) Francfort s/M.

4. La Force (?). Figure allégorique, vue de face, tenant sur la main droite un oiseau et de la gauche une épée. Derrière elle un lion s'avance vers un arbre à droite. A gauche, des montagnes. Pièce non signée. H. 4 p. 9 l. L. 3 p. 3 l. Dresde.

Æ.

Bartsch décrit de ce graveur de l'école de Marc Antoine deux pièces, la Poésie et l'Enfant ailé à cheval, auxquelles nous en pouvons ajouter deux autres. C'est, du reste, un artiste médiocre.

3. **La Visitation.** La Vierge et Ste. Elisabeth se rencontrent devant la porte d'une maison; la première est à gauche. Cette composition est une imitation de celle de Raphaël dans le tableau de Madrid, gravé par Desnoyers. A la droite du bas, sur une tablette, la signature; puis, à gauche, la lettre * R * . H. 5 p. 6 l. L. 4 p. 1 l. Paris.

4. **Deux Muses debout.** Celle de gauche, vue de face, tient une flûte et s'appuie de la droite sur une harpe; l'autre, tournant la tête à droite, tient une lyre des deux mains. La marque est à la gauche du bas. H. 4 p. 6 l. L. 3 p. 3 l. Paris.

Appendice.

L'**Enfant ailé à cheval** (B. No. 2) est traité absolument dans la manière allemande et le paysage est dans le style de Durer. La taille est fine, à hachures serrées. Probablement les pièces suivantes, que nous n'avons jamais rencontrées, appartiennent au même maître.

5. **L'Amour voguant sur une conque.** Pièce signée du monogramme avec la date de 1543. (Christ, Dict. des Monogrammes No. 88.)

6. **Marche bachique.** Pièce signée du monogramme avec la date de 1543. (Nagler, Monogr., p. 266.)

7. **L'Amour, vu de face, assis sur un dauphin.** Il tient de la main droite un trident élevé. A gauche, dans l'eau, la marque à rebours; à droite, le No. 13. H. 4 p. 4 l. L. 2 p. 9 l. (Zanetti, Cab. Cicognara II. No. 1306.)

F H.

La seule pièce que nous connaissions de ce maître semble indiquer qu'il vivait vers le premier tiers du XVIᵉ. Siècle et qu'il appartenait à l'école romaine de cette époque. Il se pourrait faire néanmoins qu'il fût Allemand.

1. La Vierge. Elle est assise, vue de face et tient sur le genou droit l'enfant Jésus nu. Celui-ci a dans la main droite une pomme et lève les yeux vers sa mère. Dans le fond, à gauche, une ville avec des montagnes; à droite, une ruine ressemblant au Colisée. A la droite du bas, sur une pierre, les initiales F. H. H. 7 p. L. 5 p. 3 l. Paris.

ᵥO ᵥO ᵥV ᵥI ᵥ*VEN* ᵥ

La pièce d'une belle exécution que nous connaissons de ce maître, rappelle l'école de Marc Antoine. A en juger par le mot VEN ajouté à sa signature, il devait être originaire de Venise.

1. L'Homme sensuel tourmenté par ses passions. Sur une butte est assis, couché à demi, un jeune homme avec l'expression d'une vive douleur causée par un serpent autour de son bras gauche et qui le pique, tandis qu'une panthère qu'il tient par la queue et qu'il cherche à éloigner de lui, le mord au côté. Derrière la butte, un autre jeune homme s'enfuit épouvanté. A gauche, sur les nuages, l'Amour décoche une flèche au patient. A la droite, un arbre s'élève jusqu'à toucher la bordure et près du pied gauche de la figure, la signature ci-dessus. A gauche, sur un grand cartouche, un sonnet décrivant les peines de l'amant délaissé et commençant:

Non di Laocoonte il duro esempio, etc.

Plus bas, à droite: ANT. SAL. EXC. 1542. H. 15 p. 5 l. L. 9 p. 5 l. Francfort s/M.

On a voulu expliquer ce monogramme par le nom controuvé d'Esemius Adami. Nous ne connaissons du maître qu'un petit nombre de copies d'après Marc Antoine et Albert Durer et qui sont traitées d'une manière un peu rude.

1. Le Satyre et sa femme. Il est debout au milieu et décoche une flèche. A gauche, sa femme assise donne à manger à une
biche couchée. A la gauche du bas, le premier des monogrammes
ci-dessus. Cette composition est une imitation de la gravure d'Albert
Durer représentant Apollon et Diane (B. No. 68). H. 4 p. 6 l. L.
4 p. Paris. Munich.

2. La grande Fortune. Copie en contre-partie de la gravure de Durer, B. No. 77, et signée du second des monogrammes ci-
dessus. Pièce de même dimension que l'original. H. 12 p. 5 l. L.
8 p. 6 l.

3. Le Satyre se défendant à propos d'une Nymphe.
Un Satyre saisit du bras gauche une nymphe agenouillée et pare d'un
bâton les coups d'un jeune homme à droite. Dans le fond, une forêt.
Copie de la pièce de Marc Antoine (B. No. 279) avec le troisième des
monogrammes ci-dessus. De la même grandeur que l'original. H.
4 p. 4 l. L. 3 p.

T. V. IN.

Ces initiales ont été expliquées par Titianus Vecellius invenit et se trouvent sur une gravure représentant plusieurs crânes
humains rangés sans ordre les uns à côté des autres. La gravure est
traitée d'une manière très-large, mais le dessin est faible, ce qui, en
tenant compte également de la nature du sujet, nous fait douter qu'elle
puisse avoir été faite d'après le Titien.

1. Divers crânes humains. Ils sont en grand nombre, vus sans
ordre sous différents aspects, et remplissent toute la feuille. A la gauche
du bas, les intiales ci-dessus, suivies de ⋈ exc. 1563. H. 4 p.
7 l. L. 12 p. 6 l.

2. Divers crânes d'animaux. Ils sont au nombre de douze,
vus sous différents aspects et rangés sans ordre. Pièce non signée,
mais du même graveur que la précédente et de mêmes dimensions.
(Cat. Drugulin, No. 2140.)

Les Mantouans.

Bartsch désigne sous le nom générique des Ghisi ces graveurs unis dans une même école, celle de Jules Romain. Des recherches plus récentes ont établi néanmoins qu'un seul d'entre eux, George, portait ce nom. Sur les trois autres, c'est-à-dire Jean Baptiste et ses deux enfants Adam et Diane, il y a diverses opinions. Vasari range Jean Baptiste parmi les meilleurs élèves de Jules Romain à Mantoue, et il dit, dans sa vie de Girolamo da Carpi, qu'ayant visité Mantoue pour la seconde fois, en 1566, il y trouva les deux enfants de l'excellent graveur et sculpteur Jean Baptiste Mantouan, qui maniaient très-adroitement le burin et, ce qui était encore plus étonnant, une de ses filles nommée Diane qui gravait si bien que c'était une merveille. Vasari ne donne point leur nom de famille, encore moins Lomazzo quand, dans son Traité de la peinture, il parle avec éloge (p. 355) du graveur Jean Baptiste Mantouan.

Des écrivains récents le nomment Briziano, Britano, Brizza ou Brimino, enfin Bertano, et le confondent ainsi avec l'excellent architecte du même nom qui, en 1546, après la mort de Jules Romain, succéda à celui-ci dans la direction des bâtisses et des travaux d'art que faisait exécuter le duc de Mantoue. Vasari, qui parle également de Bertano, ajoute qu'il était excellent dessinateur et qu'il fit plusieurs compositions qui furent ensuite exécutées par de bons peintres, entre autres par Domenico Brusasorci, qui en peignit quelques-unes à l'huile. Il avait, en outre, étudié le Vitruve et publié un ouvrage dans lequel il donnait les règles pour tracer le chapiteau de l'ordre ionique. Cet ouvrage porte le titre suivant:

Gli oscuri e difficili passi dell' opera di Vitruvio da
Giov. Bat. Bertano. Mantua 1558. fol.

Ce livre a un encadrement de titre et contient plusieurs gravures sur bois exécutées probablement d'après les dessins de l'auteur. Aucun des auteurs cités ne dit qu'il a gravé sur cuivre, mais George Ghisi a exécuté quelques pièces d'après ses dessins, entres autres le Jugement de Páris (B. 60) avec l'indication Baptista Bertano Mantuano inventor; le Cimetière (B. 69) avec l'inscription: Jo. Baptista Britano Mantovanus in.; enfin l'Hercule vainqueur de l'Hydre (B. 44), avec les initiales I.B.B. INV. Ce sont ces gravures qui ont donné aux écrivains sur l'art occasion de donner à cette famille de graveurs le nom de Bertano.

Zani est le premier, qui, dans son Encyclopédie (I. 9, p. 384), a fait observer que le nom de cette famille de graveurs de Mantoue n'était point Bertano, mais bien Sculptor ou Sculptori, et il promet d'en fournir les preuves; mais comme l'ouvrage de Zani n'a jamais été terminé, ces preuves nous sont restées inconnues. Nous empruntons à ce sujet les détails suivants à Carlo d'Arco[1]) et aux inscriptions sur les gravures de ces maîtres.

Parmi les signatures qui se trouvent sur les pièces de Jean Baptiste Mantouan, on rencontre les suivantes:

Sur la pièce de David, vainqueur de Goliath (B. No. 6):

IO. MANTVANVS. SCVLPTOR. MDXXXX.

Sur celle des Troyens repoussant les Grecs (B. 20):

I. B. MANTVANVS. SCVLPTOR. 1538.

Au nombre des gravures d'Adam Mantouan, qui se servait, comme on le sait, du monogramme 𝔸, on trouve celle de la Sainte famille avec des Saints (B. 6), signée:

Adamo Scultore Mantuano scul.

sur la pièce réprésentant la Vierge entourée de Saints (B. 8):

Adam Sculptor Mantuanus excudebat.

enfin, sur le titre des figures d'après Michel-Ange:

ADAM SCVLPTOR MANTVANVS INCIDIT.

En dernier lieu, nous trouvons sur une gravure de Diane Mantouane (le No. 51 de notre catalogue) le monogramme 𝕊 à rebours, avec la signature DIANA S. MANTVANA et sur le St. George (B. 21), l'inscription DIANA SC. MANTVANA. On doit faire observer à ce sujet

---

1) Di cinque valenti incisori mantovani del secolo XVI. etc. Memorie di Carlo d'Arco. Mantova 1840. 8°.

que le S du monogramme et de la signature aussi bien que le SC ne peuvent indiquer le mot s c u l p s i t, puisque Diane se servait toujours, à cet effet, des indications F ou i n c i d e b a t.

Ce nom de S c u l p t o r répété ne pouvait se rapporter à la qualité de sculpteur que pouvait avoir Jean Baptiste, mais que n'avaient point ses enfants Adam et Diane, qui se sont exclusivement occupés de gravure. Si l'on veut prendre l'expression de s c u l p t o r comme identique avec celle d'i n c i s o r, on pourrait répondre que l'on ne se servait jamais en Italie du premier mot comme synonyme du second.

Une autre preuve en faveur de l'opinion que S c u l p t o r e est bien le nom de famille de ces artistes nous est fournie par un passage des registres mortuaires de la ville de Mantoue, où Carlo d'Arco a trouvé la mention suivante:

Al 29 dicembre 1575. · Ms. Gio. Batt. S c u l p t o r e nella C^{ta} dell' Unicorno morto di fibra inf. giorni 18 d'età d'anni 72.

Puis:

Al 5 Settembre 1542. Julia figliola de Jo. Bapta Sculptor in C^{ta} Unicorno morta di febre et mal di corpo, inferma giorni 8, di età an. 5.

Il faut admettre, à ce propos, que dans les registres nécrologiques d'une ville on a dû nécessairement inscrire le nom de famille, et comme nous ne trouvons ici que le nom de S c u l p t o r qui puisse en tenir lieu, on est justifié à conclure que l'opinion de Zani est fondée et que les graveurs Jean Baptiste, Adam et Diane, Mantouans, portaient réellement le nom de Sculptore.

I B M.

Giovanni Battista Sculptore.

(Bartsch XV. 377.)

D'après ce que nous avons dit ci-dessus, on voit que notre maître, né en 1503, est mort à Mantoue en 1575. Formé à l'école de Jules Romain, il devint un excellent peintre et sculpteur et aida beaucoup son maître dans les travaux d'ornements du palais du T. On lui attribue généralement les travaux en stuc qui font encore aujourdhui l'admiration des connaisseurs et qu'il exécuta d'après les dessins de Jules Romain. Mais il était lui-même un excellent compositeur, et quand Bartsch décrit plusieurs de ses gravures comme ayant été exécutées d'après les dessins de Jules Romain, avec la manière duquel celle de Giov. Battista a naturellement beaucoup d'analogie, il oublie que cette indication n'a jamais été donnée sur les pièces du graveur Mantouan, comme il eût été le cas si elles avaient été exécutées d'après les compositions de Giulio, puisque toutes ces gravures portent les dates de 1536 à 1540.

Bartsch décrit 20 gravures de notre maître et dont quelques-unes seulement ne portent point de signature. La pièce suivante, également non signée, lui est généralement attribuée. A tout événement, elle est d'un des Mantouans.

Addition à Bartsch.

21. Le jeune homme voguant sur la mer. Il est debout, dans une pose très-mouvementée, à gauche, sur une grande conque et tient, de la main droite, une voile gonflée par le vent. A ses pieds, un jeune homme couché tient un sablier. Pièce non signée. H. 10 p. 9 l. L. 8 p. 4 l.

G M.

Giorgio Ghisi Mantovano.

(Bartsch XV. 377.)

Cet artiste appartenait à une famille qui, durant le XIVe. Siècle, passa de Parme à Mantoue; il naquit en 1520 et mourut en 1582, comme il résulte du registre mortuaire de Mantoue, où on lit: „15. Dicembre 1582. Ms. Giorgio Ghisi nella C^{ta} dell' Aquila e morto di febre e catarro infermo 8 giorni d'anni 62."

Il avait un frère, peintre, Théodore Ghisi qui, d'après la nécrologie de
Mantoue, mourut le 9 Septembre 1601, à l'âge de 65 ans et qui, par
conséquent, a dû naître en 1526. Ils étaient tous deux élèves de
Jules Romain qui, on le sait, après être entré, en 1524, au service du
duc Frédéric de Mantoue, devint le chef d'une nombreuse union d'artistes qu'il dirigea jusqu'en 1546, date de sa mort.

Nous le trouvons, déjà à l'âge de 20 ans, étudiant à Rome les oeuvres des grands maîtres, puisqu'il y grava les Prophètes et les Sibylles
d'après Michel-Ange. Il était non-seulement un excellent graveur sur
cuivre, mais travaillait en même temps le métal pour recevoir ces
ornements en or et en argent que les Italiens nomment lavori
d'azzimina ou di tarsia et qui servaient pour décorer les armures,
les masses d'armes, les épées, les gaines de poignard, etc. Cette circonstance résulte d'un passage de l'ouvrage déjà cité de Giov. Battista
Bertano sur Vitruve, où l'auteur dit que s'étant porté à Rome sous le
pontificat de Paul III (de 1534 à 1550) pour affaires d'architecture
et autres, il y visita l'église de Saint Barthélemy in Insula en compa-
gnie de Messere Giorgio de Mantoue, aussi bon graveur sur cuivre que
sur métal et surtout pour les travaux all' azzimina.[1]) Nous avons
déjà dit qu'il avait gravé plusieurs pièces d'après les dessins de Bertano et observé que l'on doit à cette circonstance la fausse opinion
que le graveur Giovan Battista Mantuano est la même personne que
Bertano, nom que l'on a continué à donner également à ses enfants.

Quoique George Ghisi ait pour la plupart du temps gravé d'après
les oeuvres d'autres maîtres il a cependant exécuté quelques pièces
d'après ses propres dessins, entre autres la Trinité, avec la signature:
G. MANT. IN. F. 1576. (Georgius Mantuanus invenit, fecit)
(B. 14.) Cette composition nous donne la mesure du haut degré de
développement qu'il avait acquis dans l'art, et l'exécution nous montre
l'étude qu'il avait faite des travaux de Marc Antoine. A tout événement, l'excellence de ses gravures est d'autant plus évidente qu'il
cherche davantage à se rapprocher de Marc Antoine. Dans ses derniers travaux, il chercha à donner un plus grand fini surtout en ce
qui regarde le modèle de ses figures et employa à cet effet des points
pour les demi-teintes; mais il ne s'y montre point artiste consommé

---

1) „Messer Giorgio Mantuano, uomo veramente oggidi raro al modo per inta-
gliar rami e lavorar all' azamina di più varie sorte." (Zani, Enc. I. 9, p. 384.)

dans l'entente de l'effet qu'il outra quelquefois, ce qui donne un peu de lourdeur à ces derniers travaux.

Nous ne pouvons rien ajouter au catalogue des 71 pièces que Bartsch lui attribue, et nous devons nous contenter d'ajouter quelques observations à la description que cet auteur fait de son oeuvre.

Remarques au Catalogue de Bartsch.

1. La Visitation. Les premières épreuves n'ont point d'adresse; les secondes portent celle d'Ant. Lafrerj, les dernières celle de Carlo Losi 1773. H. 11 p. 9 l. L. 18 p. 8 l.

9. La Résurrection. Cette pièce mesure H. 9 p. 9 l. L. 6 p. 8 l.

26. Marius en prison. Bartsch ne connaissait de cette gravure qu'un exemplaire rogné au côté gauche où se trouve le côté éclairé du pilastre. La largeur entière est de 10 p. 4 l.

45. Cupidon couché près de Psyché. Les épreuves postérieures se distinguent, entre autres, par la circonstance que Psyché a les reins couverts. Elles portent l'adresse de Nicolas van Aelst.

65. La Jeune femme dans le bateau à laquelle un homme porte un enfant. On trouve de cette pièce une copie à l'eau-forte sans signature, qui est attribuée à Battista del Moro, surnommé il Torbido. H. 6 p. 9 l. L. 9 p. Francfort.

66. La Prison. Bartsch a déjà observé que cette pièce s'éloigne beaucoup de la manière de George Ghisi et qu'elle semble être beaucoup plus dans celle de G. Pencz. Nous sommes tout à fait de son avis, et nous avons déjà donné les raisons qui paraissent militer en faveur de cette opinion.

ᛒ

Adam Sculptor de Mantouc.

(Bartsch XV. 417.)

Nous n'avons aucun renseignement sur la date de la naissance
ou sur celle de la mort de cet artiste, fils, comme nous l'avons déjà
dit, de Jean Baptiste Sculptor. Les dates sur ses gravures vont de
1566 à 1577, mais il paraît avoir commencé sa carrière de très-bonne
heure, puisque nous trouvons sur une copie de la Vierge (B. No. 5)
de son père, l'indication ADAM SCVLPTOR. AN. XI., ce qui prouve
que déjà à l'âge de onze ans il avait fait un premier essai de gravure. Si, d'un autre côté, le titre gravé des Figures de Michel-
Ange avec la date de 1585 est véritablement de lui, comme l'indique
le Cat. de la Collection Sternberg, No. 2104, il aurait vécu beaucoup
plus tard qu'on ne l'a cru jusqu'ici.

Il paraît s'être formé principalement à l'école de George Ghisi et
avoir séjourné longtemps à Rome. Il ne s'est jamais montré bon dessinateur, et en général sa taille est rude et inexpérimentée. Bartsch
lui donne 129 pièces, auxquelles nous n'en pouvons ajouter que trois,
avec quelques remarques sur le reste de son oeuvre.

Observations au Catalogue de Bartsch.

4. La Vierge allaitant l'enfant Jésus. On trouve de
cette pièce une copie signée, à gauche, du monogramme d'Adam et
marquée, à droite, du chiffre ᛒ. H. 5 p. 4 l. L. 4 p. (Cat. Malaspina II. p. 92.)

27—98. Figures de Michel Ange dans la Chapelle
Sixtine. La série complète renferme 73 pièces et non 72 comme
le dit Bartsch. Cette feuille complémentaire appartient aux groupes
des familles (B. 34—72) et représente une mère assise de face, ayant
à droite deux enfants debout et derrière une partie seulement de la
tête du père. Cette pièce numérotée 73 porte le monogramme du
maître. — Francfort s/M.

103. La Servitude, d'après une composition attribuée à An-

dré Mantègne ou plutôt à Altobello de' Melloni. On en trouve trois
états différents. Le premier sans le monogramme; le second avec le
chiffre, le troisième avec l'adresse de Gio. Giacomo Rossi.

Additions à Bartsch.

130. La Madone „del Pilar" à Saragosse. Elle est debout avec l'enfant Jésus sur des nuages avec des têtes de chérubins,
portés par une colonne, et indique deux pèlerins agenouillés à gauche.
A droite, trois autres personnages en prière. De chaque côté du
haut, un ange faisant de la musique et des têtes de chérubins dans
les nuages. Au bas, l'inscription:
La Madonna del Pilar de Caracozzo. Adam Sculptor Mantuanus exc. Romae Anno Dni 1577.
131. Ornement de titre du livre intitulé „Rime degli Accademici Eterei". Sur les côtés d'un ovale, avec le char
d'Apollon, se tiennent Mercure et Minerve. Autour de l'ovale, l'inscription:
Victor se tollit ad auras.
Au bas, à droite, le chiffre, en petit, du maître. H. 7 p. 5 l. L. 5 p.
6 l. (Nagler, Monogr., No. 1224, p. 525.)

Diana Sculptor de Mantoue, 1573—1588.
(Bartsch XV. 432.)

Nous ne pouvons rien ajouter aux notices que Bartsch nous donne
sur cette artiste et que nous avons déjà complétées plus haut. Les
premiers travaux portent, soit le monogramme ci-dessus, soit la signature Diana S ou SC, c'est-à-dire Diana Sculptor. Après un
mariage avec l'architecte et sculpteur de Volterra, François Ricciarelli,

elle ajouta à son nom de baptême le nom de famille de son mari, et plus amplement encore dans la pièce avec un ornement en relief (No. 53), où on lit l'inscription suivante :

Franc' Civis Voltheranus publicae utilitati formabat, et Diana Uxor incidebat.

Comme Diane, d'après la signature de ses gravures, se trouvait de 1575 à 1588 à Rome, on pourrait en conclure qu'elle s'y transféra avec son mari immédiatement après son mariage et qu'elle y mourut probablement vers 1588 ou peu de temps après.

Observations sur le Catalogue de Bartsch.

3. La Madeleine aux pieds de Jésus, d'après Giulio Campi. Les dernières épreuves n'ont point d'inscription, le bas de la planche ayant été rogné et la pièce n'a plus que 10 p. de hauteur.

31. Les trois Archanges adorant l'enfant Jésus dans les bras de la Vierge. Cette composition n'est point de Raphaël, l'indication ˜R.V.I. ayant été ajoutée plus tard. Les premières épreuves ont dans une bordure de 10 l. de hauteur l'adresse de Ant. Lafrerij.

Additions à Bartsch.

47. Le Sacrifice d'Abraham. Le patriarche est sur le point de sacrifier son fils Isaac, qui est agenouillé à droite sur un autel. L'ange apparaît du même côté pour arrêter la main d'Abraham. A gauche, on voit deux serviteurs près d'un âne, et à droite, un vase avec du feu. Fond de paysage montagneux. Au bas, l'inscription :

DON JVLIO CLOVIO INVE 1575. GREGORII. PP. XIII. PRIVILEGIO.

P. AN. X. DIANA MANTOVANA ROMÆ INCIDEBAT.

et dans la marge du bas :

DVM PARAT ABRAHAM, etc.

H. 10 p. 7 l. L. 7 p. 6 l. de marge.

48. L'Adoration des bergers. La Vierge est agenouillée devant l'enfant Jésus couché sur le terrain. A gauche, St. Joseph est

appuyé sur l'âne. Au milieu, deux bergers, dont l'un joue de la cornemuse et tient un bâton; l'autre porte un panier avec des fruits.
Dans les airs, un ange sur des nuages. A travers des arches, on voit
un paysage. A la gauche du bas, on lit:

‹ JO PAVLVS ROSETTAS VOLATER. INVENT. — DIANA MANTVANA
CIVIS VOLATERANA INCIDEBAT ROMÆ 1583.

H. 11 p, 4 l. L. 9 p. 8 l. Cat. Evans 1857, No. 166.

49. La Sainte famille. La Vierge est assise au milieu, près
d'un berceau où elle s'apprête à poser l'enfant Jésus. Derrière elle se
tient Ste. Elisabeth, avec le petit St. Jean agenouillé qui montre au
petit Jésus un agneau. A droite, St. Joseph assis près d'une table,
appuyé sur un livre et tenant de la main gauche ses lunettes. Dans
le fond, à droite, on a la vue sur une seconde chambre et, à gauche,
sur un paysage avec un pont. Sur le berceau, la signature DIANA. F
et dans la marge l'inscription :

HAEC SENIOR STERILIS PEPERIT, VIRGO ALTERA, FOELIX
VTRAQVE, SED VATEM HÆC, EDIDIT ILLA DEVM.

H. 8 p. 10 l. L. 7 p. Avec 7 l. de marge.

50. La Sainte famille d'après le Salviati. La Vierge à
droite est assise tournée vers la gauche et tient l'enfant Jésus sur les
genoux. Une femme agenouillée lui présente des fruits. Derrière ce
groupe, on voit St. Joseph appuyé sur son bâton. A droite, un jeune
homme porte quelque chose sur les épaules. A la gauche du bas,
on lit:

FRANC. SALVIATI INV. DIANA INCIDEBAT ROMÆ 1583.

et dans la marge du bas:

DAT FLORES FRVCTVSQ. TIBI PVER, etc.

H. 7 p. 10 l. L. 6 p. 4 l. Avec 7 l. de bordure.

51. St. Jean et St. Paul. Les deux Saints sont debout,
tenant de le main droite la palme du martyre et de la gauche chacun
une épée. Dans les airs plusieurs anges, dont l'un descend avec deux
couronnes. Fond de paysage avec un temple rond. Au bas, à gauche,
Nicolaus Pesaurus invent, et, à droite, Diana Mantuana
civis Volaterana incidebat 1579. Et à la marge du bas:

SS. JOANNES ET PAVLVS.

H. 11 p. avec la marge. L. 8 p.

52. St. Jérôme. Demi-figure, priant devant un crucifix; Du-
rante del Borgo inv. Diana f. 4°. (Nagler, K.-Lexicon.)

53. Le Martyre de Ste. Agathe. Elle est debout, au milieu

de l'estampe, attachée à un arbre, tandis qu'un bourreau s'apprête à lui arracher les seins avec des tenailles. A gauche, un soldat agenouillé tenant une lance. Près d'autres tenailles, sur le terrain, la signature: Diana incidebat Romae 1577, et dans la marge du bas, les vers suivants:

Verberibus frustra exerces et forcipe tortor
Quae nullo frangi membra dolore queant.
Tormenta insontem recreant nocitura tyranno,
Poena illum et gravior mulcta dolorq. manent.

H. 9 p. 5 l. (avec une marge de 7 l.) L. 6 p. 10 l. Cat. Evans, 1857, No. 164.

54. Une Femme arrangeant sa chaussure. Elle est appuyée sur le genou droit et, tournée à gauche, arrange la chaussure de l'autre pied, tandis qu'elle porte à son front la main droite dont le bras presse un bâton. A la droite du haut, le monogramme ci-dessus et à gauche, la signature DIANA S. MANTVANA. H. 3 p. 9 l. L. 3 p. 6 l. (Brulliot, Dict. I. No. 1689.)

55. La Mort. Squelette ailé tenant une banderole avec l'inscription:
Vigilate quia nescitis qua hora Dñs veniet. 1. Matt. 25.
Contre un arbre, à gauche, est appuyée une faux autour de laquelle s'enroule un serpent; au bas, deux têtes de mort et deux autres à droite. Dans la marge du bas, on lit:
In omnibus operibus tuis memorare novissima tua et in
eternum non peccabis. Ecclesiasti. II. Antonij
Lafreri.
Pièce non signée. H. 13 p. L. 9 p. 2 l. Berlin.

56. Ornement de feuillage d'après un bas-relief. Des rinceaux enroulés deux fois entourent une rosette. Au bas, l'inscription:
Francˢ Civis Voltheranus publicae utilitati formabat et
Diana uxor incidebat Romae.
H. 9 p. 3 l. L. 16 p. 2 l. Berlin.

57. Chapiteau ionique. C'est le côté gauche seulement dont la volute est richement ornée de feuillage. A la droite du bas, l'inscription suivante:
Volutam hanc e veteri capitello compositi ordinis columnae numidici lapidis Divi Petri in Vaticano per Baptistam de Petra Sancta et Francᵐ Volaterranū ad comunem hujusce artis studiosorū utilitatē formatam.

Diana Mantuana eiusdem Fran^ci uxor Romae incidebat.
MDLXXVI.
Sur la monture inférieure du chapiteau, l'adresse: Horatius Paci-
ficus formis, et dans la marge, à droite:
In Roma appresso Giambattista de Rossi in P. Navona.
H. 11 p. L. 16 p. 1 l.   Coll. Seibt.   Francfort s/M.

58. Ornement de feuillage d'après un relief antique.
L'ornement s'élève au milieu de deux petits rinceaux et d'un plus
grand vers le haut, où deux insectes sont en regard.   A la marge de
droite est un oiseau, et au bas, une hirondelle de mer.   Fond pointillé.   A la gauche du bas, l'inscription:
BATTISTA DI PIETRA SANTA DALL ANTICHO. DIANA MANT.VANA
INCIDEBAT ROMÆ 1577.
Puis l'adresse Horatius Pacificus formis, et à côté de l'hirondelle: Appresso Giambattista de Rossi in P. Navona.   H.
15 p. 3 l. L. 10 p. 6 l.   Même Collection.

Appendice.

59. Ornement de feuillage.   Au bas, un rinceau à enroule-
ments dans le goût antique renferme une grande fleur en forme de
rosette et termine en haut par une demi-figure de monstre avec une
tête de lion et deux pattes d'amphibie.   A la gauche du haut, un
grand papillon de jour, une espèce d'abeille et un papillon de nuit,
puis une hirondelle de mer.   Fond à tailles horizontales.   Sur une
banderole, en partie blanche, près du monstre, on trouve l'adresse:
Alitenij Gatti form. Romae. H. 13 p. 8 l. L. 11 p. 5 l.   Coll.
Seibt.

Pièce à l'eau-forte, en grande partie d'une exécution plus libre,
quoique analogue à celle des estampes précédentes.   Les insectes sont
bien imités, tandis que ceux du No. 58 sont mal compris et mal
rendus.

/IB ⌐ C/

Ce maître semble appartenir à l'école des Mantouans; nous n'avons aucun renseignement sur lui et nous ne connaissons qu'une seule de ses gravures.

1. L'enfant et le Scorpion. Il tient l'index de la main droite sur un scorpion qui grimpe contre un arbre. Fond de paysage avec quelques édifices. A droite, la tablette avec le monogramme. H. 5 p. 5 l. L. 3 p. 9 l. Berlin.

Graveurs italiens divers du XVIe. Siècle.

Giovan Maria Pomedello.

(Bartsch XV. 494.)

Cet artiste, natif de Villafranca était orfévre à Vérone, comme il résulte d'un dessin à la plume représentant le Colisée (ou l'Amphithéâtre de Flavius à Rome et qui se trouve dans la Bibl. imp. de Vienne avec l'inscription, accompagnée du monogramme ci-dessus:
Joannes maria pomedelus aurifaber ueronensis fecit sibi et Posteris.
Il a dû également s'exercer à la peinture, puisque von der Hagen, dans ses lettres (Briefe an die Heimath) II. 75, dit avoir trouvé dans l'église de St. George de Vérone deux tableaux de Pomedello avec la date de 1524. Comme graveur en creux, il se forma à l'école de Vittore Pisanello, et on a de lui plusieurs belles médailles, dont la plus ancienne, avec le portrait de Stefano Magno, porte la date de 1519. Ceci nous fournit quelques données sur sa période d'activité qui, à en juger par l'indication sur une couple de ses gravures, s'étendit jusqu'en 1534. Nous ajouterons aux deux gravures décrites par Bartsch les pièces suivantes.

Additions à Bartsch.

3. **L'Enlévement de Déjanire.** Elle est assise en croupe du centaure Nessus, couverte d'une légère draperie agitée par le vent. Le centaure, vu par derrière, l'embrasse et cherche à extraire de sa propre épaule la flèche qui lui a été lancée par Hercule. Au milieu du bas, la signature avec A. DI. II. LVIO 1534. H. 5 p. 7 l. L. 3 p. 10 l. Coll. Wellesley à Oxford.

4. **Un Sarcophage,** d'après l'antique, avec l'inscription: **Romae apud S. Maria in Rotōda 1534.** (Brulliot I. No. 3245.)

Appendice.

5. **Une Chasse aux lions.** Deux hommes à cheval et une femme à pied, armés de lances, cherchent à sauver un homme étendu sous les griffes d'un lion furieux. A la droite du haut, on voit une tablette suspendue à une branche sèche. H. 5 p. 6 l. L. 8 p.?

Bartsch (XIV. No. 416) décrit cette pièce comme étant un des premiers travaux d'Agostino Veneziano. Elle n'est cependant point dans la manière de ce maître et s'approche beaucoup plus de celle du Pomedello.

Nous ne connaissons de ce maître qu'une seule gravure à l'eau-forte qui, dans la manière, se rapproche beaucoup de celle du Pomedello. Dans le nu, les formes sont un peu boursouflées.

1. **Le Jeune homme devant un tombeau.** Il est debout tourné à gauche et se baisse, appuyé sur son bâton, devant un petit tombeau composé de deux pierres surmontées d'une pomme de pin et auquel est appuyée une branche de laurier. Au bas, un crâne de bélier et, à droite, la marque ci-dessus. H. 4 p. 6 l. L. 3 p. 2 l. Paris.

Domenico Beccafumi de Sienne,
surnommé
il Mecarino.

Vasari dit de cet excellent peintre qu'il mourut en 1549 à l'âge
de 65 ans, mais l'édition florentine de Le Monnier corrige cette date
et prouve, appuyée sur des documents, que Beccafumi mourut dans le
mois de mai 1551, ce qui donne 1486 pour la date de sa naissance.
Dans sa jeunesse, il chercha à se former d'après les vieux maîtres, surtout d'après le Perugin, et il nous a laissé dans le goût de cette école
plusieurs beaux tableaux. Mais après avoir vu à Rome les travaux de
Michel-Ange, il changea sa manière, rechercha les attitudes forcées et
tomba plus tard dans l'outré. Dans cette dernière manière nous possédons de lui quelques gravures à l'eau-forte, dont Vasari fait mention
en parlant d'une gravure avec deux figures académiques. Nous en
connaissons encore trois autres représentant des apôtres, mais qui ne
sont point terminées, ce qui nous porterait à croire que Beccafumi
aurait seulement cherché à s'exercer dans cet art. Vasari ajoute que
Beccafumi aurait même gravé sur bois et qu'il a exécuté dans ce genre
deux apôtres en clair-obscur. Il mentionne en outre de lui quelques
compositions bizarres d'alchimie, mais il se trompe en disant qu'elles
sont à l'eau-forte, tandis qu'elles sont gravées sur bois. Elles portent le
nom du maître avec l'invenit, suivi d'un S (sculpsit).

Andrea Andreani a gravé quelques pièces sur bois d'après les
dessins de notre maître. Elles sont décrites par Bartsch (Vol. XII)
parmi les clairs-obscurs; on en trouvera plus bas quelques autres.

Gravures à l'eau-forte.

1—3. Apôtres. Trois pièces non terminées, à Paris. In-fol.
— 1. Figure vue de face, penchée sur une tablette qu'elle tient
sur le bras gauche. Dans le fond, un rideau. H. 15 p. 6 l. L. 7 p. 9 l.
— 2. Il est vu de face, regardant en haut à gauche et tenant
de la main droite élevée une tablette. Dans le fond, une niche. Cette
pièce est un peu plus terminée que la précédente.
— 3. Deux apôtres vus de face; celui de gauche regarde une

tablette. Derrière lui, on voit un autre homme appuyé sur un bâton.
H. 15 p. 5 l. L. 7 p. 9 l.

4. Un Homme nu debout et un autre couché. Le
premier, barbu, est tourné à droite, dans une attitude très-mouvementée
et lève les mains et la tête vers le haut. Derrière lui, un jeune homme
sans barbe est couché, la partie inférieure du corps un peu élevée et
le bras tendu dans une position forcée. Fond de paysage avec un
arbre à gauche. Sur le terrain, à gauche, la signature mi carino F.

Le dessin de ces pièces est excellent et largement conduit,
dans le style d'un grand maître, mais avec peu d'entente du modelé.
H. 9 p. 10 l. l. L. 6 p. 4 l. Berlin. Francfort s/M. Malaspina II.
p. 49.

Cette pièce paraît être la même que celle mentionnée par Vasari,
sous le titre de „deux Académies". On a voulu voir dans cette composition Caïn et Abel, ou encore la fable de Deucalion; ces deux
explications nous paraissent néanmoins destituées de tout fondement.

Gravures sur bois.

1. Eve à genoux couvre sa nudité avec des feuilles
de vigne. Clair-obscur de trois planches. 1586. (Bartsch XII.
p. 21, No. 1.)

2. Abel à genoux prie devant l'autel du sacrifice.
Clair-obscur de trois planches, signé Cv. (B. XII. 21, No. 2.)

3. Le Sacrifice d'Abraham. Clair-obscur de trois planches.
1586. (B. XII. 22, No. 4.)

4. Moïse brisant les tables de la loi. Clair-obscur. (Zani,
Encycl. II. 3, p. 183.) On en trouve des épreuves d'une seule planche.
(B. XII. 24.)

Ces quatre clairs-obscurs ont été exécutés, d'après les dessins
faits en 1546 par Beccafumi pour le pavé en marbre de la cathédrale
de Sienne, par Andrea Andreani de Mantoue et portent, avec d'autres
inscriptions et la date de 1586, le nom du Mecarino comme inventeur.
Voir à ce sujet ce que dit Bartsch dans le douzième volume de son
Peintre-Graveur.

5. St. Pierre. Il est debout sur une pierre carrée, tenant de
la main droite un livre ouvert, et de la gauche les clefs. On trouve

de cette pièce des épreuves de trois et de quatre planches et d'une seule imprimée en noir. H. 15 p. L. 7 p. 11 l. (B. XII. 71, No. 14.) Paris.

6. St. Philippe. Il est vu de face la tête baissée, tenant de la main droite un livre et de la gauche une grande croix. Clair-obscur de trois planches. (B. XII. p. 71, No. 13.) Paris.

7. Un Apôtre. Il est vu de face et regarde en dehors de l'estampe, tandis qu'il tient une tablette sur le bras droit et de la gauche paraît vouloir soulever un peu sa draperie. Mêmes dimensions que la pièce précédente. (B. XII. 72, No. 15.) Paris.

8. Un autre Apôtre.[1]) Il est vu de face, la tête tournée à gauche, et tient devant lui une tablette. Clair-obscur de même dimensions que les précédents. Paris.

9. Vieillard ou Apôtre. Il s'avance vers la droite levant son vêtement de la gauche et fait de la droite un mouvement comme pour appeler quelqu'un. Il tourne la tête en arrière. Clair-obscur de trois planches. H. 10 p. 3 l. L. 6 p. 3 l. (Bartsch XII. 147, No. 12.)

10—19. Dix pièces représentant des métiers et les opérations mystérieuses de l'Alchimie. Ce sont dix gravures sur bois d'une seule planche, dont le dessin est fort spirituel, mais très-maniéré. Sur la première, on lit dans un compartiment Mecarinus de Senis inventor S. H. 6 p. 6 l. L. 4 p. 3 l.

L'exemplaire de Berlin est d'une impression postérieure. (Cat. Malaspina de Sannazaro II. p. 49.)

Vasari fait mention de ces pièces comme de compositions bizarres relatives à l'Alchimie et dans lesquelles Jupiter et les autres dieux veulent contraindre Mercure à s'arrêter et pour cela l'emprisonnent dans un creuset qu'ils exposent au feu. Lorsque Vulcain et Pluton crurent le moment arrivé où on le trouverait solide et endurci, ils découvrirent le creuset et à leur grande surprise trouvèrent que Mercure s'était échappé sous la forme de vapeur. Cette explication ne cadre point avec le sujet des 6 premières pièces et n'a que fort peu d'analogie avec les trois autres.

— 10. Le Barbier (?). Cinq cadavres liés ensemble se trouvent devant un vieillard qui s'occupe à les détacher l'un de l'autre. Plus loin, à droite, un individu coiffé d'une barrette devant l'entrée d'une maison; dans la marge du bas, on lit:

---

1) Bottari dit avoir vu six de ces apôtres et conjecture que Beccafumi aura gravé toute la suite des douze.

Mecarinus de Senis inventor. S.

— 11. L'Argentier. Il façonne des vases dans son atelier et sur la forge munie d'un soufflet.

— 12. Le Fondeur. Dans la partie antérieure de l'atelier, un maçon est occupé de sa besogne. Derrière lui, on voit un vieillard nu couché. Dans le fond, un personnage inspecte des canons.

— 13. L'Alchimiste. Sur le four de son laboratoire, on voit six cornues; il tient lui-même un grand flacon à la main, tandis qu'il parle à un personnage debout derrière lui.

— 14. Le Forgeron. Il est debout, près de son enclume et lance une chaine vers quatre figures debout à droite. Au-dessus de ceux-ci, on voit Mercure, et derrière le vieux forgeron, un personnage qui contemple la scène.

— 15. Le Canonnier (?). Figure de vieillard assis sur un canon enflammé et tenant deux vases avec du feu. Des étincelles tombent du ciel étoilé et, à la gauche du bas, un personnage lève les bras, épouvanté.

— 16. Le Fondeur de cloches. Il est occupé près d'un fourneau à laisser couler le métal dans la forme; en haut, on voit des cloches suspendues et des canons gisent sur le terrain. Derrière lui, le personnage obligé.

— 17. Le Forgeron et le personnage obligé montent vers les dieux. Ils s'avancent à droite vers une crevasse où se trouvent Saturne, Mercure et Mars, avec trois autres divinités sans indications. En haut, Vénus vidant un vase. Dans le ciel, à gauche, la lune, à droite le soleil et entre les deux des nuages d'où s'échappe une averse.

— 18. Le Vieux forgeron près du feu dans son atelier. Derrière lui, le personnage usuel; sur le devant une enclume et à droite la crevasse avec les divinités; en haut, Mercure.

— 19. Le Vieillard chasse les dieux. Il tient un brandon et chasse Saturne, Vénus et les autres dieux et déesses. Au-dessus du rocher, Mercure s'avance vers la gauche, et le personnage médite, assis, dans la crevasse à droite.

H^F_E, H-E.

(Bartsch XV. 461.)

Il est singulier que ce monogramme ait été souvent attribué à Domenico Beccafumi, surnommé Mecarino, quand aucune des lettres qui le composent ne se trouve dans son nom, et que la manière dans laquelle sont exécutées les pièces ainsi marquées est tout à fait différente de la sienne. Il est évident que ces pièces ont été gravées d'après différents maîtres. Ainsi, le Christ parmi les docteurs est une composition de Mazzolino da Ferrara et l'Adoration des Mages rappelle le style de Jacques de Barbarj; le dessin des Dieux marins est dans le goût de Raphaël, comme celui des Vendangeurs dans le style de Michel-Ange. On trouve même dans la taille de ces gravures de grandes différences; celle des deux premières que nous venons de citer a beaucoup de finesse, tandis que les deux autres, en partie du moins, trahissent beaucoup de rudesse. On devrait compter ces dernières pièces parmi les travaux de la vieillesse du maître, si l'on est justifié à considérer les deux monogrammes comme appartenant au même graveur ou à croire qu'il ne s'agit point ici d'un simple éditeur.

Brulliot croit qu'une pièce indiquée dans le Catalogue Malaspina de Sannazaro, II. p. 50, comme un Stregozzo ait été inconnue à Bartsch, mais celui-ci la décrit sous le titre de „Les Dieux marins" (No. 3). Le squelette d'oiseau et les deux crânes d'animaux qui s'y trouvent suffisent pour expliquer le nom que cette pièce porte en Italie.

Additions à Bartsch.

6. Deux Amours à cheval sur des monstres marins. À gauche, un enfant qui porte, avec l'expression de la douleur, la main gauche à sa tête et de la droite tient une girouette; le monstre marin sur lequel il est assis ouvre démesurément la gueule. L'autre monstre lève l'arrière-train de manière à faire glisser en avant le second enfant armé d'un moulinet. Dans le fond, des roseaux. Pièce traitée comme

le No. 3 et dont la composition semble appartenir à l'Ecole lombardo-vénitienne. H. 5 p. 9 l. L. 9 p. Musée brit. et Paris, où l'exemplaire est rogné.

1539
Ⓐ

Nous ne connaissons de ce maître qu'une seule pièce traitée d'une manière assez rude et qui paraît appartenir à quelque orfévre qui se serait formé à l'Ecole lombardo-vénitienne.

1. Une Flottille de sept galères, de deux vaisseaux à voile, de deux mâts et de sept chaloupes. Sur le devant nage un oiseau. Dans la première galère, on est occupé à caler les voiles. Plus loin, en haute mer, on voit six dauphins. Le chiffre est à la droite du haut. H. 9 p. 5 l. L. 9 p. 6 l. Wolfegg.

Æ. 1555.

(Bartsch XV. 509.)

Les ornements sur les pièces Nos 1, 2 et 3, décrites par Bartsch, empruntées aux Loges de Raphaël dans le Vatican, ont été probablement exécutés d'après les dessins de Giovanni da Udine. C'est par erreur que Nagler attribue ce monogramme au peintre Francesco Primaticcio de Bologne.

Additions à Bartsch.

6. Ornement aux trois oiseleurs. Cette pièce à l'eauforte forme pendant avec le No. 3, avec le porc-épic.

7. **Montant d'ornement à l'aigle.** Au bas, des feuilles d'acanthe, sur lesquelles perchent deux oiseaux ; au milieu s'élève un rinceau terminaht en stèle, autour duquel s'enlace un serpent. A gauche, un aigle ; a droite, un nid d'oiseau avec trois petits. Pièce au burin avec le monogramme et la date de 1555. H. 13 p. 10 l. L. 9 p. 5 l. Munich.

8. **Arabesque au bas-relief.** Ce dernier représente un Amour, qui tient un arc d'une main et de l'autre prend une flèche dans son carquois. En haut, le monogramme et la date de 1555 dans une tablette. Pièce à l'eau-forte, in-fol. (Nagler, Monogr. I. p. 488, No. 5.)

ⴲ·A

Ce maître appartient à la seconde moitié du XVIe Siècle et a gravé dans le style de Cherubin Alberti. On ne connait de lui que la pièce suivante.

1. **Figure allégorique de la Renommée.** Figure ailée, à gauche, tenant devant elle une grande trompette. Des rayons s'échappent des nuages dans le coin droit du haut. Au bas de la draperie, les initiales A. P. à rebours. H. 3 p. 11 l. L. 2 p. 10 l. Musée britannique.

IHS , IHΣ· , 1556.

Le maître au nom de Jésus.
(Bartsch XV. 511.)

Nous ne pouvons que confirmer ici ce que Bartsch rapporte au sujet de ce graveur médiocre, qui était en même temps marchand d'estampes. Nous ajouterons au Catalogue de son oeuvre quelques pièces marquées de son monogramme qu'il nous a été donné de rencontrer.

Additions à Bartsch.

19. La Sibylle „Colophonia“. Ab inferis, etc. Cette pièce appartient à la suite décrite par Bartsch sous les Nos 8—18. H. 6 p. L. 3 p.

20. La Sainte famille. La Vierge assise tient sur les genoux l'enfant Jésus endormi. A gauche, St. Joseph; à droite, le petit St. Jean. Composition bien connue avec le nom Michaelis Angeli Bonaroti au bas. La marque est à droite. H. 14 p. 6 l. L. 10 p. 8 l.

21. St. Nicolas de Bari. Sous les traits d'un jeune homme il jette trois pommes d'or par la fenêtre d'un chambre où dort un père avec ses trois filles. A la droite du bas, la marque qui a été ajoutée plus tard sur la planche. Bonne pièce à l'eau-forte. H. 10 p. 8 l. L. 15 p. 7 l. Munich.

22. Mascaron d'un homme barbu. Il a des cheveux crépus. Le chiffre est au milieu du bas. Pièce d'une bonne exécution, quoique d'un style un peu maniéré. H. 5 p. 7 l. L. 5 p. Munich.

23. La Pyramide de Caius Cestius à Rome, avec l'inscription:

O. CESTIVS. L. T. POB. EPVLOPA FR. PL. (Septemvir Epulonum), et plus bas:

Opus apsolutum ex testamento diebus CCCXXX (arbitratu) Ponti. P. F. Clamalae haeredis et Ponthi L.

Près de deux figures sur le premier plan, une pierre avec le chiffre. Au bas, l'inscription:

SEPVLCHRVM C. CESTI EPVLONIS, etc.

Pièce très-médiocre. H. 14 p. 3 l. L. 10 p. 7 l. Musée germanique à Nuremberg.

24. L'Obélisque du Vatican. Il s'élève au milieu avec l'indication des mesures, y compris l'ornement du haut. A gauche, un artiste qui dessine. A droite, une base avec l'inscription:

Obeliscus Vaticani ..... Romae MDLVIII.

et le monogramme. Pièce médiocre. H. 13 p. 6 l. L. 10 p. 1 l. Dresde.

25. Carte de la Grande Bretagne et d'Irlande. A la droite du haut, sur une portion de terrain: Pars Thule. — Cum privilegio sumi pontificis. MDLVI. H. 18 p. L. 13 p.

Appendice:

26 — 28. Mascarons de fantaisie et une tête virile, avec couronne de lauriers et bandelettes. 3 feuilles, non signées; in-4°. Coll. v. Quandt, Dresde. Cat. 1992.

Marius Kartarus ou Cartaro.
(Bartsch XV. 520.)

Nous ne pouvons ajouter aux notices que Bartsch nous donne sur ce graveur autre chose sinon que sur ses pièces on trouve les dates de 1567 à 1586, et que sur l'estampe représentant un homme riche et un pauvre en prières (B. No. 20), on voit à gauche le monogramme

⊕F. En 1578, Cartaro publia un livre de perspective intitulé „Prospettive diverse di Mario Cartaro". Roma 1578. in-fol., ouvrage dont on ne connait, du reste, jusqu'à présent que le titre.

Additions à Bartsch.

29. La Samaritaine au puits. Le Christ est assis à droite. On lit, au bas: MICH. ANG. INV. puis le monogramme. A gauche, l'adresse: Ferandi bertelli exc. Copie d'après Beatrizet. H. 13 p. 10 l. L. 10 p. 6 l. Berlin.

30. La Cène. Copie avec quelques différences de la gravure de Marc Antoine (B. 26). Avec le monogramme et la date de 1582. H. 11 p. L. 16 p.

31. Le Christ au Jardin des oliviers. Copie d'après A. Durer (B. 4). Elle est mentionnée par Malpy.

32. Le Christ couronné d'épines. Il est au milieu d'un groupe de onze personnes. Fond d'architecture avec plusieurs figures. Pièce signée du monogramme du maître. In-fol. (Nagler, Monogr. p. 632, No. 4.)

33. Le Christ en croix. Aux deux côtés du haut, sur des nuages, deux anges dans la douleur; au bas, la Vierge et St. Jean. Le monogramme surmonté du millésime 1573 est à la gauche du bas. Au-dessous, l'inscription: Michel Angelo Bona Rota Inventor. H. 14 p. 9 l. L. 9 p. 9 l.

34. La Mise au tombeau. Copie dans le même sens que l'original d'Albert Durer (B. 15). Avec le monogramme de Cartaro et la date de 1567. Romae. H. 4 p. 3 l. L. 2 p. 9 l.

35. La Descente aux Limbes. Copie dans le sens de l'original d'Albert Durer (B. 16). Dans une tablette à droite, le monogramme et le millésime de 1567. ROMÆ. H. 4 p. 3 l. L. 2 p. 8 l.

36. La Vierge tenant sur les genoux le corps de son fils. En arrière, la croix. Dans le fond, on voit un château sur un rocher. A la gauche du bas, le monogramme et la date de 1564. H. 7 p. 2 l. L. 5 p. 5 l. Paris.

37. La Vierge pleurant sur le corps de son fils. Marie est assise les mains jointes au pied de la croix devant le corps du Christ couché en travers sur un cercueil. Dans le fond, la ville de Jérusalem. Au bas, à droite, le chiffre et la date de 1566, avec l'inscription: Michaelus Angeli ⋀ Bonaroti ⋀ Flo. ⋀ invent. H. 13 p. 10 l. L. 9 p. 11 l.

38. Le Corps du Christ soutenu par un ange. Groupe dans un sarcophage avec les instruments de la Passion en bordure et la date de 1568. D'après un dessin de F. Zuccaro. fol.

39. L'Homme de douleurs. Il est assis, un peu tourné vers la gauche, sur une pierre, la tête couronnée d'épines, avec les stigmates et du sang sortant de la plaie du côté. Il tient, de la main droite, des verges et, de la main gauche, un fouet. La tête est entourée d'une gloire à trois rayons. Le chiffre avec le millésime 1560 se trouve sur une pierre. A la marge du bas, une inscription commençant:

DEVS TIBI SE TV, etc.

H. 4 p. 2 l. L. 2 p. 10 l. Cat. Evans, 1857, No. 169.

40. La Sainte Trinité. Elle est entourée des choeurs célestes. Riche composition allégorique dans une bordure. En haut, deux anges, avec le St. Sébastien à gauche, et St. Roch à droite, puis, quatre candélabres, sur l'un desquels se trouve le monogramme avec la date de 1567. Gr.-in-fol. Coll. Eisenhart, No. 2033.

41. La Sainte famille. La Vierge est couronnée par un

ange, et on voit St. Marc à droite. Composition de Jules Romain.
In-fol. Cette pièce est sans doute la même qui est portée sous le
No. 375, dans le Cabinet de Paignon-Dijonval, avec la signature A.V. K.
(Nagler, Monogr. 633, No. 13.)

42. La Vierge et quatre Saints. Elle tient l'enfant Jésus,
adorée par les SS. Jacques, Jean, Roch et Marc, dont le lion ailé se
trouve sur le devant. Composition de Jules Romain; in-fol.

Cette pièce a porté successivement les adresses de A. Lafreri,
M. Lucchese, Orlandi 1602. Ant. Carenzani 1605 et G. G. Rossi.
(Nagler, Monogr. 633, No. 11.)

43. La Vierge et St. Sébastien. Elle porte l'enfant Jésus,
à côté de St. Sébastien, devant un pèlerin agenouillé en prières. En
haut, Dieu le Père dans une gloire d'anges. Composition de Filippo
Bottini. Pièce signée du monogramme avec la date de 1577. Romae.
Gr.-in-fol.

44. La Vierge du rosaire. La Vierge avec l'enfant est assise
dans un ovale. Elle distribue des chapelets à des religieuses, tandis
que l'enfant en donne à des moines. Autour de l'ovale, plusieurs
Saints avec sujets se rapportant aux mystères du rosaire. En bas et
dans le haut, des anges faisant de la musique. Le chiffre est à gauche.
H. 19 p. 6 l. L. 13 p. 9 l.

45. St. Jérôme. Il est assis dans sa cellule. Copie dans le
sens de l'original d'Albert Durer (B. 60). Pièce signée du monogramme
de Cartaro avec la date de 1564. H. 8 p. 10 l. L. 6 p. 10 l. Paris.

46. St. François recevant les stigmates. Il est agenouillé vers la gauche, les mains élevées vers le Christ qui lui apparaît
avec six ailes. A la gauche du bas, un religieux franciscain à genoux;
dans le coin de gauche, le monogramme, et au bas, l'inscription:
Signasti domine servum tuum Franciscum signis redemp-
tionis nostrae.
H. 3 p. 6 l. L. 2 p. 3 l. Berlin.

47. L'Ange gardien. Il est debout au pied d'une montagne
et montre à un adolescent une apparition dans le ciel, où l'on voit
Dieu le Père avec le Christ en croix entouré d'anges et, au-dessous du
Christ, la Vierge, assise avec l'enfant Jésus dans les bras, et Ste. Anne,
entourées de Saints. Au milieu, on lit:
S. TRINITAS. V. D. M. M. P.
S. MARIA. O. P. M. M. D.
ONS STI ET STE DEI. I. P. M. P.

Pièce entourée d'une bordure avec des Saints et des candélabres dans des compartiments. En haut, les armes papales avec l'inscription:

PIVS V. GHISLERIVS ALEXAND. ORD. PREDICATORVM. O. M. AET. LXIII. etc.

A gauche, sur un candélabre, le monogramme, et vis-à-vis, la date de 1567. H. 16 p. 2 l. L. 11 p. 8 l.

48. Une Sainte. Elle est agenouillée devant un prie-Dieu; à côté d'elle deux serpents. Pièce signée du monogramme avec la date de 1572. Composition de Federico Zuccaro. Petit-in-fol. (Nagler, Monogrammisten, p. 633, No. 15.)

49. Les Oeuvres de miséricorde. Dixsept feuilles avec titre, en deux parties avec les oeuvres spirituelles et corporelles. La première partie contient huit feuilles, y compris le titre, la seconde neuf, y compris le Jugement dernier. On lit sur la première feuille:

INCIDEBAT ROMAE MARIVS CARTARVS CIƆIƆXXCVI (1586).

Chaque feuille mesure H. 8 p. 11 l. L. 6 p. 11 l. (Nagler, Monogr. p. 634, No. 18.)

50. Diane et Endymion. Pièce citée par Malpe. (Nagler, Monogr. p. 634, No. 19.)

51. Pie VI. Portrait de profil tourné à gauche et levant la main droite pour bénir. Au bas, dans un ovale en largeur, l'inscription:

PIVS. V. PO. MAX. MDLXVI.

puis le monogramme. Pièce dans un ovale avec ornements d'architecture, soutenus par deux colonnes. H. 12 p. 7 l. L. 8 p. 6 l.

52. Autre portrait du même pape. Il est vu de trois quarts, tourné à droite et la main appuyée sur un fauteuil, dans un ovale surmonté de l'écusson papal avec le monogramme. Au bas, l'inscription:

Pius V. Pont. Optimus max. M.DLXVI.

Petite pièce. Berlin.

53. Carte de la Palestine: PALESTINÆ SIVE TERRE SANCTE DESCRIPTIO. Fernandus Bertellius Excudebat Venetiis. Fol.-oblong.

Cette carte appartient probablement à un ouvrage dans lequel se trouvent également les deux pièces suivantes mentionnées par Heller dans ses Additions au Peintre-Graveur, p. 83.

54. Le Siége de Famagosta. Le camp turc est en haut à

droite, de l'autre côté un vaisseau embrasé. A la droite du haut, une tablette avec l'inscription :

Il vero ritrato della citta di Famagosta et fortezza nobilisima nel isola di Cipro dove oggi si ritrova il Signore Astorre Baglione con molti altri Signori Christiani assediati dal Turcho il anno M.D.LXXI.

Au bas, en sept colonnes, une explication des numéros et des lettres sur la gravure. Le monogramme est dans le coin à droite. H. 13 p. 2 l. L. 7 p. 8 l.

55. L'Ile d'Ischia. INSVLA ÆNARIA HODIE ISCHIA. A gauche, sur une tablette, 33 lignes de dédicace et, au bas, sur deux autres, l'explication des signes; sur celle de droite, la signature Marius Cartarius F. H. 13 p. 7 l. L. 19 p. 4 l.

Le maître à la chausse-trappe.
(Bartsch XV. 540.)

Le graveur connu sous ce nom paraît avoir été en 1538 à Naples, où il grava le plan de cette ville, et avoir vécu ensuite à Rome. D'après une conjecture de S. Bermann dans le Catalogue de la Coll. de B. Petzold de Vienne, en 1844, notre artiste se nommerait Giovanni Agucchi et aurait vécu à Rome vers le milieu du XVIe. Siècle. Mais l'individu qui a porté ce nom n'était qu'un marchand d'estampes, dont Agostino Caracci a gravé l'adresse. Notre maître est un graveur fort médiocre et ses représentations d'anciens édifices sont non-seulement inexactes, mais les restaurations qu'il leur fait subir sont tout à fait de caprice. Il ajoutait ordinairement à la marque de la chausse-trappe les initiales GA ou même GP, mais seulement sur les dernières épreuves, avec l'adresse de Salamanca. La plupart du temps ses pièces ne sont point signées. Bartsch ne connaissait de lui que l'Arc de Triomphe; mais son oeuvre est beaucoup plus considérable.

Additions à Bartsch.

2. Vue d'une ville d'Italie. Une rue vue à travers un arc est formée par une maison de ville d'une architecture singulière. H. 5 p. 9 l. L. 4 p. 5 l. Berlin.

3. Vue d'une rue. Sur le devant, un ange; dans le fond, un obélisque. H. 5 p. 9 l. L. 4 p. 7 l. Berlin.

4. Plan de Naples. Avec le second des monogrammes ci-dessus et la date de 1538. H. 10 p. 11 l. L. 15 p. 11 l.

5—23. Dix-neuf vues d'anciens édifices, avec inscriptions et quelquefois la moitié seulement de la bâtisse et de plusieurs dimensions depuis le petit in-8°. jusqu'à l'in-quarto. Berlin.

— 5. Templum Isaiae Prophetae, à moitié.
— 6. Templum Idor Editor, id.
— 7. Arcus Lulii Septimii, id.
— 8. Tenplus Veneris, id.
— 9. Mercurii Templum, id.
— 10. Templum Jovis Vltoris, id.
— 11. Arcus in Provincia, id.
— 12. Porta Antonae, id.
— 13. Sepulcvrm Adriani, id.
— 14. Palatium Agrippae.
— 15. Terme Deocletiani.
— 16. Palativ M. Maius Ro.
— 17. Piñaculv̄ Termar.
— 18. Teatrum Bordeos.
— 19. Aerarii publici Rome.
— 20. Palatium de Lugduni.
— 21. Palatium Caesaris Parisii.
— 22. Pantheon Rome.
— 23. Palatium Clodii imperat., à moitié.

24—32. Plusieurs pièces d'architecture, comme bases, entablements, chapiteaux, colonnes, etc., de diverses grandeurs.

— 24. Base et chapiteau d'ordre corinthien. Dans le chapiteau, une Renommée ailée et des Pégases dans les coins avec l'inscription:

NERVA TRAIANA IN SA. BASILIO IN ROMA.

Signée GP. dans le coin à gauche, avec l'adresse ANT. SAL. Exc. H. 11 p. 2 l. L. 7 p. 6 l. Berlin. Leipsic.

— 25. Base et chapiteau d'ordre composite. La riche base est ornée dans sa partie supérieure de coquillages et le fût avec des palmettes. Le chapiteau est formé de feuilles d'acanthe et de palmettes avec des têtes de bélier dans les coins. Du côté droit, une banderole avec l'inscription :
DE GIOVE SOTTO CAPITOLIO IN EL TENPIO IN ROMA. BASA.
Pièce non signée. H. 12 p. 5 l. L. 8 p. Coll. Keil à Leipsic.

— 26. Chapiteau d'ordre composite, avec feuilles d'acanthe et mascarons; têtes de bélier dans les coins. Pièce non signée. H. 6 p. L. 5 p. 8 l. Même Collection.

— 27. Base d'ordre corinthien, avec trois oves dont les deux inférieurs sont richement ornés. Pièce non signée. H. 4 p. 9 l. L. 7 p. 7 l. Même Collection. Les Nos 26 et 27 se trouvent sur une même page in-fol.

— 28. Base et chapiteau d'ordre composite. La base avec cinq ornements pose sur une plinthe avec des mascarons. Dans le chapiteau, deux enfants ailés tiennent la rosette du milieu. A côté de la base, l'inscription :
BASA IN. ROMA. SOTTO CAPITOLIO.
A gauche, la signature GP. Bonne pièce. H. 11 p. L. 8 p. Même Collection. Dans le Cabinet de Berlin, on en trouve une épreuve rognée avec le seul chapiteau.

— 29. Chapiteau ionien, richement décoré. Au bas, IONICO, et au-dessous, le chiffre GA. A droite, un socle avec les mesures. H. 5 p. 2 l. L. 5 p. 7 l.

— 30. Base d'ordre corinthien, avec riches ornements. A la gauche du haut, CORITIA; au bas, les initiales GA. Aux côtés, le profil avec mesures. H. 4 p. 8 l. L. 6 p. 2 l.

— 31. Chapiteau en forme de corbeille. Sur une corbeille en osier s'étalent des fruits. Dans le milieu du haut, un mascaron. Pièce non signée. H. 4 p. 6 l. L. 6 p. 3 l.

— 32. Base d'ordre corinthien. Richement ornée et le fût entouré de pampres. En haut, CORINTIA. A gauche, la marque et le profil avec les mesures. H. 4 p. 11 l. L. 6 p. 7 l.

33. Chapiteau d'ordre composite, analogue au Toscan avec oves et feuilles d'acanthe. En haut, COMPOSITO. A droite, un socle avec les mesures et la signature. H. 4 p. 2 l. L. 5 p. 7 l.

34. Base d'ordre corinthien. Très-ornée. En haut, à

gauche, CORINTIA. Aux côtés, le profil et les mesures. A droite, la signature. H. 4 p. 8 l. L. 6 p. 2 l.

Les six dernières pièces se trouvent toujours deux à deux sur une seule feuille in-folio, et se conservent dans la Collection Keil à Leipsic.

-35. Entablement corinthien. Les modillons sont ornés de feuilles d'acanthe. A gauche, la marque avec les initiales G A. H. 5 p. 6 l. L. 6 p. 6 l. Coll. Petzold.

36. Entablement dorique. On y voit croître des herbes et quelques plantes. Au bas, le monogramme dans un cercle. H. 7 p. 6 l. L. 5 p. 3 l. Coll. Petzold.

37. Base de colonne avec ornements. Pièce non signée. H. 4 p. 7 l. L. 7 p. 6 l. Même Collection.

La suite complète à laquelle appartiennent ces trois dernières pièces doit se composer de six feuilles. Dans le Cabinet de Berlin, on trouve trois gravures analogues et qui probablement complètent la série.

38. Plan de la ville de Rome. Collection Petzold.

Nous ne connaissons de ce graveur qu'un petit nombre d'estampes marquées du monogramme ci-dessus et dont les sujets doivent être de sa propre invention. Sa manière ressemble à celle de Marc Antoine et a quelque analogie avec le style néerlandais de l'époque; et comme le K indiquerait un nom du nord, on l'a souvent désigné comme le graveur Karolus de Florence, mais sans aucun fondement.

Gravures sur cuivre.

1—7. Les Sept péchés capitaux. Suite de sept feuilles avec inscriptions dans la marge du bas. H. 8 p. 7 l. L. 6 p. 1 l.

Nous ne connaissons jusqu'ici que trois sujets de cette suite, mais nous devons admettre que le maître a gravé la série tout entière.

— 1. L'Orgueil. SVPERBIA.

— 2. L'Envie. INVIDIA.

— 3. L'Avarice. AVARITIA. Une femme vêtue à l'antique est assise près d'un édifice somptueux en ruine. Elle regarde vers la gauche et tient de la main gauche étendue une bourse. Au bas, à droite, un crapaud. Le monogramme se trouve sur une pièce d'architecture. Inscription:

Sordida Auaricies, nil caetera, solum amat aurum. Wolfegg. Francfort s/M. Malaspina III. p. 9.

— 4. La Colère. IRA. Figure allégorique avec l'inscription:
Ira minax tumudos, etc.
Wolfegg.

— 5. La Luxure. LVXVRIA.

— 6. La Paresse. ACEDIA.

— 7. La Gourmandise. GVLA. Figure de femme assise sur un pourceau et tournée à droite. De la main gauche, elle tient une assiette avec des mets. A la gauche du bas, la signature. Inscription:

Nil gula quam ventris luxum et bona pocula laudat. Wolfegg.

Appendice.

8. Réunion de figures hiéroglyphiques, avec diverses statues et termes. 24 feuilles numérotées de diverses grandeurs, mais la plupart ayant H. 6 p. 10 l. L. 3 p. 3 l. La plupart des figures sont empruntées à Raphaël, mais il s'en trouve également quelques-unes qui appartiennent à d'autres maîtres. Elles portent la signature.

9. La Bataille de Constantin. Grande estampe en quatre feuilles qui, réunies, forment une longue frise de 13 p. 8 l. de hauteur. A la droite du haut, on lit, sur une tablette:
Imp. Caes. Constantinus prostrato ad pontem Milvium Tyraño Maxentio post graviss. ccc. fere annorum persecutionem afflictam Christi ecclesiam libertati asseruit.

Raphaël pinxit in Vaticano.

La description de ces deux pièces est empruntée à Heinecken
(Nachrichten II. pp. 348 et 476). Nous ne les avons point vues et
nous devons ajouter que le monogramme est un peu différent, dans la
forme, de celui que nous avons donné plus haut, ce qui pourrait venir
cependant de ce que Heinecken l'aurait mal dessiné.

Brulliot (Dict. I. No. 2775) attribue à notre maître encore une
pièce représentant une Assemblée de savants, hommes et
femmes, et que Bartsch décrit sous le No. 479, Vol. XIV. comme
gravée par Marco da Ravenna. Nous sommes de l'avis de ce dernier,
quoique le monogramme ne soit pas distinctement $\mathcal{R}$, mais à tout
événement ne montre aucune trace du K. La taille, du reste, est tout
à fait dans le style de l'élève de Marc Antoine et ne laisse aucun
doute sur l'attribution.

M. L, MI. LV.

Michele Lucchesi.

Ce graveur, qui était en même temps marchand d'estampes, naquit,
croit-on, à Rome en 1539, mais nous n'avons point d'autres renseignements sur les circonstances de sa vie. Nous savons seulement que les
plus anciennes de ses gravures portent la date de 1553 et les plus
récentes celle de 1604. Il a fait plusieurs copies d'après Marc Antoine et gravé d'après les dessins et les tableaux de divers grands
maîtres, mais sa taille est dure et raide, et ses travaux ont fort peu
de valeur artistique. Il a retouché également quelques planches du
Caraglio, entre autres Psyché conduite à l'Olympe par Mercure, et le Banquet des Dieux. Sa signature se trouve également
avec celle de Mario Cartaro sur la gravure d'une Ste. Famille avec
St. Roch et St. Luc et qui porte l'inscription sur une tablette à gauche:
Julii Romani inventum. Michaelis Lucensis opera repre-
sentatum illustrissimoq. domino Juliano Caesarino D. D.
Gr.-in-fol.

Il n'aura été probablement que l'éditeur de cette pièce. Comme
les notices que nous avons de l'oeuvre de ce maître sont courtes et

incomplètes, nous indiquerons d'une manière très-succincte le sujet de ces gravures, dont nous empruntons la description en grande partie à Brulliot et à Nagler.

1. **La Manne.** Moïse commandant aux enfants d'Israël de recueillir la manne.

2. **Moïse tirant l'eau du rocher.** *Bᵒ I (XVI) Ucchese*

3. **Le Massacre des Innocents.** Copie en contre-partie de la gravure de Marc Antoine, d'après le dessin de Raphaël. A la gauche du bas, la marque M L cum privilegio. A droite, Raphael Urb. inventor. H. 10 p. L. 15 p. 1 l.

Les premières épreuves sont avant la lettre; les secondes sont comme celle que nous venons de décrire, les troisièmes ont l'adresse d'Ant. Lafrerj et les quatrièmes l'indication Henricus von Schoel excudit.

4. **La Sainte famille.** La Vierge, demi-figure, lève le voile qui couvre l'enfant Jésus. Dans le fond, St. Joseph. Composition connue sous le nom de la Madone di Loreto, et signée RAPHAEL VRBIN. INV. 1553. M L. In-folio.

5. **La Vierge avec des Saints.** D'après le tableau de Jules Romain dans l'église de Sta. Maria dell' Anima à Rome. Pièce avec la date de 1604. *Bb 12, Ba 1 (XVI) Ucchese*

6. **Le Martyre de St. Pierre.** D'après une composition de Michel Ange. *Ro 5, tome 4*

7. **Le Martyre de St. Laurent.** Copie dans le sens de l'original de Marc Antoine, d'après le dessin de Baccio Bandinelli, dont le nom se trouve dans une tablette au bas, accompagné du chiffre M L cum privilegio. Au milieu, l'adresse Ant. Lafrerij Romae. H. 10 p. L. 12 p. 8 l. *Bᵒ I (XVI) Ucchese*

8. **St. Sébastien;** d'après un dessin de Michel Ange.

9. **La Mort des enfants de Niobé.** Ils sont percés de flèches par Apollon et Diane. D'après Polidore de Caravage. Petit-in-fol. oblong.

10. **Horatius Cocles défendant le pont.** In-fol. en largeur.

11. **Un Combat naval.** Les vaisseaux sont pris à l'abordage. Belle composition de Polidoro da Caravaggio. En haut, à gauche, la marque M L c. priv. Fol. en largeur.

12. **Galères antiques.** Au premier plan un vaisseau avec deux rameurs. D'après Polidore. Fol. en largeur.

13. **Romulus consultant le vol des oiseaux.** **AVES ROMVLAE.** Pièce signée ML, d'après un bas-relief antique.

14. **Les Mystères de Diane d'Ephèse.** Devant la statue de la déesse se trouvent plusieurs femmes, dont l'une se dispute avec un homme barbu à propos d'un livre. Pet.-in-fol.

15. **Le Songe de la vie humaine.** Un jeune homme inspiré par un génie, mais qui est entouré des symboles du vice. D'après la composition bien connue de Michel Ange.

16. **Les Grimpeurs.** C'est le groupe central du carton de Michel Ange. Copie en contre-partie de la gravure de Marc Antoine. (B. 487). Petit in-fol.

17. **Vue d'un édifice somptueux.** Pièce signée MI. LV. In-4°.

18. **Trois ornements,** avec l'inscription: Hec Rome sunt in pontifici domo. Raphael d'Urbinas inventor. **ML.** Grand in-fol.

∧I∧T∧F∧, ∧I∧T∧

1. **La Fête du mont Testaccio.** Cette pièce porte l'inscription:

LA FESTA DI TESTACCIO IN ROMA.

A droite, on voit la colline entourée de voitures, de peuple et de soldats. Dans le fond, la ville de Rome, où se trouve, à gauche, la PORTA OSTENSE. Au bas, une tablette avec l'inscription:

Romae Vincentij Luchini aeris formis ad Peregrinum
1558.

H. 9 p. 11 l. L. 16 p. 7 l.

———

Appendice.

On trouve encore une couple de gravures à l'eau-forte marquées I. T et qui doivent appartenir au même maître.

2. L'intercession de J. C. Dieu le Père est assis dans le ciel, dont les portes sont ouvertes. Le Christ agenouillé semble prier pour les âmes qui se trouvent en dehors. Des Saints et Saintes de l'ancien et du nouveau Testament sont également en prière. Inscriptions en italien. Pièce médiocre, sur deux feuilles, signée à la droite du bas. (Brulliot, Dict. II. 1708ᵃ.)

3. Une Fête à Vienne, représentant le siége d'une petite ville sur le Danube:

PICTVRA. OPPIDVLI. NAVALI. ET. PEDESTRI. PRELIO. EXPV-
GNATI. 1560.

A gauche, dans l'eau, la marque l T. H. 14 p. L. 18 p. 4 l.

Cette gravure avec plusieurs autres de H. S. Lautensack se trouve dans le livre déjà cité:

Rerum preclare gestarum, etc. Viennae Austriae. Raphael Hofhalter. In-fol.

B.P.V.F., B.P.V., B$\overset{V}{\text{A}}$s.

Battista Pittoni Vicentino.

Ce peintre et grâveur naquit à Vicence, en 1520. Il grava à l'eau-forte avec beaucoup de franchise principalement des paysages et des ruines dans les environs de Rome et de Naples, qu'il publia en 1561 à Venise. Il exécuta pareillement pour l'ouvrage de Scamozzi plusieurs vues des anciens édifices de Rome et ces pièces portent les dates de 1565 à 1581. On ne connaît rien autre des circonstances de sa vie, ni touchant l'époque de sa mort.

1. Suite de 24 feuilles avec paysages et ruines. Le titre contient, dans une bordure ou tablette soutenue par des cariatides et surmontée d'armoiries, l'inscription suivante:

Praecipua aliquot Romanae antiquitatis, etc. per baptistam Pittonem vicentinum mense september MDLXI.

Ces gravures à l'eau-forte portent un des chiffres ci-dessus, mais seulement une le dernier; c'est celle avec l'inscription: RVINIS $\overline{\text{MO}}$. CAVLVS IN $\overline{\text{RO}}$. (Monte Cavallo.) Fol. en largeur.

Une autre des pièces porte le monogramme 🙰 , qui paraît être celui de l'éditeur.

2. Suite de 16 gravures à l'eau-forte, avec arabes-ques et génies. La première feuille porte la dédicace suivante:
Al. molto mag^{co} et Eccell^{te} Sr. Alessandro Fedrici nobile Triuigiano rarissi. D. di leggi Baptista pitoni uiceno con gratia et priuilegio di venetia p. ani. XV. B. P. V. F. 1561. Petit in-fol. en largeur.

3. Suite de 40 gravures à l'eau-forte avec Vues de Rome et des alentours. Signées la plupart P. V. F. 1565 — 1581. Ces gravures se trouvent dans l'ouvrage de Scamozzi, intitulé:
Discorsi sopra la antiquità di Roma, etc. Venetia 1583. in-fol. en largeur.

4. Suite de 40 pièces à l'eau-forte avec les emblè-mes de princes et de nobles italiens; avec bordure, sous le titre:
Battista Pittoni Imprese di diversi principi, etc. con al-cune stanze di Lodovico Dolce. 1566. Gr. in-4°.

5. Six paysages de Rome dans le goût du Titien. Pièces signées, pet. in-fol. en largeur.

6. Six paysages des environs de Naples, avec le mono-gramme de Naples. In-4°.

7. La défaite de Crassus par les Parthes. Bonne pièce à l'eau-forte avec l'inscription:
La rotta di Crasso hovestra di Parthi. Battista Pittoni fec. In-fol. en largeur.

——————

Ce monogramme est celui d'un maître italien inconnu, qui paraît avoir vécu vers la moitié du XVIe. Siècle.

1. La Nativité. La Vierge est agenouillée à gauche, dans un édifice ruiné, devant l'enfant Jésus couché sur le terrain. A droite, St. Joseph et deux anges pareillement à genoux. Dans le haut, deux

anges tiennent une banderole vide. Au bas, près d'une torche, le monogramme. H. 7 p. 6 l. L. 6 p. 7 l. (Nagler, Monogr. No. 721.)

2. La Femme bienfaisante. Elle est vue jusqu'aux genoux, un voile sur la tête et verse à un jeune homme du vin dans une coupe. Il ôte son bonnet avec respect. Sur sa robe courent trois souris, tandis qu'une quatrième est sur un banc, où se trouvent des poires et des raisins. Le monogramme est dans le coin à droite. H. 8 p. 8 l. L. 6 p. 3 l. Paris. Dans la Collection Delpec, cette pièce est attribué à Alaert Claes. (Cat. Paris 1845.)

IÂ

1. St. François de Paule. Demi-figure, tournée vers la gauche, et tenant un bâton des deux mains. Il a la tête couverte d'un capuchon. Au bas, sur deux lignes, l'inscription:

BEATVS + FRANCISCVS + DE + PAVLA,

et au-dessous, la marque. H. 5 p. 6 l. L. 4 p. 6 l. Paris.

·A·I·

Brulliot (Dict. II. No. 82) décrit la gravure suivante d'un ancien maître italien avec le chiffre ci-dessus, en ajoutant que cette pièce ne lui est pas tombée sous les yeux.

1. L'Eternité. Figure de femme assise sur un escabeau tenant de la droite une plume, et sur le bras gauche un phénix. A gauche de l'escabeau, on voit un encrier et un livre. En haut, on lit, sur une banderole, le mot:

ETERNITAS.

A la gauche du bas, le monogramme ci-dessus. Pièce dans un ovale. H. 5 p. 2 l. L. 3 p. 9 l.

$\bar{P}$ •

Ce monogramme appartient à un maître inconnu, que Brulliot (Dict. I. No. 2817) dit avoir gravé dans la manière de Giorgio Ghisi, mais d'une taille très-inférieure à celle de ce maître.

1. **Pie V.** Le portrait, demi-figure, de ce pape est tourné à gauche, et la tête est couverte d'une calotte. Pièce ovale, dans une bordure d'architecture, où deux anges tiennent les armoiries du pontife. De chaque côté, on voit les figures allégoriques de la Justice et de la Prudence. Au bas, sur une tablette, l'inscription :

 Pius V. gislerius Pont. Max. Anno Sal. MDLXVI. aetatis
    suae LXII. pontificatvs primo.

Sur le piédestal de la Justice, on lit:

   Diligite justitiam qui judicatis terram,

et sur celui de la Prudence:

   In corde requiescit sapientia.

La signature est à la gauche du bas. H. 12 p. L. 8 p. 10 l.

       Ⓚ

On ne connaît du maître avec ce monogramme qu'une seule pièce d'après Luca Penni. A en juger d'après la lettre K de son nom, on devrait croire que c'est un Allemand. Il a gravé néanmoins dans le goût italien.

1. **Quatre nymphes guettées par un satyre.** Au milieu deux d'entre elles s'embrassent, une troisième arrange ses cheveux et une quatrième tient son vêtement. A droite, derrière une table, un satyre soulève un rideau. Du même côté est un vase, contre lequel on voit appuyée une tablette sur laquelle est l'inscription LVCAS PENNI. R. INVENTOR et la marque du graveur. H. 11 p. 2 l. L. 9 p. 8 l. (Brulliot, Dict. I. No. 2173.)

$$\boxed{C\,A}$$

1. **Léda et le Cygne.** Dans le fond, un lit; à droite, un oeuf et les jumeaux Castor et Pollux. La gravure est d'après une composition de Michel Ange. H. 11 p. 4 l. L. 14 p. 10 l. On doit en trouver des exemplaires avec l'inscription:
Formosa haec Leda est, fit cignus Jupiter, etc.
(Heinecken, Nachrichten I. 402.) Vienne.

ᐧ Z ᐧ B ᐧ M
1527.

Le maître qui a exécuté la gravure à l'eau-forte avec la marque ci-dessus était un peintre de l'École romaine, selon toute probabilité. A tout événement, il se montre excellent dessinateur.

1. **Allégorie sur la lumière que répand la Science sur l'esprit humain (?).** Une femme vêtue à l'antique s'avance à gauche vers un autel, où quatre serpents entrelacés se voient sur un livre, qui porte l'inscription DEBLE à rebours. Elle tient une tablette et abaisse de la main gauche une de ses paupières. Une autre femme, plus jeune, derrière elle, allume une lampe. A droite, s'enfuit un homme cornu avec plusieurs chauves-souris. En haut, on voit Apollon sur son char et un homme qui s'élève vers le ciel étoilé. La marque est à la gauche du bas. H. 13 p. 11 l. L. 8 p. 11 l. Dans les épreuves postérieures, on a effacé la signature pour y substituer la marque $\mathbb{B}$, et au-dessous le millésime 1543. Cette marque, qui paraît être celle d'un marchand d'estampes de Rome, se retrouve sur des gravures d'après Raphaël et le Parmesan. Munich.

S. S. 1544.

Sebastiano Serlio de Bologne.

Cet artiste distingué, né à Bologne vers le commencement du XVIe. Siècle, fut élève à Rome de Balthasar Peruzzi et se trouvait, en 1540, à Venise, où il publia son 3e et 4e livre des „Antiquités de Rome avec les règles de l'Architecture" chez Marcolino da Forli. En 1541, il fut appelé en France par le roi François I et y fut employé à la construction du château de Fontainebleau, mais il s'enfuit en 1560 à Lyon, après que la guerre civile eut éclaté, pour retourner ensuite et mourir en 1568. Il a dû graver lui-même les deux pièces suivantes.

1. **Un Chapiteau corinthien.** Au-dessus, dans une banderole, CORINTHIA. H. 5 p. 4 l. L. 6 p. 6 l.

2. **Une Base corinthienne.** En haut, CORINTHIA; et au bas, à gauche, les initiales S. S. et un peu plus vers le milieu, la date de 1544. H. 5 p. 4 l. L. 6 p. 6 l.

Francesco Mazuoli, surnommé le Parmesan.

(Bartsch XVI. 6.)

Bartsch observe avec raison qu'on attribue souvent au Parmesan des gravures qui ont été exécutées par d'autres d'après ses dessins. Il croit, en conséquence, devoir se limiter au petit nombre de pièces qu'il admet dans son oeuvre. Cependant nous croyons que la gravure à l'eau-forte suivante est également de sa main.

Additions à Bartsch.

16. **La Femme en méditation.** Elle est assise dans une chambre, la tête penchée sur sa main droite et la gauche posée près du coude. A gauche, dans un enfoncement de la muraille, un vase

en forme d'amphore. Belle pièce à l'eau-forte sans signature. H. 4 p. 9 l. L. 4 p. 2 l. Francfort s/M.

On en trouve une copie dans le même sens faite avec exactitude, mais sans esprit. H. 4 p. 10 l. L. 4 p. 2 l.

Andrea Schiavone, surnommé Meldolla;

né en 1522, mort en 1582.

(Bartsch XVI. p. 31 et 77.)

Bartsch, par des raisons fondées sur le style de la gravure et sans doute induit en erreur par Zani[1]), s'efforce de prouver contre une ancienne tradition mentionnée par Mariette que Schiavone et Meldolla sont deux artistes différents. Cependant, des recherches récentes prouvent qu'il s'agit ici d'une seule et même personne. M. E. Harzen, s'inspirant d'une indication de Zanetti, dans sa Pittura Veneziana, a fait des recherches dans les Archives des Procuratie Nuove di S. Marco, où il a trouvé un document où Andrea Schiavone est mentionné deux fois avec le surnom de Meldolla.[2]) C'est le rapport d'une commission d'artistes sur les travaux en mosaïque faits par les frères Zuccati pour le parvis du temple de St. Marc et que l'on prétendait n'avoir point été exécutés dans les termes du contrat. Ce rapport est enregistré au protocole, le 22 mai 1563, par Don Melchiorre Michael, procureur de la République. La commission se composait de:

D. Titianus Vecellius q. D. Gregorij,

D. Jacobus Pistoia q. Francisci,

D. Andreas Sclabonus dictus Medola q. S. Simeonis,

---

1) Il est assez singulier que Zani, après avoir dit dans son Article Meldolla que cet artiste était différent de Schiavone, ajoute plus tard, à propos de celui-ci (I. 17, p. 123) Schiavone Andrea è Meldolla. Il semble donc avoir eu en 1823 des notices précises sur le fait qu'il indique.

2) Deutsches Kunstblatt, 1853, p. 327, où l'on donne le commencement de ce document, avec plusieurs notices sur notre maître que nous avons utilisées.

D. Tintorettus q. Baptistae, et
D. Paulus Veronas q. Gabrielis,
avec l'adjonction de Jacopo Sansovini comme architecte de l'église.

La différence que fait ressortir Bartsch dans la manière des gravures exécutées à la pointe froide et d'une façon très-légère, marquées
AA (André Meldolla) et celles à l'eau-forte travaillées avec plus de soin
sans signature ou qui n'ont reçu que plus tard le S et sont attribuées
à Schiavone, n'est qu'apparente, puisque le style artistique est identique
dans les deux. La diversité en question provient de ce que dans les
premières à la pointe froide l'artiste n'a cherché rien autre qu'à fixer,
de premier jet, sa pensée sans avoir aucune spéculation commerciale
en vue, tandis que les gravures à l'eau-forte exécutées pour la publication ont été faites avec plus de soin et de manière à pouvoir fournir un plus grand nombre d'épreuves. Nous trouvons la confirmation
de ce que nous avançons dans la riche Collection de l'oeuvre du maître
faite par M. W. Ford de Londres, où l'on trouve un certain nombre
de pièces de la première classe (à la pointe froide) lavées à l'aqua-
relle et rehaussées de blanc de manière à leur donner l'apparence de
clair-obscur. Dans le nombre, on voit même des exemplaires de
première épreuve non terminés et que le maître, sans doute, s'était
réservé de finir de la même manière.

Bartsch donne sous la rubrique Meldolla un Catalogue de 87
pièces de ce maître, Catalogue qui a été porté depuis à 119 numéros
par W. Smith, dans l'édition de 1849 du „Dictionnaire des Peintres"
de Bryan, avec l'indication de plusieurs variantes pour les gravures.
Si l'on ajoute à ce chiffre les 33 pièces décrites par Bartsch et attribuées à Schiavone, ainsi qu'une vingtaine environ qui, selon Harzen,
n'auraient pas encore été enregistrées, l'oeuvre du maître monterait
alors à un peu plus de 200 pièces.

ꝂN, V̊.C.F.
Vincenzo Caccianemici.

Ce peintre appartenait à une famille noble de Bologne et vivait
vers le milieu du XVIᵉ. Siècle. Vasari fait mention de lui avec louange

et ajoute qu'il fut imitateur du Parmesan. Il a gravé quelques pièces à l'eau-forte d'une pointe très-spirituelle, marquées d'un des chiffres ci-dessus.

1. **La Mort d'Abel.** Caïn est agenouillé sur les jambes de son frère étendu sur le sol et le frappe d'un gros os qu'il tient de la main droite. Dans le fond, un rocher et un arbre qui s'élève jusqu'à toucher le bord inférieur de l'estampe. Dans le lointain, on voit Caïn et Abel agenouillés devant un autel. A la gauche du bas, le second des chiffres ci-dessus. H. 4 p. 6 l. L. 7 p. 10 l.

2. **L'Adoration des bergers.** A droite, la Vierge soulève le voile qui couvre l'enfant Jésus couché dans la crèche, pour le montrer aux bergers à gauche, devant lesquels un autre est agenouillé. A droite, derrière la Vierge, on voit St. Joseph debout. Dans le fond, une cabane en ruines et, à la gauche du bas, le premier des chiffres ci-dessus. H. 6 p. 5 l. L. 4 p. 9 l.

On croit cette pièce exécutée d'après un dessin du Parmesan.

3. **St. Jérôme.** Il est nu, assis dans une caverne, tourné à gauche, la tête appuyée sur la main droite, tandis qu'il pose la main gauche sur le livre qui se trouve sur le siége près de lui. Dans le fond, à gauche, on voit deux figures près d'une troisième étendue sur le terrain. A la droite du bas, le second des chiffres ci-dessus. H. 5 p. 6 l. L. 3 p. 9 l.

B. F. V. F.

Giovan Battista Franco, surnommé Semoleo.

(Bartsch XVI. 110.)

Nous ne pouvons rien ajouter à ce que Bartsch nous dit de ce graveur sinon que les initiales ci-dessus sont souvent interprétées Battista Franco Veneziano fece. Nous partageons également l'avis de l'écrivain viennois sur les tendances artistiques du maître, et nous nous contenterons d'ajouter à l'oeuvre de celui-ci quelques pièces qui ne se trouvent point enregistrées dans le „Peintre-Graveur", avec quelques remarques sur certaines estampes décrites par Bartsch.

Observations au Catalogue de Bartsch.

8. L'Adoration des bergers. Il y a quatre états de cette pièce:

I. Avant les initiales B. F. V. F.

II. Avec ces initiales.

III. Avec les initiales et l'adresse Franco forma, mais sans la dédicace.

IV. Avec la dédicace à Giosefo Sabbatini. Dans cet état, la planche a été retouchée.

11. Le Portèment de croix. On trouve de cette pièce trois états:

I. Avant les initiales ci-dessus.

II. Avec les initiales et l'adresse: In Venetia a Sta. Fosca.

III. Avec les initiales, mais sans l'adresse. Le feuillage des arbres a été retravaillé et des nuages ont été ajoutés dans les ciels auparavant vides.

13. Le Christ en croix. On trouve de cette pièce d'après Michel Ange une copie en contre-partie de la même dimension que l'original.

48—53. Six sujets de la vie de Trajan. Ils ont été gravés sur une seule et même planche et imprimés sur une grande feuille. On y trouve plusieurs banderoles restées vides, mais on trouve rarement des épreuves de cet état.

Additions à Bartsch.

94. L'Adoration des bergers. Pièce diverse de composition et d'effet de celle de Bartsch No. 8. A la droite du bas, les initiales B. F. V. F.   H. 8 p. 4 l. L. 6 p. 5 l. (Nagler No. 3.)

95. Quatre têtes d'hommes et deux de femmes sur une feuille. Elles sont vues de profil, à l'exception de la tête barbue du bas à gauche, qui est de trois quarts. Au milieu on trouve encore le profil d'une grande tête d'homme, et tout auprès un pied, une main, un oeil et deux oreilles. Au bas, Franco fecit. Pièce bien gravée. H. 6 p. 10 l. L. 8 p. Francfort.

96. Plusieurs groupes d'animaux sur une tablette.

A la gauche du bas, deux chameaux, et au-dessus, cinq éléphants. Pièce non signée. H. 11 p. L. 15 p. 2 l. (Cat. Petzold.)

97. Neuf animaux sur une tablette. A la gauche du bas, un rhinocéros, à droite, un bouc, et au milieu, un lion. H. 11 p. 3 l. L. 16 p.

98. Etude de huit têtes d'animaux. Dans la partie anté-rieure et au milieu, l'avant-train d'un taureau. Au milieu du bas, Franco fecit. Pièce douteuse. H. 6 p. 10 l. L. 3 p. 10 l. (Nag-ler. No. 16.)

Appendice.

Pietà. Le corps du Christ assis sur un bloc de pierre est sou-tenu en arrière par la Vierge agenouillée et trois anges. Des rayons entourent le corps. Au bas, à droite, MA invētor (Michel Angelo inventor) et à gauche, l'adresse Ant. Sala. excudebat. Cette pièce, attribuée à Battista Franco et dont la manière a quelque analogie avec la sienne, est trop faible de dessin pour lui appartenir. H. 7 p. 11 l. L. 10 p. 2 l.

Paolo Farinati de Vérone.
(Bartsch XVI. 161.)

Zani (Encycl. I. 8, 275) mentionne une signature du maître comme suit:

A. D. 1604. Paulus Farinatus de Ubertis fecit aetatis suae anno 79.

ce qui donnerait l'année 1525 comme celle de sa naissance. Aux pièces de son oeuvre décrites par Bartsch, nous ajouterons la suivante:

11. La Sépulture de Ste. Catherine. Elle est étendue sur un linceul et portée par deux anges au-dessus de son tombeau. Au milieu, un troisième ange, les bras et les ailes étendus, semble aider les deux premiers. A droite, un morceau de la roue et l'épée sur le terrain. A la gauche du bas, P. F. 1578 et dans la marge, Dive ca-tarina Virgo et martiris. H. 7 p. 1 l. L. 4 p. 10 l., marge 2 l.

⌃B⌃M⌃, B·M

Giovan Battista d'Angeli, surnommé del Moro.

(Bartsch XVI. 175.)

Aux notices que nous donne Bartsch sur cet artiste nous ajouterons que Valerini, dans son livre intitulé B e l l e z z e di V e r o n a 1586, p. 103, en parlant des artistes distingués de cette ville qui vécurent ou moururent de son temps, dit au sujet de notre maître:
„Et per parlar prima dei morti, habbiamo hauto Battista
Ambulo detto dal Moro, che può gir al pari di que'
primi più famosi.“
Il se signait ordinairement:
Batt. cognominato del Moro,
ou bien:
B. Fecit Del Moro. V. (Veronese),
ou encore:
Bat. Ang. del. Moro. F.
Ce qui prouve que Zani se trompe quand il signale comme une erreur le nom de Giov. Battista d'Angeli donné à notre maître, en ajoutant (Encycl. I. p. 2, 127), qu'il doit s'appeler Battista dell' Angolo ou Angulo.

Observations au Catalogue de Bartsch.

16. L e s C a r i a t i d e s. Bartsch a déjà fait la remarque que l'on attribue seulement par conjecture cette pièce à Battista del Moro, et nous croyons pouvoir affirmer qu'elle appartient en effet à Angelo Falcone.

27. Le P a y s a g e à l a V é n u s. Pièce signée au bas, sur une pierre: Battista Moro Veronese F. 1562.

P. 200. L a B a t a i l l e. Cette pièce paraît véritablement avoir été gravée par notre artiste.

Additions à Bartsch.

37. Le Bain de l'enfant Jésus. Composition analogue à celle décrite par Bartsch No. 10, mais en contre-partie avec l'adresse Fernando bertelis exc. Pièce à l'eau-forte attribuée dans le Cat. Malaspina à Battista del Moro. H. 11 p. 2 l. L. 10 p. 2 l.

38. La Vierge avec l'enfant Jésus. Au-dessus d'elle Dieu le père et le Saint Esprit; de chaque côté un ange. Au bas, Ste. Catherine à gauche, la Madeleine à droite. H. 13 p. 9 l. L. 8 p. 10 l. Succession Mayer, Cat. de Leipsic 1858. IIIe. part. No. 1404.

39. Le Christ en croix. A ses côtés, deux anges dont celui de gauche reçoit dans une coupe le sang qui sort du côté. Au bas à gauche, la Vierge; à droite, St. Jean, et dans le lointain, la ville de Jérusalem. A la droite du bas, l'inscription:
BATISTA DANGOLO.
H. 10 p. 10 l. L. 8 p. 3 l. Cat. Succ. Meyer No. 1403.

40. Pietà. Le corps de Sauveur tourné à droite à l'entrée du sépulcre est soutenu par deux anges; au milieu, la Mère de douleurs les bras étendus. Au milieu du bas, la signature:
Battista cognominato del Moro.
H. 12 p. 4 l. L. 8 p.

41. St. Jérôme. Pièce signée B. M. Le Blanc Manuel No. 15. C'est probablement la même estampe que Nagler (Monogr. No. 961), attribue à Bernardo Malfizzi. Le Saint est assis dans une cabane. Près de la table on voit le lion. A droite, sur une colline, se trouve un cerf. Au bas, la signature B. M. H. 5 p. 8 l. L. 8 p. 3 l.

42. La Victoire de la science sur l'ignorance. Allégorie sous la figure de deux femmes qui ouvrent la cassette de la Sagesse. H. 13 p. 10 l. L. 8 p. 10 l. R. Weigel, K.-Cat. No. 19701.

43. Paysage avec Jupiter embrassant une nymphe. A travers le riche paysage coule une rivière; sur une colline quelques édifices. A gauche, Jupiter embrassant une nymphe. Le chiffre est à la gauche du bas. H. 6 p. 2 l. L. 9 p. 7 l.

Marco Angolo, surnommé del Moro. 1565 — 1572.

(Bartsch XVI. 201.)

On sait au sujet de ce peintre qu'il s'appelait Marco Angolo, surnommé del Moro et qu'il était natif de Vérone, où il vivait vers 1565.
On le croit fils et élève de Battista del Moro, avec lequel il travailla
d'abord à Vérone, puis se rendit à Rome, où il mourut assez jeune.
A en juger par ses gravures, il devait être un artiste distingué. Voici
ce que Fioravante dit de lui dans son Specchio di Scienza, L. I.
Cap. 15. c. 47:

„Messer Marco del Moro Veronese esso ancora è uomo
di molta esperienza, et nella pittura molto esercitato; et
per far stampe di rame è rare et divino, et per miniare
qualsi voglia miniatura, è il più sufficiente, che a questa
nostra età sia nella Città di Venetia, et è huomo che si
diletta molto della matematica et prospettiva."

Additions à Bartsch.

9. Le corps du Christ pleuré par les siens. La Vierge
est assise près de la croix et soutient le corps de son fils. Près
d'elle St. Joseph d'Arimathie, St. Jean et deux saintes femmes. Au
milieu du bas, l'inscription:

Propter iniquitates nostras. Ventius apud Luc. Bentel-
man anno 1572,

à droite, la marque _MA⋅F_ Cette pièce se trouvait dans la
Coll. Fries à Vienne.

Giovan Battista Fontana.

(Bartsch XVI. 211.)

A la maigre notice donnée sur ce peintre par Bartsch nous ajouterons seulement que sa période d'activité s'étend de 1559 à 1580;

cette dernière date se trouvant sur une de ses estampes inconnues
à Bartsch.

Additions à Bartsch.

57. Andromède. Les premières épreuves de cette pièce n'ont
point le nom du graveur, ni l'adresse de l'éditeur.

69. La Fuite en Egypte. La Vierge portant l'enfant Jésus
sur les genoux est montée sur un âne et s'avance vers la droite. A
côté de l'animal, un ange qui porte des feuilles dans un pan de son
vêtement lui en donne à manger. Deux autres anges sur un arbre
présentent des fruits à l'enfant. A gauche, on voit St. Joseph les
deux mains appuyées sur son bâton. A la droite du bas, les initiales
B.F, et au-dessus, la date de 1580. H. 12 p. 6 l. L. 9 p. La
marge inférieure a 8 l.

70. St. Jean Baptiste prêchant dans le désert. Il est
au milieu de l'estampe sur une butte. Sur le devant, des hommes et
des femmes, et dans un creux, plusieurs soldats armés de lances qui
l'écoutent. Un peu plus loin, dans le fond, des cavaliers pareillement
armés. Pièce non signée, mais ayant sur une pierre l'adresse suivante:
Nicolai Valegii Formis Venetiis.
H. 18 p. 8 l. L. 15 p. 11 l. Cat. Winckler II. p. 369.

71. Cérès et l'Amour. Pendant de l'Andromède (B. 57).
H. 13 p. L. 9 p. 8 l.

72. Le Combat avec le dragon. Un guerrier attaque un
dragon qui tient un homme renversé sous ses griffes. A la droite du
haut, Ba. Fon. H. 3 p. 4 l. L. 4 p. 1 l.

Sebastiano de' Valentini d'Udine.

(Bartsch XVI. 240.)

Malgré sa signature SEBASTIANO D'VAL. VT. 1558, le nom de
ce peintre et graveur à l'eau-forte était demeuré inconnu jusqu'à ce
que Zani, dans son Encyclopédie (II. 6, p. 57), nous eût informé qu'il
avait trouvé sur une gravure ayant rapport à l'histoire ottomane le

nom du maître écrit en entier Sebastiano De Valentinis, avec l'indication d'Udine pour le lieu de sa naissance. L'inscription que nous avons rapportée plus haut se doit donc lire:

Sebastianus De Valentinis Utinensis 1558.

Nous n'avons point d'autres notices sur ce graveur, à propos duquel Zani se réservait de donner des renseignements ultérieurs dans la Classe IIIe. de son Encyclopédie, partie qui, on le sait, n'a jamais paru. Probablement nous aurons plus tard au sujet de ce maître et de son oeuvre des éclaircissements par l'entremise de M. Harzen, auquel l'histoire de l'art doit déjà tant de découvertes de ce genre.

M ⊛

Martino Rota de Sebenico.

(Bartsch XVI. 245.)

Si nous admettons comme fondées les assertions de Zani (Enc. I. 16, p. 392) que cet artiste travaillait déjà en 1540, il faudrait reculer la date de sa naissance plus loin qu'on ne l'a fait jusqu'ici. Comme l'ouvrage de l'écrivain italien est resté inachevé, il nous est impossible de rien déterminer à cet égard, et toutes les recherches que nous avons faites dans ce but sont restées sans effet. Toutes les pièces que nous connaissons jusqu'ici du maître portent les dates de 1558 à 1586. On trouve souvent dans son oeuvre des clichés comme p. e. pour la Sainte famille No. 2 et la Madeleine No. 23.

Annotations à Bartsch.

1. Le Massacre des Innocents. Les premières épreuves n'ont point l'adresse de l'éditeur.

14. Le Corps du Christ soutenu par trois anges. Zani en mentionne une épreuve avec l'adresse: Angelus Veronensis.

Additions à Bartsch.

115. La Résurrection. Le Christ est debout dans une gloire donnant de la main droite sa bénédiction, tandis qu'il tient de la gauche l'étendard de la croix. Des soldats autour du tombeau, l'un tient la main gauche devant sa figure, tandis qu'un autre, la tête nue, s'appuie de la main gauche sur le terrain. Sur le fer de lance du soldat en sentinelle, on lit: MAR. Sebeno f. 1569 et, vis-à-vis, l'adresse: Apud Joannē Franciscū Camociu cum Privilegio. D'autres épreuves ont l'adresse: Apud Joannes Franciscus Corretius. Pièce gravée probablement d'après une composition de Rota lui-même. H. 8 p. L. 6 p. 2 l.

116. Même sujet. Le Christ, assis sur les nuages, bénit de la droite et tient de la gauche l'étendard de la croix. Plusieurs chérubins l'entourent. Des quatre soldats au bas, l'un est debout vu de dos, la tête couverte d'un casque, l'épée à la main et un bouclier rond au bras gauche; près de lui, deux chiens. Un ange soulève la pierre du sépulcre. Zani attribue sans hésitation cette pièce à Martin Rota. H. 6 p. 11 l. L. 4 p. 7 l.

117. L'Homme de douleurs. Il est assis sur le tombeau. Dans le fond, à droite, une caverne; à gauche, un paysage. Sur un tronc d'arbre: M. R., puis R. S. F. (Rota Sebenicensis fecit.) Les épreuves postérieures ont l'adresse N. N. (N. Nelli). Pièce mentionnée par Zani. H. 6 p. 3 l. L. 4 p. 11 l.

118. St. Jérôme. Cette pièce porte la marque de Martin Rota, avec l'adresse de G. F. Camoccio.

119. St. Antoine. Pièce marquée du nom de Martin Rota, avec la date de 1568.

120. La Véronique. Elle tient le voile avec la Sainte-Face. Pièce avec le chiffre de M. Rota et l'adresse N. Nelli 1567.

121. Maximilien II. Buste de profil à droite, la tête couronnée de laurier, en armure et la poitrine ornée de la toison d'or. L'inscription:
Maximilianus II. Rom. Imp. Pius. Felix. Semper Augustus. Au bas de la bordure ronde, l'aigle impériale et la devise: Deus providebit. A la droite du bas: Martin Rota Sebenzan fecit — Nicol. Nelli exc. 1568. H. 8 p. (avec 2 l. de bordure). L. 5 p. 10 l.

122. Charles Archiduc d'Autriche. Buste de profil à

gauche, en armure, dans une bordure ovale._ Au bas, l'emblème de la Fortune sur deux dauphins avec la devise:

Fortuna audaces juvat.

Pièce non signée, mais avec l'adresse N. N. F. (Nicolaus Nelli formis) dans la bordure. Pendant de la pièce précédente. H. 8 p. L. 5 p. 10 l.

123. Ernest, Archiduc d'Autriche, fils de Maximilien II. Demi-figure vue de trois quarts, tournée à gauche. Au bas, l'inscription:

ERNESTVS D. G. ARCHIDVX AVSTRIAE DVX BVRGVNDIAE
COMES TIROLI Z C MAXIM. L. I. F. MDLXXVI.

A la droite du bas, une petite roue entre les initiales M—F. H. 8 p. L. 5 p. 6 l.

124. Mathias, Archiduc d'Autriche. Demi-figure en armure. 1579, sans autre signature. Cat. Petzold. In-folio.

125. Isabella Augusta, femme de l'empereur Charles V. Buste de trois quarts, tourné à droite, dans un ovale orné avec l'inscription:

DIVA. ISABELLA. AGVSTA. CAROLI. V. VX. Au bas, le chiffre MR. S. F. H. 6 p. 8 l. L. 4 p. 9 l.

126. Pie V. Le pape conclut une alliance avec Philippe II, roi d'Espagne, et le doge de Venise, pour faire la guerre aux Turcs. Derrière le pape et au milieu de l'estampe, on voit les trois figures allégoriques de la Force, de la Religion et de la Sagesse. A droite, est agenouillé le roi d'Espagne, à gauche, le doge, entourés de leurs chevaliers. Sur le devant, un dragon et trois vases remplis d'or. Pièce ronde avec l'inscription suivante dans la bordure:

PIVS. V. PONT. MAX. PHILIPPVS. REX ET ALOYSIVS MOCENI-
CVS. VENET. DVX. IN TVRCAS VNITI. 1571.

Au milieu du bas, Martinus Rota. Pièce de 4 p. 5 l. de diamètre. Bartsch décrit sous le No. 89 une composition analogue.

127. Ambroise Paré. Premier chirurgien des rois Henri II, François 1, Charles IX et Henri III de France. Demi-figure, tournée à droite; avec l'inscription:

Humanum. — Ambrosii. — Paraei. — Galliae. — Anno
aetatis LXXII. MDLXXXII.

Pièce in-4°. non signée et attribuée à Rota dans le Cat. Petzold.

128. Celsus Pigafeta, Medicus Vicentinus An. XXVIIII. inventor 1571. Cette inscription se lit dans la bordure ovale du

portrait de ce médecin. Au milieu du bas, le chiffre de Martin Rota. Pièce carrée de 4 p. 5 l.

129. La Bataille de Lépante. A droite, la flotte chrétienne avec l'inscription ARMATA CHRISTIANA, à gauche, celle des turcs ARMATA TVRCHESCHA. A la droite du bas, les principaux vaisseaux occupés à combattre; la plupart des divisions sont indiquées par des inscriptions. A la droite du bas, une tablette avec une inscription de neuf lignes:

La Vitoria fu alli 7. Ott. 1571 dalle 17. in fina 21 hora tra Lepantto.... 6. milia. Martinus Rota Sicensis f.

H. 5 p. 7 l. L. 7 p. Bamberg. Coll. Heller.

130. Plan de la Bataille de Lépante. Au bas, une conque contenant une tablette avec l'inscription:

Il vero ordine .... la Vittoria Cristiana .... Martin Rota fece.

H. 2 p. 6 l. L. 4 p. 4 l. Cette pièce ainsi que la précédente semblent appartenir à la même série que celle décrite par Bartsch sous le No. 114.

131. Vue de Constantinople. A la droite du bas, la signature Martinus Rota Siben. fecit. 1572. Petite feuille en largeur. Cat. Petzold, Vienne 1843.

132. Vue d'Alger. A la droite du bas: Martinus Rota Seben. formis 1572. Même dimension que la précédente et dans le même Catalogue.

133. Vue de Rome. Pièce non signée, mais tout à fait semblable aux précédentes.

134. Vue de Modon. A droite, cette ville fortifiée de la Morée entourée de plusieurs vaisseaux et assiégée du côté de la terre. A gauche sur une tablette, l'inscription:

Il vero sitto ouero Conttado de Modon doue si ritroua la armatta del turcho asediatta dalla Potontissima Armata della santtissima Lega. Martinus Rota Sibinicensis facibat.

H. 6 p. 3 l. L. 8 p. 9 l. Bamberg, Coll. Heller.

135. Paysage avec un berger et son troupeau. A droite, un chien qui aboie. Pièce d'après le Titien, sans le nom de Martin Rota, mais qui est attribuée à ce maître par Frenzel dans le Catalogue Sternberg I. No. 2335. H. 6 p. 9 l. L. 13 p. 9 l.

Appendice.

On attribue encore à Martin Rota les copies suivantes d'après A. Durer.

136. La Sainte famille. La Vierge est assise avec l'enfant Jésus sur un tertre. A droite, St. Joseph et une sainte femme. A gauche, un ange, et sur le devant, deux enfants nus assis sur le terrain. Copie en grand de la gravure sur bois B. No. 98. H. 14 p. 7 l. L. 10 p. 6 l. Voyez Heller, Vie d'Albert Durer No. 1805.

137. Le Couronnement de la Vierge. Copie de la gravure sur bois d'Albert Durer, B. No. 94. Pièce non signée, mais attribuée à Martin Rota dans le Catalogue Petzold, Vienne 1843. H. 10 p. 10 l. L. 7 p. 8 l.

L'Ecole de Fontainebleau.

(Bartsch XVI. 299.)

Nous avons sur les artistes qui depuis François I jusqu'à Henri IV ont été employés à la construction et à la décoration du château de Fontainebleau, des notices basées sur des documents authentiques dans l'excellent ouvrage du Comte Léon de Laborde: „La Renaissance des arts à la cour de France, études sur le XVIe. Siècle. Tome I. Peinture. Paris 1850." Nous y trouvons la liste de tous les maîtres qui, depuis 1528 jusqu'en 1587, furent occupés dans cette résidence royale et en partie l'énumération de leurs travaux, et il devient ainsi possible de tracer une histoire de cette époque artistique si glorieuse pour la France. Mais il ne peut entrer dans nos vues de donner ici même un resumé succinct de cette histoire ou de donner une simple liste des artistes avec leurs attributions et leurs salaires, données auxquelles se réduit la plupart du temps le contenu des documents en question. Nous n'avons à nous occuper que de ceux de ces artistes qui ont gravé sur cuivre et ordinairement à l'eau-forte, et nous citerons pour chacun d'entre eux les indications contenues dans l'ouvrage de M. de Laborde.

L. D. davent.
Léonard Thiry de Deventer.
(Bartsch XVI. 307.)

Ce peintre se signait ordinairement L. D., et on trouve sur une seule de ses estampes l'addition d a v e n t, ce qui a induit Bartsch à le nommer L. Davent. Mais Brulliot a le premier découvert son véritable nom sur un paysage avec la Fable de Proserpine: Leonardo Thiry Belgae pictoris longe excellentiss. invĕtum. et a reconnu que Deventer (Daventriae) dans la province d'Oberyssel était sa ville natale. Il est mentionné dans les livres de Comptes de la bâtisse de Fontainebleau, de 1535 à 1550, sous le nom de „Lyenard Tiry, peintre", avec un salaire de 15 à 20 livres par mois pour ses travaux dans la Grande Galerie. Bartsch décrit de lui 69 gravures à l'eau-forte dont une, le No. 59, représentant Pigmalion, d'après un cliché. Nous ajouterons au Catalogue de son oeuvre les pièces suivantes.

Additions à Bartsch.

70. **Tarquin et Lucrèce.** Elle est assise, demi-renversée, sur un lit à gauche, et devant elle Tarquin, qui l'a saisie à la gorge, la menace d'un poignard qu'elle cherche à écarter. Dans le fond à droite, un soldat armé d'une lance qui tient les rideaux du lit. A la gauche du bas, les initiales D. L., au lieu de L. D.

71. **Jupiter et Antiope.** D'après le Primatice. Elle dort sur un lit, la tête appuyée sur le bras gauche et les pieds vers la gauche. Derrière le lit, Jupiter, sous la figure lubrique d'un Satyre, soulève des deux mains la draperie qui recouvre la nymphe. A gauche, l'aigle de Jupiter; à droite, l'Amour endormi. Au milieu du bas, les initiales L. D. H. 6 p. 2 l. L. 9 p. 7 l.

72. **Eros et Antéros.** Le premier vu de face à droite, et les ailes éployées, tient une pomme à la main. A gauche, Antéros qui paraît se défendre, cherche à lancer une pomme contre son antagoniste. Au milieu, on voit plusieurs autres enfants dont un couché sur le terrain tient un lapin. A la droite du bas, les initiales L. D. H. 5 p. 7 l. L. 9 p. 6 l.

73—84. **La Fable de l'enlèvement de Proserpine.** Suite de neuf sujets numérotés dans des paysages avec des inscriptions au bas de chaque pièce.

— 73. **Plutonem veneris iussu ferit arte Cupido. —** Leonardo Thiry, Belgae, pictoris longa excellentissi. invĕtum. **No. I.**

— 74. Ex pergusa Hecatem rapit ad sua tartara Pluto.

A la droite du bas, L. D. No. II.

— 75. At Nympharum Hecates scapulis timor addidit alas.

Au pied d'un saule, L. D. No. III.

— 76. Plutoni Cianes aditum, non terra negavit.

Pièce non signée. No. IV.

— 77. Stellis fit Cererem irridens puer illi sitibat.

Non signée. No. V.

— 78. Ostendit Cereri Cianes quod nata reliquit.

Pièce non signée. No. VI.

— 79. Deuastat Siculos frugum dea funditus agros.

Pièce non signée. No. VII.

— 80. Hic Arethusa docat Cererem, Proserpina quo sit.

A gauche et au pied d'un vieil arbre, les initiales L. D. No. VIII.

— 81. Ad gemitus Cereris flectuntur numina olimpi.

Pièce non signée. No. IX.

— 82. Tartareos gustans fructus Proserpina visa est.

Pièce non signée. No. X.

— 83. Detulit Ascalaphus Hecatem, fit nostra ditis.

Pièce non signée. No. XI.

— 84. Ditis ac Cereris componit Jupiter iras.

Pièce non signée. No. XII.

85—96. La Fable de Calisto, dans une suite numérotée de 12 pièces. H. 4 p. 4 l. L. 8 p. 5 l.

— 85. Jupiter é Caelo, Phaetont incendia visit. — Leonardo Thiry Belge, pictoris longe excellentiss. inventum. A gauche, cum privilegio regis. No. I.

— 86. Ab Joue, per Sylvas errans, comprissa Calisto.

Pièce non signée. No. II.

— 87. Praegnantem ut sensit, superas conscendit ad auras.

Pièce non signée. No. III.

— 88. Non patitur Diana scelus, reiicitq. Calistum.

Au milieu du bas, les initiales L. D. No. IV.

— 89. Arcadem in Sylvis peperit, hinc percita Juno.

Pièce non signée. No. V.

— 90. Consternit illam pugnis, mortemq. minatur.
A la gauche du bas, les initiales **L. D.** à rebours. No. VI.

— 91. Verbera dum cessant facta est mox Vrsa Calisto.
Pièce non signée. No. VII.

— 92. Ingemit Vrsa nephas, Coelumq. vlulatibus implet.
Pièce non signée. No. VIII.

— 93. Forte Arcas Vrsam perimit, Hanc Jupiter audit.
Pièce non signée. No. IX.

— 94. Collocat in Coelum Vrsum atq. inter astra reponit.
A gauche, au pied d'un arbre, les initiales **L. D.** No. X.

— 95. Concitat ad scelus hoc Neptunia numina Juno.
Pièce non signée. No. XI.

— 96. Hinc Coelum redit est mala mens sibi conscia recti.
Pièce non signée. No. XII.

97—108. Troisième suite de douze paysages avec sujets de la Mythologie. Sans inscriptions. H. 6 p. L. 8 p. 10 l.

— 97. Paysage avec Orphée sous un arbre jouant du violon et domptant tous les animaux. A gauche, un éléphant. A la droite du bas, les initiales **L. D.** No. I.

— 98. Paysage avec Adonis à la chasse; il vient de percer un renard d'une flèche et se voit au milieu de l'estampe tourné à droite. A gauche, l'Amour conduit Vénus sur un pont, qui traverse un ruisseau où des Naïades se reposent. Pièce non signée. No. II.

— 99. Paysage avec Diane se reposant de la chasse. Elle s'appuie sur un cerf qu'elle a tué. A sa gauche, deux chiens, et au milieu, une source avec la statue d'Hercule entourée de quatre colonnes. Pièce non signée. No. III.

— 100. Paysage avec un pont au milieu, sur lequel un Satyre entraîne une nymphe, tandis qu'à gauche cinq autres s'enfuient vers une caverne où plusieurs de leurs compagnes sont cachées. A la droite du bas, les initiales **L. D.** No. IV.

— 101. Paysage, au milieu duquel, sous deux arbres avec draperies suspendues, on voit Vénus et l'Amour assis sur un lit de repos, tandis que les Grâces et des nymphes faisant de la musique les entourent. Sur le devant, plusieurs divinités de fleuves. Pièce non signée. No. V.

— 102. Paysage avec Romulus et Remus allaités par la louve près d'une ruine à gauche. Au milieu, une figure de femme (Rome), entourée des instruments des arts. A droite, près d'une chute d'eau, une colonne. Pièce non signée. No. VI.

— 103. Paysage, au milieu duquel se trouve un tombeau composé de quatre arcs et d'un sarcophage, près duquel on voit deux figures. A droite, un obélisque. A la gauche du bas, près d'un chien, le chiffre L. D. sur une pierre. No. VII.

— 104. Paysage avec un ruisseau traversé d'une planche, sur laquelle un satyre est assis pêchant. Au milieu, quatre petits satyres dansent, et à droite, près d'une source, on voit un autre satyre avec une nymphe. Pièce non signée. No. VIII.

— 105. Paysage en tourmente; en haut, à gauche, Diane qui a lancé ses flèches contre Niobé qui est étendue, blessée, à la gauche du bas. No. IX.

— 106. Paysage avec rivière; à droite, plusieurs nymphes faisant de la musique. Sur la rive droite, une femme suivie d'une autre avec deux enfants. No. X.

— 107. Paysage avec plusieurs petits Amours, dont un est assis sur un tronc d'arbre près d'une chute d'eau et tient de la droite une palme. A droite, sur un pont, deux hommes appuyés sur le garde-fou et regardant couler l'eau. No. XI.

— 108. Paysage avec la statue de Priape à droite, près de laquelle jouent plusieurs petits génies. A gauche, sur un cours d'eau, plusieurs petits Amours et génies sur deux bateaux que quelques-uns de leurs compagnons suivent en nageant. Au milieu du second plan, deux colonnes près d'un pont à deux arches. No. XII.

109—120. Quatrième suite de douze paysages avec des figures dans le costume du XVIᵉ Siècle. H. 6 p. L. 8 p. 10 l.

— 109. Paysage boisé, arrosé par un cours d'eau. A droite, sur le premier plan, un homme armé d'un sabre en indique un autre à gauche assis près d'une jeune femme. Plus loin, une autre femme fuit devant un homme qui la poursuit à droite. Dans le fond, de grands rochers. A la gauche du bas, les initiales L. D. No. I.

— 110. Paysage sans figures. A droite, près d'un cours d'eau, un château-fort avec une tour ronde. Au milieu, deux arbres qui s'élèvent jusqu'à la bordure, aux pieds desquels on voit deux lapins. Au milieu du bas, les initiales L. D. et autres lapins.

— 111. Paysage avec ruines. A droite, sur une ruine, est assis un porte-drapeau et plus bas, un soldat qui lui offre à boire dans un verre. Sur le devant, deux autres soldats qui remplissent leurs gourdes à une source. Dans le fond, un village avec plusieurs édifices. Pièce non signée. No. III.

— 112. Paysage avec des ruines et un obélisque à droite sur une élevation. A gauche, une chute d'eau. Sur le premier plan, plusieurs individus faisant de la musique en accueillent d'autres passant en bateau et dont un joue de la flûte, un autre du tambour. Sur le devant, à gauche, un homme offre à boire à un autre qui se trouve sur un arbre. A la gauche du bas, sur une pierre, les initiales L. D. No. IV.

— 113. Paysage montueux traversé par un fleuve. Sur le devant, un fauconnier avec une dame à cheval accompagnée d'un laquais et qui se dirige vers la droite. Sur le devant, une source et sur le fleuve, trois vaisseaux. Pièce non signée. No. V.

— 114. Paysage avec une ville incendiée dans le fond, à droite. Sur le devant, à gauche, et sur une ruine à deux arcs, quatre personnes, échappées à l'incendie. La ville avec un grand obélisque est située près d'un fleuve, sur lequel on voit trois bateaux remplis de gens; d'autres personnes sur le devant, à droite, cherchent à sauver leur avoir. Près de quelques broussailles, à gauche, les initiales L. D. No. VI.

— 115. Paysage avec deux cerfs et un faon près d'un arbre, qui s'élève à droite, jusqu'à toucher la bordure. A gauche, deux paysans conduisent un âne chargé. Dans le fond, quelques édifices. A la gauche du bas, les initiales L. D. No. VII.

— 116. Paysage semé de ruines. A gauche, une colonne brisée et au milieu, l'arche d'un pont, près duquel se trouvent plusieurs enfants, dont les uns se baignent, tandis qu'un autre pisse du haut du pont. Au milieu du bas, les initiales L. D. No. VIII.

— 117. Paysage avec pont en pierre de deux arches, sur lequel passent plusieurs dames et cavaliers contemplant une joute sur l'eau traversée par un cordon auquel pend un serpent. A gauche, un moulin à vent sur une colline et un château sur une montagne, au pied de laquelle est un village. Sur le devant, un mendiant avec deux chiens. Pièce non signée. No. IX.

— 118. Paysage ondulé avec montagnes, couvert d'édifices et de ruines. Sur le cours d'eau qui le traverse, on voit un vieux pont ruiné, sur lequel se tient un cavalier. Sur le devant, deux autres cavaliers avec une dame chacun, s'avancent vers l'eau où une espèce de gondole les attend. A gauche, deux femmes portant des fruits dans des corbeilles les suivent. A la droite du bas, les initiales L. D. No. X.

— 119. Paysage avec une rivière qui partant du premier plan se décharge dans la mer du fond et au milieu de laquelle se trouvent deux îles, dont celle de devant porte deux arbres, la seconde trois. A gauche, deux nautonniers conduisent une barque, dans laquelle sont assis deux seigneurs, dont l'un porte un faucon sur le poing. Sur le devant, un berger appuyé sur son bâton et près de lui un troupeau de moutons. A gauche, sur l'autre rive du fleuve, plusieurs maisons surmontées d'une ruine avec un petit obélisque. Au milieu du bas, les initiales L. D. No. XI.

— 120. Paysage avec plusieurs maisons près de la mer, sur laquelle on voit divers vaisseaux. A droite, une église sur une colline, un peu plus loin, un village, et sur le devant, au milieu, une arche de pont, sur lequel un homme et une femme sont en conversation avec un individu assis sur le mur d'appui. A gauche, sur une prairie, plusieurs hommes et femmes dansent en rond au son d'une cornemuse. A la droite du bas et près de deux arbres très-élancés, les initiales L. D. No. XII.

Antonio Fantuzzi da Trento.
(Bartsch XVI. 334.)

Nous possédons de ce peintre élève du Parmesan des bois en clair-obscur et des gravures à l'eau-forte exécutés d'une manière pittoresque et quelquefois seulement esquissés. Les bois sont la plupart du temps signés 𝐀 ou avec un chiffre composé de l'A et du T et souvent accompagné d'une date de 1540 à 1545, c'est-à-dire durant l'époque où il se trouvait à Fontainebleau.

Bartsch, en parlant de lui comme graveur sur bois et à l'eau-forte, a cru, d'après Vasari, que Antonio da Trento est le même maître que Antonio Fantuzzi. Des écrivains postérieurs donnent néanmoins le premier de ces noms à Antonio Cavalli de Borgo San Sepolcro, dont la famille vivait à Trente de 1427 à 1583 et qui, selon l'assertion d'Oretti[1]), aurait exécuté une gravure sur bois à S. Pietro même. Zani n'avait pu découvrir rien autre sur ce graveur et se rallia, par conséquent, à l'opinion de Bartsch en l'appuyant de quelques preuves, dont il crut trouver la plus frappante dans l'inscription de la gravure à l'eau-forte (B. No. 35) représentant une grotte. Mais Zani s'est trompé dans la position des différentes parties de cette inscription qui est disposée comme suit:

ANT°. F̄ATVZI. — FECIT. AN.
I. DE BoLo GNA. — D. M̄. D. 45.

Si on se réfère à l'inscription d'une autre gravure du maître, Les filles de Mynias (B. No. 16):

Antonio Fantuzzi fecit 1542, Bologna inventor.

on devra lire l'inscription ci-dessus Antonio Fantuzzi fecit Anno Domini M. D. 45. Inventione del Bologna, nom que portait alors le Primatice en France.

D'ailleurs nous devons observer que le T qu'il ajoute ordinairement à son nom se doit interpréter par le mot Tridentino et non par tagliatore ou taglio comme l'ont cru quelques-uns, puisqu'une pareille expression n'a jamais été en usage parmi les graveurs de cette époque.

Nous ajouterons aux notices données par Bartsch sur Antonio Fantuzzi quelques renseignements tirés des livres de compte de Fontainebleau et que nous trouvons dans le livre déjà cité du Comte de Laborde:

„1537—40. A Anthoine de Fanton, dit de Boullogne, paintre, à raison de 7 livres par mois. Ouvrages de peinture et stucq à Fontainebleau.‟

„1540—50. Anthoine Fantoze, paintre, pour ouvrages de paintures qu'il a faits et pour avoir vacqué aux ptrons et pourtraits, en façon de grotesques, pour servir aux autres paintres, besongnans aux ouvrages de peinture de la grande gallerie, estant en la grande basse-court du dit chateau, à raison de 20 liv. par mois.‟

---

1) Zani, Encycl. I. 6, p. 311 et 8, p. 272.

Bartsch décrit dans l'oeuvre de Fantuzzi 37 pièces avec son monogramme et donne sous les anonymes 16 autres gravures qu'il croit pouvoir lui attribuer avec plus ou moins de vraisemblance. Ce sont, entre autres, les suivantes:

39. Un Empereur romain.
48. Scipion.
51. Patrocle.
62. Vertumne.
68. Neptune.
69. Vénus.
85. Un homme avec un masque.
87. Les Ventouses.
88. Combat de bêtes fauves.
90. Soldats.
94. Combat naval.
98. Une Bataille.
114. Un Paysage.
123. Un Ornement.
143. Deux Vases.

Nous ne saurions décider si ces pièces appartiennent réellement à notre maître et nous nous contenterons d'ajouter au Catalogue donné par Bartsch quelques gravures signées et qui sont restées inconnues à cet écrivain.

Additions à Bartsch.

38. Susanne au bain. Elle est surprise par les vieillards. Pièce signée ANT. F., à l'eau-forte et terminée à la pointe froide. Gr.-in-fol. (Nagler, Monogr. No. 1032.)

39. La Pêche miraculeuse. Sur le devant, une foule d'hommes et de femmes. D'après Raphaël. Pièce à l'eau-forte. Fol. en largeur. (R. Weigel, Kunst-Catalog No. 14358.)

40. Le Lavement des pieds. Grande composition. Gr.-in-fol. en largeur. (Nagler I. p. 286, No. 8.)

41. L'Enfant prodigue. Il est agenouillé près des pourceaux dans un paysage. Pièce signée. Gr.-in-fol. (R. Weigel, K.-C. No. 13031.)

42. **Melpomène.** La Muse de la Tragédie tient, de la main gauche, un masque. Le monogramme est à la droite du bas. Gr.-8°. (Cat. Sternberg I. 397.)

43. **Banquet romain.** La salle est ornée de colonnes et de guirlandes, et les convives sont placés autour d'une table. A gauche, des musiciens jouent près d'un riche candélabre. Sur un gradin à droite, le chiffre avec la date de 1543. La composition semble être de Jules Romain. H. 15 p. 10 l. L. 21 p. 9 l.

44. **Guerrier romain dans une niche.** Il est couronné de laurier et tient, de la main droite, le pan de son manteau. Pièce marquée du chiffre du maître. H. 9 p. 1 l. L. 4 p. 3 l.

45. **Marche de troupes armées de boucliers.** Ils accompagnent un convoi de chevaux, de chariots et de soldats; la marche est vers la droite. Sur le devant, un guerrier romain avec des fruits dans une corbeille et dont le cheval est conduit par un soldat. Dans le lointain, des chariots avec des femmes et des enfants. Pièce non signée. H. 11 p. L. 16 p. 4 l. (Zanetti, Cabinet de Cicognara No. 1478.)

46. **Grand cartouche.** Dans le compartiment du milieu, on voit deux vaisseaux sur l'eau et sur le rivage une ville. A droite et à l'horizon, une forteresse. Le chiffre est à la gauche du bas. H. 9 p. L. 14 p. 8 l. (Nagler I. 286, No. 9.)

47. **Autre grand cartouche avec compartiment vide au milieu.** De chaque côté, une cariatide. Dans la bordure, à guise d'arabesque, on voit au bas des enfants avec des rinceaux de fruits et en haut, deux figures nues. Le chiffre est au milieu du bas. H. 10 p. 9 l. L. 15 p. 10 l. (Nagler I. p. 286, No. 10.)

⌐ D ⌐ F ⌐

Domenico del Barbiere de Florence.

(Bartsch XVI. 355.)

Comme Bartsch l'a déjà fait remarquer, cet artiste distingué de Florence n'était pas seulement peintre et sculpteur, mais il nous a laissé aussi d'excellentes gravures. Il avait suivi à Fontainebleau le maître Roux et nous trouvons dans les Livres de Comptes déjà cités les indications suivantes sur ses ouvrages:

1540—1550. „Dominique Florentin paintre (reçoit) 20 S. par jour" ou bien encore 20 livr. par mois.

1560—1561. „A Dominique Florentin, imager, la somme de 175 livres pour neuf figures de bois, en déessus de Pallas, Mercure et autres; pour icelles estre applicquées en une salle de nouveau érigée de bois et lattes, au jardin de la Reyne, au chateau de Fontainebleau."

Puis de nouveau:

50 livres pour ses travaux comme „tailleur d'images".

1561. „A Dominique Florentin, imager, la somme de 120 livres pour avoir fait un piedestail ou soubassement, servant à trois figures de marbres, pour le tabernacle et sepulture du coeur du feu Roy Henry (II) et sous icelluy piedestail mettre et asseoir une plainte de pierre de marbre noir et au dessus un autre portant corniche, aussy avoir fait un vase de cire dedans lequel a esté mis le coeur d'icelluy defunct, reparé, nettoyé et poly le vase de cuivre qui a esté fait sur le modele du dit vase de cire."

1562—1566. „A Dominique Florentin, sculpteur, la somme de 200 liv., pour avoir besongné à la sépulture pour le coeur du feu Roy Henry."

1564—1565. „A Dominique Florentin, sculpteur, la somme de 100 liv., sur le model de terre, en forme de priant à genoux, representant l'effigie au vif du feu Roy Henry, pour ledit model fondre en cuivre pour servir à la sépulture du dit feu seigneur."

1562. (Comptes des travaux de sculpture pour le monument de Henri II.) — „Au dit Germain Pillon, Jacquiau et Dominique Florentin, sur les ouvrages de sculpture par eux faits, 576 livres."

Additions à Bartsch.

10. La Sainte famille. Au milieu est assise la Vierge avec l'enfant Jésus. St. Joseph est à gauche, le petit St. Jean à droite. En haut, dans les ciels, quelques petits anges. Pièce signée D. F. H. 13 p. 6 l. L. 9 p. 10 l. (Heinecken, Dict. II. p. 163.)

11. La Madeleine pénitente. Elle est représentée jusqu'aux genoux, tournée vers la droite et tenant devant elle un livre ouvert

et une tête de mort. Fond de rochers. Au milieu du bas: Tic. invc. (Tiziano inventò); à droite, la signature D. F. H. 15 p. 10 l. L. 11 p. 4 l. (Cat. Malaspina II. p. 135.)

12. Cléopâtre. Elle est debout, près d'un sarcophage. Pièce signée D. F. (Brulliot, Dict. II. 587.)

Appendice.

Le Cat. Malaspina (II. 135) mentionne encore une pièce avec dix hommes nus près d'un rocher, mais qui n'est point signée. Nous hésitons d'autant plus à attribuer cette estampe à notre maître que toutes les pièces que nous connaissons de lui portent invariablement sa signature.

Geoffroy Dumoustier.
(R. Dumesnil I. p. 31.)

Cet artiste, qui est rangé parmi les maîtres de l'Ecole de Fontainebleau, appartient à une famille nombreuse de peintres dont il paraît cependant avoir été le plus ancien membre. Il est mentionné comme suit dans les livres de comptes de Fontainebleau:

1540. „A Gueffroy du Monstier, paintre, 20 S. par jour."
et Mariette, dans une notice manuscrite empruntée à Sauval, dit:

„Geoffroy Du Monstier, ayeul de Daniel, était peintre en miniature, et je ne sais s'il ne peignait pas aussi sur verre. Lorsque maître Roux vint en France, il l'employa dans plusieurs de ses ouvrages, et Du Monstier devint un parfait imitateur de la manière austère et sauvage de ce peintre italien. Cela se voit sur divers morceaux qu'il a gravés à l'eau forte et dont je possède une suite assez complète, qui est fort curieuse; surtout pour un Français qui est bien aise de voir ce que la peinture et la gravure étoient en France lors de son enfance. Deux de ces pièces portent la date 1453 et 1547. Geoffroy eut une nombreuse lignée, et l'un de ses fils, nommé Cosme, fut, comme son père, peintre en miniature, et fut considéré du Roy qui en avait fait son

valet de chambre et qui, se confiant en sa prudence, l'envoya en plusieurs cours, chargé de commissions importantes. C'est ce que j'ai lu
dans un manuscrit de Sauval. L'abbé de Villeloin dans son Paris,
p. 11, nomme Geoffroy Dumoustier."

Dans l'ouvrage déjà cité du Comte de Laborde, nous trouvons les
détails suivants sur cette famille d'artistes:

La plus ancienne mention que nous trouvions d'un membre de
la famille Dumoustier est celle qui regarde un Estienne Dumoustier, qui travaillait depuis 1501 à Gaillon, où il faisait des tableaux
dans le château pour le Cardinal d'Amboise. On le croit frère du
Geoffroy Dumoustier, de l'Ecole de Fontainebleau, dont nous avons
déjà parlé. On ne sait point, du reste, dans quel degré les artistes,
de la même famille, que nous allons citer se trouvaient alliés à ces deux
peintres plus anciens. Nous trouvons d'abord dans les livres de comptes de Fontainebleau un Caretin Dumoustier imager, avec un salaire
de 12 S. par jour pour avoir nettoyé la figure de Cléopâtre (l'Ariane)
fondue en bronze à Rome; ensuite un Maistre Jehan Dumoustier, qui, en 1540, paie à l'église de Ste. Geneviève 15 S. de rente
pour une maison de la rue St. Victor à Paris, en lieu et place de la
Veuve de feu Maistre Clement Dumoustier. Un second Estienne Dumoustier, peintre, se trouve en 1569 au service de la
reine, avec un salaire de 400 livres par an et se trouve porté de 1575
à 1589 dans „l'Estat des officiers domestiques du roy Henri III."
Fils de Geoffroy était le peintre Cosme que nous voyons, en 1586,
enregistré parmi les officiers de la reine, et avec lui Pierre Dumoustier l'aîné, porté sur le rôle des officiers domestiques du Roi
et de la reine Catherine de 1585 à 1599 et qui, le premier janvier
de cette dernière année, reçoit „33 escus", comme „vallet de chambre."
Ce peintre mourut en 1603, du moins le voyons-nous cette année
remplacé par Martin Freminet. Vers le même temps ou un peu plus
tard vivait un autre Pierre Dumoustier, le jeune excellent dessinateur au crayon qui, en suivant les bonnes traditions de Jean Clouet,
nous a laissé plusieurs portraits, signés de son nom avec la date de
1618. Il se trouve de 1601 à 1610 parmi les „Officiers domestiques
de la maison de MS. Loys Dauphin, fils du roi Henri III." Selon le
Comte de Laborde, Pierre le jeune fut le père de Daniel Dumoustier, tandis que son cousin, un autre Pierre, travaillait principalement en Italie et à Rome, où le rencontra Tallemant des Réaux.
Daniel Dumoustier était peintre au service du roi, dont il reçut depuis

1629 jusqu'en 1643 une pension de 400 livres par an. Dans ses premiers travaux (aux crayons) il suivit pour les portraits la manière de son père, et dans celui de Marie de Médicis, signé „2 Juillet 1626", il n'est point aussi plat, aussi pâle, quoique moins rose de ton que dans ses ouvrages plus récents, où il tomba dans le maniérisme et montra une rudesse qui était d'ailleurs dans son caractère. Nous trouvons sur un portrait de femme vue de profil, l'inscription suivante: „Françoise Heseque, faicte ce 8 de may 1629, commencée par mon fils aîné, corrigée et finie par moy, D. Dumoustier, depuis ma femme en second mariage du 5 May 1630 et trespassée le 5 d'Octobre 1636."

Nous n'avons point de renseignement sur ce fils qui paraît également avoir été peintre, mais nous savons qu'il y a eu un peintre, Louis Dumoustier qui était neveu de Daniel. Celui-ci mourut tout à coup en 1646 et laissa plusieurs livres et tableaux licencieux qui furent achetés et brûlés par ordre de la reine.

Pour en revenir aux travaux de Geoffroy Dumoustier, aucune de ses gravures ne porte sa signature. Cependant il s'en trouve plusieurs marquées par De Marolles, ou par une main contemporaine, G. ou „Geoffroy Dumoustier" f. Une pièce de son oeuvre porte même la signature M^e (Maître) Geoffroy Dumoustier f. Sa manière de graver à l'eau-forte ressemble beaucoup à celle d'Antonio Fantuzzi, ce qui nous ferait croire qu'il s'est formé à l'école de cet élève du Parmesan. Bartsch décrit sous les Anonymes de l'Ecole de Fontainebleau quatre pièces (les Nos 8, 9, 31 et 100), sans nous dire qu'ils sont du même maître ou ajouter quelque indice sur le nom du graveur.

Robert-Dumesnil, dans son Peintre-Graveur français Vol. I. p. 31—44, décrit 22 estampes de Geoffroy Dumoustier; cependant ce n'est point là tout son oeuvre, puisque nous avons trouvé dans la Coll. de Paris deux autres pièces inconnues à l'écrivain français.

23. L'Adoration des bergers. Au milieu est couché l'enfant Jésus adoré par la Vierge et St. Joseph à genoux. Plus loin, à droite, on voit, sept bergers. H. 5 p. 5 l. L. 6 p. 10 l.

24. La Descente de croix. H. 6 p. 10 l. L. 9 p. 2 l.

I. V. B., IꝯV., ⚥

(Bartsch XVI. 370.)

On ne peut indiquer avec une certitude absolue le nom de ce maître de l'Ecole de Fontainebleau qui a généralement signé ses gravures d'un des chiffres ci-dessus. Si nous consultons à ce sujet les livres de comptes du Château, nous y trouvons deux noms qui pourraient expliquer les initiales ci-dessus, celui de Jean Verdun, imager (Sculpteur) et celui de Jean Vaquet, peintre, tous deux mentionnés dans les comptes de 1540 à 1550 avec le salaire mensuel de 13 livres. Sans nous décider pour l'un ou l'autre de ces artistes, il nous semblerait plus vraisemblable de reconnaître dans le peintre l'auteur des gravures dont Bartsch décrit une partie. Nous laissons volontiers aux recherches futures le soin d'élucider ce point.

Bartsch décrit sept pièces signées du maître et trois autres sans marque qu'il relègue par conséquent parmi les anonymes, quoique la manière en soit analogue à celle du maître et qu'une entre autres, avec les figures debout de St. Pierre et St. Paul (No. 33), porte avec l'inscription I R. INVEN — TEVR les initiales IVB. L'autre pièce (No. 82) représente deux héros avec des enfants tenant des trophées et la troisième (No. 135) a un montant d'ornement avec deux statues d'empereurs romains dans des niches.

Brulliot, dans sa Table générale (Dict. I. No. 2730ᵃ et II. No. 2879), nous décrit les gravures suivantes toutes signées du monogramme du maître:

11. Moïse tire l'eau du rocher. D'après le Primatice.

12. Une Sainte famille. D'après Raphaël.

13. La Mort des enfants de Niobé. D'après une partie de la frise de Polidore de Caravage. Niobé est assise à droite cherchant à cacher une de ses filles. A droite, une autre agenouillée pose les bras au-dessus de sa tête, tandis que deux autres s'enfuient à gauche, où l'on en voit déjà quelques-unes tuées. Un rideau accroché à des arbres forme le fond. La marque est à la droite du bas. H. 8 p. 9 l. L. 12 p. 7 l. Paris.

14. Vénus debout devant un fauteuil. C'est la composition du Primatice déjà gravée par Léonard Thiry. (B. No. 30.)

15. Deux Amours avec deux grands cygnes. Ils s'avan-

cent vers la gauche. L'Amour qui est à gauche tient le premier des cygnes de la droite et prend le bec du cygne de gauche que le second Amour embrasse. Le chiffre est sur une pierre en bas à droite. Belle pièce et d'une bonne exécution dont on attribue l'invention à Jules Romain. H. 7^1/$_2$ p. L. 14 p. Paris.

16. Un Jeune homme à cheval. Il s'avance vers la droite et tient le cheval, sans bride, par la crinière. Dans le fond, quelques ruines et une pyramide. Le chiffre est à gauche. H. 7 p. 7 l. L. 5 p. 9 l. Paris.

17. Paysage dans un ovale. Vue étendue sur un fleuve qui se décharge à droite dans la mer. A gauche, des montagnes et des rochers, sur lesquels on voit quelques édifices. Au milieu du premier plan, une langue de terre sur laquelle est une ville. Sur le devant à droite, un groupe de jeunes arbres. Dans l'ombre d'un rocher, le dernier des chiffres ci-dessus. H. 5 p. 7 l. L. 10 p. Paris.

Gravures sur bois et clairs-obscurs italiens.

Additions à Bartsch.

(Vol. XII. Peintre-Graveur.)

Nous donnerons ici les notices que nous avons pu recueillir sur les graveurs sur bois du XVIe. Siècle en Italie en tant qu'elles sont restées inconnues à Bartsch ou que nous ne les ayons point déjà données nous-même en parlant des différents maîtres comme, par exemple, de Zoan Andrea, de Domenico Campagnola ou de Beccafumi. Quant aux plus anciens graveurs sur bois et sur métal, nous en avons déjà fait mention dans la partie historique de cet ouvrage et nous ajouterons seulement à ce propos que le maître au chiffre $\overline{FV}$ est selon toute probabilité Florio Vavassore, frère de Zoan Andrea, qui en commun publièrent à Venise un recueil de poésies de 52 feuillets avec Registre; au verso du dernier feuillet est la signature: Per Giouañi Andrea Vavassore detto Guadagnino et Florio fratello nel anno del Signore MDXXXXIIII. Nous ajouterons au Catalogue des clairs-obscurs donné par Bartsch toutes les gravures sur bois du XVIe. Siècle en Italie qui sont tombées sous nos yeux ou sur lesquelles nous avons des indices authentiques. Bartsch, dans sa description de ces pièces au nombre de 207, les a distribuées par ordre de sujets, en commençant chaque série par le No. 1. Nous croyons qu'une pareille division n'est point sans inconvénients et nous avons préféré donner à notre Catalogue une numération progressive.

VDC, VGO.

Ugo da Carpi.[1]

Ce peintre graveur sur bois était issu de l'ancienne famille des Comtes de Panico qui, vers le milieu du XVe. Siècle, se transféra de Parme à Carpi, mais qui eut son origine du château de Panico, situé à 14 milles environ de Bologne sur la rivière Reno. D'après la notice généalogique donnée par Gualandi, Ugo était fils du Notaire Comte Astolfo et de sa femme en secondes noces Elisabetta di M^o Giovanni da Dello. On ne sait point au juste quelle est l'année de sa naissance, que l'on place ordinairement vers 1480, mais dont on doit reculer la date si l'on tient compte du passage dans sa supplique au Sénat de Venise en 1516, où il se représente comme un homme déjà fort âgé (venuto all' età senile) et si nous réfléchissons que son frère aîné Giovanni avait déjà rédigé des actes en 1462. Il est vrai que Ugo était le dixième enfant d'Astolfo, mais il n'est guère probable qu'un intervalle d'au moins quarante ans se soit écoulé entre sa naissance et celle de son frère aîné. Nous serions par conséquent enclin à le faire naître vers 1450.

La première mention que nous avons de lui se trouve dans le testament de son père, en date du 21 septembre 1490, fait dans sa maison, No. 174 de la rue de Castelvecchio ou della Torre. Il semble s'être porté pour affaires à Milan en 1502, puisque dans un document daté de l'année suivante nous le trouvons en relations avec le célèbre typographe Nicolò Bissoli, alias Lelli, et M^o. Benedetto del fù Ser Michele pour lesquels, sans doute, il eut à exécuter des gravures sur bois ou sur métal.

Le 18 mars 1504, nous trouvons que M^o. Bernardino del fù Giacomo Lochi da Parma fait un paiement à M^o. Ugo di fù Co. Astolfo da Panico pour une pièce de terre que celui-ci lui avait vendue le 11 juillet 1503. Gualandi observe à ce sujet que les biens dont Ugo avait hérité de son père et de son frère puîné Pietro Giovanni étaient fort diminués, sinon complétement perdus.

---

1) Nous empruntons la plupart de nos notices sur ce maître distingué à l'excellent ouvrage de Gualandi, intitulé „Di Ugo da Carpi e dei conti da Panico. Memorie e note etc. Bologna 1854.“

Ugo s'était marié avec Cassandra Solieri, qui ne sortit jamais de Carpi, où elle mourut en 1520. Il en eut deux filles, Jeanne et Elisabeth, dont la dernière se maria quatre fois.

Entre 1506, et 1509 il se rendit à Venise, où il séjourna jusqu'en 1516. Nous parlerons plus loin de sa demeure dans cette ville quand nous ferons mention d'un document très-intéressant de cette époque, où il parle de son invention des gravures sur bois de plusieurs planches, pour laquelle il demande un privilége au Sénat. Peu de temps après, il a dû se rendre à Rome et s'y être arrêté au moins jusqu'en 1518, quand il grava ses beaux clairs-obscurs d'après les dessins de Raphaël et qui sont les plus anciens que nous connaissions en Italie et qui soient arrivés jusqu'à nous. Son dernier travail de ce genre porte la date de 1523, qui est aussi celle de sa mort, qui eut lieu le 20 juillet de cette même année.

Nous possédons sur les travaux artistiques d'Ugo da Carpi deux documents, où il apparaît comme peintre et comme graveur sur bois et que nous donnerons ici dans leur teneur. Le premier est un contrat passé avec le peintre Saccacino, comme suit:

„1503. 21 août. Maître Ugo, peintre, fils de feu le comte Astolfo da Panico, et Saccacino, fils de Maître Bartolomeo Saccacini, ont conclu entre eux le contrat suivant valable pour trois ans. In nomine Christi. Amen.

„Saccacino susdit promet d'exécuter au mieux de ses talents et selon toutes les règles de l'art les peintures que Maître Ugo entreprendra de faire à Carpi ou ailleurs.' Et ledit Saccacino aura une moitié du prix de ces travaux, et Maître Ugo l'autre moitié, à la condition pourtant que ce dernier fera les dépenses des couleurs pour lesdits ouvrages et qu'il ne puisse faire aucun contrat pour de nouveaux travaux sans l'assentiment dudit Saccacino. Et dans le cas où Maître Ugo lui-même travaillerait à ces ouvrages un ou plusieurs jours, ou s'y ferait aider par ses élèves, ledit Saccacino aura à l'indemniser comme suit: le salaire d'un jour de travail pour une journée dudit Ugo et celui d'un jour de travail pour deux journées de ses élèves. Et promettent et s'engagent de maintenir ces stipulations, etc., et de ne pas y contrevenir sous peine d'une amende de dix ducats payable à celui qui aura observé le contrat: Et invitées par moi Notaire, les parties ont ratifié ce contrat en y apposant leur signature, et sur la déclaration de Saccacino susdit de ne pas avoir plus de 25 ans ni moins de 18, et de ne point vouloir être dégagé de ses promesses par absolution ou autrement. Fait à Carpi, à Borgo San Francisco, dans l'Atelier de Giov. Battista da Como, en présence de Galeazzo de Conca et de Maître Ludovico de Stortis, témoins. Ego Christoforus Carnevalis Notarius R."

Il ne paraît pas qu'aucun des ouvrages de peinture d'Ugo da Carpi dans sa ville natale se soit conservé jusqu'à nos jours, et nous n'en avons aucune autre notice que celle communiquée à Tiraboschi[1]) par l'avocat Eustachio Cambassi, touchant un contrat par lequel notre maître s'engageait vis-à-vis d'un particulier de Carpi à lui peindre la frise de sa maison dans la rue du Belvédère.

Vasari lui-même ne fait mention que d'un seul tableau à l'huile de Ugo représentant la Véronique avec la Sainte-Face entre les Apôtres St. Pierre et St. Paul.   Ce tableau se trouve actuellement dans la Sacristie des „Beneficiati" du Chapitre de St. Pierre de Rome, où on le transféra de la Chapelle „del Volto" dans la vieille église.   Vasari mentionne qu'il s'y trouvait une inscription[2]) disant que le maître avait exécuté ce tableau sans pinceau et que l'ayant montré une fois à Michel-Ange, celui-ci aurait observé en riant que Ugo aurait mieux fait de se servir du pinceau, puisqu'il aurait peut-être mieux réussi alors à faire un meilleur tableau.

L'autre document que nous avons mentionné plus haut est une supplique de Ugo da Carpi en date du 24 juillet 1516, adressée au Doge et au Sénat de Venise pour demander un privilége en faveur de sa nouvelle invention, qui est celle d'exécuter des gravures sur bois de plusieurs planches en clair-obscur (chiaro et scuro).   Voici la teneur de ce document dans la langue originale:

MDXVI. die vigesima quarta julii.

Serenissimo Prencipe et excellentissimo Senato.

Cum sit che io Ugo da Carpi intagliador de figure de legno sono stato lungo tempo sempre nella Città vostra preclarissima di Venetia, et ho consumato la mia zoventù in essa et per esser venuto all' età senile, et volendo io viver del solito exercitio mio: et havendo io trovato modo nuovo di stampare chiaro et scuro, cosa nuova et mai più non fatta, et è cosa bella, et utile a molti che

---

1) Storia della letteratura italiana. Milan 1824. Vol. 13, p. 2421.
2) „Per Ugo da Carpi, intajatore, fata senza penelo."

hanno piacer di dissegno: et più havendo io intagliato
et habia da intagliare cose mai più fatte, nè per altri
pensate: delle qual mie fatiche prostrato chiedo, doman-
do et supplico di gratia dalle illustrissime signorie Vostre si degni per sua clementia concedermi, che niuno
non possi, ni osi contrafare alcun mio disegno, intaglio,
semper cum ogni reverentia parlando, che non sia contra alle gratie per altri tolte; solum per el mio inzegno
il qual dimostrerò esser necessario et utile, et chi volesse
esser presuntuoso di contrafare alla mia gratia, et volendo quelli stampar qui, over fuora di qui non possi
venderli nelli luoghi subditi all' Illustrissimo Dominio
Vostro sotto pena di perder le figure, et per ogni figura
ducati dese divisi in tre. Una parte alla pietà, la seconda
a quel Dominio, dove sarà fatta la denunzia, ed il terzo
allo accusatore. Alla gratia delle Illustrissime Signorie
Vostre humilmente mi raccomando.

Die ut sopra

Q. suprascripto Magistro Ugoni concedatur quantum ut
supra continetur.

On devra remarquer que, dans ce document, Ugo da Carpi ne se
donne point la qualité de peintre, mais uniquement celle de graveur
sur bois; qu'il y dit formellement que séjournant depuis fort longtemps
à Venise, il y a passé sa jeunesse et y est devenu vieux dans l'exer-
cice de son art et qu'il décrit l'art de graver sur bois en clair-obscur
comme de sa propre invention et comme étant une chose jamais faite
ni pensée auparavant.

Il résulte de tout ceci que Ugo da Carpi est né bien avant 1480,
comme nous l'avons déjà observé; qu'il a vécu fort longtemps à Venise
et qu'il s'y est occupé principalement à graver sur bois, ce qui pourrait faire croire qu'un nombre de belles pièces non signées exécutées
à Venise et communément attribuées à Boldrini sont en réalité d'Ugo
da Carpi; enfin qu'en 1516 il a inventé l'art de graver en clair-
obscur, ce qui coïncide d'ailleurs assez bien avec l'époque de la première apparition de ce genre de travail en Italie. Dans le résumé
que nous avons déjà donné de l'histoire de la gravure sur bois, nous
avons démontré que Jost de Necker avait déjà fait à Augsbourg, en
1510, une gravure sur bois de trois planches, ce qui donne à l'Alle-

magne la priorité d'invention dans l'art de graver en clair-obscur.
Il est possible que Ugo da Carpi ait trouvé la même invention six ans
plus tard, mais il n'est guère probable que, vu le commerce fréquent
qui existait alors entre Augsbourg et Venise, il ne soit pas parvenu
dans cette dernière ville avant 1516 aucune pièce en clair-obscur du
maître allemand. On serait donc justifié à croire que Ugo, malgré son
assertion, aura vu quelque gravure de ce genre et qu'il en aura profité
pour se porter inventeur de l'art de graver en clair-obscur.

Hugo da Carpi, comme nous l'avons vu par l'apostille à la supplique ci-dessus, obtint immédiatement du Sénat de Vénise le privilége demandé. Il se rendit ensuite à Rome, où il exécuta ses beaux
travaux en clair-obscur, d'après les dessins de Raphaël, et dont deux,
la Mort d'Ananias (B. No. 27) et l'Enée et Anchise (B. No. 12),
portent l'inscription suivante:

RAPHAEL. VRBINAS. Qvisqvis. has. tabellas. invito. av-
tore. imprimet. ex. divi. Leonis X. ac. ill. principis. et.
Senatvs. Venetiarvm. decretis. excomvnicationis. senten-
tiam. et. allias. penas. incvrret. Rome. apud. vgvm. di.
Carpi. impressam. M.D.XVIII.

Un ouvrage de calligraphie devenu très-rare nous indiquera combien de temps notre maître passa à Rome après la mort de Raphaël
et celle de sa propre femme en 1520. Ce livre fut publié à Rome
par Ludovicus de Henricus Vicentinus, en 1523, et gravé sur
bois ou, comme il paraît plutôt, sur métal par Ugo da Carpi. La date
de l'exécution de cet ouvrage qui a pour titre:

„La opera di Ludovico Vicentino da imparare a scrivere
lettera cancelleresca, etc. In Roma per invenzione di
Lud°. Vicentino, scrittore.“

nous est fournie par l'inscription sur le 14e feuillet:
Ludovicus Vicentinus scribebit Rome anno salutis MDXXIII.,
tandis que les exemplaires qui nous sont connus ne portent point
sur le titre le lieu d'impression ni l'adresse de l'imprimeur, mais seulement l'indication: Intagliata per U.o da Carpi[1]) avec les dates
de 1532 ou 1535. Cependant, malgré la contradiction apparente, nous
devons tenir compte de l'assertion positive de Gualandi, que notre
maître mourut le 20 Juillet 1523.

---

[1]) Sotzmann donne dans les Archives de Naumann II. 285 — 303 des détails
étendus sur les différentes éditions de cet ouvrage.

Bartsch avait déjà fait mention de cet ouvrage d'après les indications fournies par Tiraboschi et sans l'avoir vu. Mais comme nous devons à la complaisance de M. R. Weigel de Leipzig la communication d'un exemplaire de l'édition de 1535, il ne sera pas sans intérêt d'en donner ici une description plus complète.

Voici quel en est le titre:

THESAVRO DE SCRITTORI.

Opera artificiosa la quale con grandissima arte, si per pratica come per geometria insegna a scrivere diuerse sorte littere: cioè Cancellarescha; mcrchantescha: formata: cursiva: Antiqua: moderna: et bastarda di più sorti: cum uarij e bellissimi exempli et altre sorte littere di uarie lingue: cioè Grecha: Hebraicha: Caldea et Arabicha. Tutte extratte di diuersi et probatissimi Autori et massimamente dalo preclarissimo SIGISMVNDO fanto nobile ferrarese: mathematico et architettore eruditissimo: dele mesure e ragioni di littere primo inuentore: Intagliata per Ugo da Carpi: cum gratia: et privilegio. ⊞

ᴧ A ᴧ S

(Et à droite de ces initiales, une main qui, avec une plume, écrit un S; à gauche, une main qui, avec un compas, mesure un A.)

Anchora insegna de atemperare le Penne secundo diuerse sorte littere e cognoscere la bontade di quelle e fare inchiostro et Verzino, Cenaprio et Vernice: cum multi altri secreti pertinenti alo Polito: et Eccellente Scrittore: come per te medesimo legendo impararai. Ne lanno di nostra salute MDXXXV.

Ce petit ouvrage est de format in 8⁰. (H. 7 p. 6 l. L. 5 p. 3 l.) et contient cinquante feuillets ou plutôt 25 ff. pliés double, dont la première moitié porte la signature AI—24, le feuillet 22 n'en ayant aucune. Les planches de métal ont une bordure noire de la grandeur des feuilles. Au verso du titre on trouve une Epistola alli Lettori, où l'on observe que l'on a beaucoup écrit sur les diverses sciences, mais fort peu jusqu'ici sur l'art de bien écrire. On a donc voulu donner dans ce livre une compilation avec les meilleures lettres, chiffres etc. de tout ce qui a été produit par les meilleurs maîtres en calligraphie. On y a donc suivi le conseil et les connaissances du célèbre Sigismondo Fanti, noble ferrarais et architecte érudit, etc.

Sur le second feuillet, on voit représentés tous les objets nécessaires pour l'écriture, tels que plumes, ciseaux, canifs, compas, encrier, bougie, lampe etc. Au verso, quatre sortes d'écriture. Le troisième feuillet, avec titre approprié, contient l'indication suivante:

Opera del tagliente nuovamente composta cum gratia nell' anno di nr̄a salute MDXXXII.

Suivent diverses sortes d'alphabets et d'écritures et au verso du 14ᵉ feuillet l'indication déjà donnée:

Ludovicus Vicentinus scribebit. Romae MDXXIII.

Au recto et au verso de la signature A 20 se trouve un petit alphabet composé de banderoles sur fond noir pointillé de blanc et sur le feuillet A 22 des lettres hébraïques du même genre. Suivent des règles pour tracer les lettres au moyen de carrés et de petits cercles et autres instructions dans lesquelles l'écrivain se nomme deux fois

Ludovicus de Henricus Vicentinus.

Les règles pour compter qui terminent l'ouvrage sont signées:

Angelus Mutinen(sis) composuit.

Les lettres, le titre et les représentations figurées sont gravés sur métal. Les deux mains sur le titre ne sont point d'un bon dessin et ne donneraient qu'une bien faible idée d'Ugo da Carpi comme dessinateur, si elles proviennent de lui; l'exécution des exemplaires de calligraphie est au contraire nette et ferme et d'un très-beau travail.

Nous devons encore à M. R. Weigel la connaissance d'une gravure sur bois de Ugo da Carpi, représentant un Christ mort pleuré par les siens et dont Zani a le premier décrit un exemplaire qui se trouvait dans la Collection Petronio Buratti à Venise (Encyclopédie II. 8, p. 261). C'est une copie assez exacte de la gravure de Marc Antoine d'après Raphaël (B. No. 37) sur une seule planche et avec la signature VGO sur une tablette.

Giuseppe Nicolò, Vicentino.

(Bartsch XII. 16.)

Nous n'avons aucun renseignement authentique sur la naissance, la vie et la mort de ce graveur sur bois de Vicence. Nous savons seulement qu'il vécut durant la première moitié du XVIᵉ Siècle, qu'il fut un élève du Parmesan, dont il grava les compositions principale-

ment en clair-obscur. Bartsch a déjà fait observer combien sont erro-
nées les indications de Papillon et de Huber, qui donnent à notre
artiste le nom de Rossigliano; mais il est tombé lui-même dans une
erreur semblable quand il donne au même graveur le nom de Vicentini et qu'il le fait originaire de Trente. Il s'appuie pour cela de deux
signatures: une sur la Sainte famille avec des Saints (B. S. III.
23), où il lit: F. P. NIC. VICENTINO. T. et l'autre sur la gravure du
Christ guérissant les lépreux, signée, selon le même écrivain:
IOSEPH NICOLAVS VICENTINI. Mais sur la première pièce la lettre
finale n'est pas un T, mais bien un F, qui veut dire fecit, et sur la
seconde, avant l'ornement à guise de feuille mentionné par Bartsch,
on lit clairement VICENTINVS, et non VICENTINI. Il en résulte
donc que notre graveur se nommait Joseph Nicolaus de Vicence.

Dans le style de ses clairs-obscurs, il a suivi la manière d'Ugo da
Carpi, avec des contours très-marqués et trois planches avec des demi-
teintes très-chargées. Il se distingue d'Antonio Fantuzzi, son condi-
ciple sous le Parmesan et qui a également gravé des clairs-obscurs
d'après ce maître, en ce qu'il ne s'est point servi comme celui-ci de
tailles pour les ombres, mais qu'il a employé à cet effet des teintes
plates au moyen de la planche même.

Francesco De Nanto.

On apprend, par la signature de cet artiste, qu'il était natif de
Savoie. Cette signature se trouve sur une des onze pièces qu'il a
gravées d'après Girolamo da Treviso; elle est comme suit:

FRANCISCVS DENANTO DE SABADIA. P°. MIVCIASCI ME
INSCIDIT.

Comme le maître distingué dont il grava les compositions naquit vers
1508 et mourut en 1544, et qu'après avoir travaillé à Venise et à
Bologne il passa au service de Henri VIII roi d'Angleterre, on peut
en conclure que Francesco de Nanto exécuta ces gravures à Venise
vers 1530. Nous ne possédons, du reste, aucun autre renseignement
sur sa vie ou sur ses oeuvres. Ses gravures sur bois d'une seule
planche sont dans le goût vénitien, d'un style large, net et ferme, et
les compositions grandioses de Girolamo de Trévise, dans la manière

des élèves de Raphaël, ont souvent des paysages dans le goût du Titien. On attribue quelquefois à Francesco de Nanto le monogramme

D⚔N , qui se trouve sur une gravure sur bois, représentant la
Fuite en Egypte. Mais ce chiffre est en même temps celui de
l'imprimeur Domenico Nicolini, qui aura pu signer cette pièce comme
éditeur et qui vivait à Venise vers l'an 1600.

Francesco Marcolini da Forli et Giuseppe Porta.

Marcolini, homme d'un talent supérieur, fut, en même temps que
graveur sur bois, un des principaux libraires-éditeurs de son époque.
Il naquit en 1500 à Forli, s'établit de 1530 à 1559 à Venise et, selon Huber, passa ensuite à Vérone. Vasari, dans sa vie de Marc Antoine, s'exprime à son sujet comme suit: „Et qui est celui qui ne contemple point sans étonnement les oeuvres de Francesco Marcolini da
Forli qui, entre autres, imprima le livre intitulé Geardino de' pensieri avec gravures sur bois ayant au commencement une sphère astro-
logique et un portrait, d'après le dessin de Giuseppe Porta de Castel-
nuovo della Garfagnana."
Ce Giuseppe Porta, peintre distingué, était, comme on le sait, élève
de Francesco Salviati et eut pour surnom Giuseppe del Salviati. Le
livre mentionné par Vasari a pour titre:
Le ingeniose sorti composte per Francesco Marcolini da
   Forli, intitolate Giardino de' Pensieri Venezia 1540.
                    in-fol.
Une seconde édition de cet ouvrage parut en 1550, et c'est celle dont
parle Vasari quand il dit qu'elle est précédée d'une sphère et du portrait de l'auteur avec plusieurs compositions de fantaisie dans le corps
du volume, comme celles de la Destinée, de l'Envie, de la Misère, de
la Timidité, de la Louange etc. Le portrait de Marcolini ne se trouve
que dans la seconde édition.
Quoique Vasari indique clairement Marcolini comme ayant gravé
sur bois, Zani[1]) conteste cette assertion de l'écrivain florentin en ajoutant que ce dernier était membre de l'Accademia Pellegrina de Venise

---

1) Encyclop. I. 13, p. 146.

et par conséquent collègue du Titien, de l'Arétin et de Vasari lui-même. Il cite encore à ce sujet un passage du Sansovino dans sa vie par Temanza, où, à la page 29, il dit que Marocolini, quoique libraire, eut le talent de faire le plan d'un pont à Murano (probablement pour relier cette île à Venise) et que Sansovino, consulté à ce sujet, ne put s'empêcher d'approuver et de louer.

Ces talents variés et ces relations sociales ne semblent point devoir exclure cependant que Marcolini ait pu en même temps graver sur bois, comme telle paraît d'ailleurs être l'opinion des éditeurs du Vasari de Le Monnier, quand ils disent dans une note que Gaetano Giordani de Bologne a recueilli des notices sur cet artiste, notices qu'ils espèrent voir publier bientôt.

Les ouvrages avec gravures sur bois publiés par Marcolini sont, autant qu'il est à notre connaissance, les suivants:

1. Le vite de' Filosofi cavate da Laertio e altri. Adornate di bellissime et vaghe figure di Gioseppe Saluiati. Nuovamente ristampate, etc. Venegia 1602. 4°.

2. Ant. Francesco Doni. La moral filosofia tratta dagli antichi scrittori. Venezia, Frances. Marcolini 1552. 2 vol. in 4°.

3. I dieci libri dell' architettura di Vitruvio, tradotti e commendati da Daniello Barbaro. Vinegia, Fr. Marcolini, 1556. fol.

4. Il terzo e quarto libro di S. Serlio sulle Antichità di Roma. 1540.

On trouve encore d'après les dessins du Salviati (Giuseppe Porta) plusieurs gravures sur bois non signées, mais qui ont toutes été exécutées par un graveur très-exercé dans son art, probablement par Marcolino.

Domenico dalle Greche de Venise.

Nous n'avons point d'autre renseignement sur cet artiste que celui tiré de sa signature sur une grande gravure en bois de douze feuilles, représentant la Catastrophe de Pharaon, d'après un dessin du Titien: In Venetia p. domenico dalle greche depentore venitiano MDXLIX.

Comme il se qualifie seulement de peintre sans ajouter le fecit, il y aurait lieu de douter qu'il fût graveur sur bois, car il aurait pu être simplement l'éditeur de la gravure en question. Nous ne connais-sons point d'autre pièce avec sa signature et encore moins d'autres gravures sur bois du même genre, c'est-à-dire exécutées d'une manière aussi rude avec une aussi grande intelligence de dessin.

On se demande qui est ce Domenico dalle Greche, peintre véni-tien, qui vivait vers 1549. Lanzi croit qu'il s'agit ici du peintre, sculp-teur et architecte Domenico Theoscopoli, surnommé le Greco, en ajoutant qu'il fût élève du Titien et que celui-ci l'amena, en 1548, avec lui en Espagne. Mais Lanzi se trompe en tout ceci, car aucun des anciens écrivains sur l'art ne mentionne Theoscopoli comme élève du Titien et les biographes espagnols s'accordent à dire que, né vers 1545 en Grèce, il vint très-jeune en Espagne; qu'il habita principale-ment Tolède, où il fit la plupart des ouvrages qui sont connus de lui en Espagne et qu'il y mourut en 1625. Il est donc évident, que, né en 1545, il n'a pu exécuter à Venise, en 1549, la gravure dont il s'agit.

En ce temps-là vivaient à Venise plusieurs autres artistes avec le surnom de Domenico, dont un pourrait être notre Domenico dalle Greche. Zani[1]) en compte cinq, dont il élimine deux comme ayant vécu trop tôt ou trop tard, ce qui est surtout le cas pour un Dome-nico Veneziano, élève de Giulio Campagnola, qui, selon l'Anonyme de Morelli (p. 10), peignit dans la maison di Aloise Cornaro, à Padoue, un plafond, d'après des dessins de Raphaël.

Quant aux deux autres (qui pourraient bien être une seule et même personne), ils n'étaient point peintres, mais l'un d'eux graveur en creux, dont nous avons la médaille en bronze avec le portrait de Sigismond II. roi de Pologne, et l'inscription:

Anno D. Nri. 1548. Dominicus Venetus fecit.
tandis que l'autre, nommé Domenico Zenoi, orfévre et graveur sur cuivre, tenait également un négoce d'objets d'art et vivait de 1560 à 1580. Celui-ci, du reste, était un dessinateur et graveur assez médiocre.

1) Enciclopedia I. 10, p. 280.

Nicolo Boldrini de Vicence.

Les seules notices certaines que nous ayons de cet artiste sont tirées des diverses signatures sur ses gravures et dont les plus complètes se trouvent sur la pièce représentant Vénus et l'Amour, d'après le Titien (B. 29.)

TITIANVS INV. Nicolaus Boldrinus Vicentinus incidebat 1566.

et sur la copie de l'Homme de douleurs de la petite Passion d'Albert Durer:

Nicolaus Boldrinus Vicentinus incidit.

On trouve également sur la gravure de la Prédication de St. Jean Baptiste, d'après Domenico Campagnola, que nous avons déjà indiquée dans l'oeuvre de ce dernier maître, la signature:

D. C. — Nich°. B. V. T. (Nicolo Boldrini Vicentino tagliò).

Ensuite sur le portrait d'un jeune homme à cheval, d'après le Pordenone (B. X. 9), à gauche, l'indication PORDO, et vers le milieu de l'estampe, la signature:

Nic. bol. inc.

enfin, il se signa sur une copie de l'Homme de douleurs de la petite Passion d'A. Durer:

Nicolaus Boldrinus Vicentinus incidit.

Giambattista Baseggio[1]), tout en donnant un Catalogue aussi complet que possible des gravures sur bois de notre maître, en a admis dans son oeuvre plusieurs qui, à en juger par la manière, ne sauraient lui appartenir, quoique le dessin en puisse être attribué au Titien. Les notices que cet écrivain nous donne sur Boldrini sont assez maigres et ne s'appuient sur aucun document connu. Celles que nous trouvons dans Zani sont tellement confuses que nous ne saurions faire autrement que d'en relever les erreurs.

Titien, auquel on a voulu attribuer quelquefois les gravures sur bois de Boldrini, n'a certainement point manié le couteau. Vasari dit seulement à ce sujet que le grand maître vénitien a publié quelques grandes gravures sur bois très-belles. Nous avons déjà fait observer,

---

1) Intorno tre celebri intagliatori in legno Vicentini (Giuseppe Nicolò Vicentino, Nicolo Boldrini e Giuseppe Scolari) di Giambattista Baseggio. Edizione seconda. Bassano 1844. 8°.

à propos du St. Nicolas, que Titien en avait fait le dessin sur le bois même, en laissant au graveur le soin de le tailler.

On a souvent attribué à Boldrini les chiffres ND . B et 🅱 ; mais le premier appartient à un maître qui, s'étant formé à l'Ecole romaine, a gravé d'une taille ferme et fine sur bois quelques-unes des compositions de Raphaël; ces pièces diffèrent beaucoup dans la manière de celles de Boldrini. L'explication du monogramme par Niccolò detto Boldrini est de pur caprice. L'autre chiffre composé d'un I et d'un B, ne reproduit point le nom de baptême du maître, et les gravures sur bois ainsi signées sont non-seulement d'un maître allemand, mais doivent même avoir été exécutées en Allemagne, si l'on en juge par le portrait de Jean de Schwarzenberg, d'après un dessin d'Albert Durer. Nous ne pouvons donc que répéter ce que nous avons dit à ce sujet, à savoir que ce monogramme est celui de Johann Bechtbolt.

Giuseppe Scolari de Vicence.

Nous avons déjà dit dans la partie historique de cet ouvrage, en parlant du développement de la gravure sur bois en Italie, que ce peintre avait commencé ses études dans l'atelier de son compatriote Giovan Battista Maganza, et que l'on croyait qu'il était passé ensuite à Venise pour se perfectionner sous la direction de Paul Véronèse. En 1580, il peignit à fresque et en grisaille la façade d'une maison à Vicence, et on trouve de lui à Venise plusieurs grands tableaux à l'huile. Boschini[1]) dit qu'il fut un excellent graveur sur bois, et la signature d'une estampe représentant un Ecce Homo, Gioseppe Scolari Vicentino F., semble confirmer cette assertion. Dans plusieurs autres pièces cependant il se contente de faire suivre son nom du mot inv. A tout événement, il avait l'habitude de dessiner lui-même ses compositions sur les bois qui reproduisent, par conséquent, toute l'énergie et toute l'originalité de son style. On peut même suivre dans ses

---

1) Dans ses „Minere": Gioseffo Scolari Vicentino bravo intagliatore di stampe in legno.

gravures un perfectionnement successif dans la conduite de la taille; dans le St. George, par exemple, l'exécution est assez rude, les hachures serrées et si près l'une de l'autre qu'elles donnent dans le noir, tandis que dans l'Enlèvement de Proserpine la taille est plus franche, sans perdre pour cela de son énergie.

Baseggio décrit de Scolari six gravures sur bois auxquelles nous en pouvons ajouter une septième représentant St. Jérôme. Nagler ajoute également les suivantes:

1. Le Portement de croix. Le Christ est accompagné de deux bourreaux. Pièce signée G. B. M. I. (Giovan Battista Maganza invenit) P. S. A. V. (les trois dernières lettres entrelacées), puis S. 15., ce qui ne nous semble pas indiquer le nom de Scolari.

2. Le Christ mort supporté par des anges.

3. St. Ambroise; petit in-fol.

Comme nous n'avons point vu ces gravures, dont les deux dernières ne sont pas même signées, nous ne saurions décider si elles appartiennent réellement au maître.

Gabriele Giolito de' Ferrarii.

Vasari, dans sa vie de Marc Antoine, parle avec éloge des gravures sur bois dont l'imprimeur Gabriel Giolito de Venise orna son édition de l'Orlando furioso. Comme ces gravures portent en partie le monogramme ci-dessus, il ne saurait y avoir de doute qu'il n'en soit l'auteur. D'après les dates de ses éditions, il travailla de 1542 à 1567 à Venise. La première édition de son Orlando porte le titre suivant: Orlando furioso ..... novissimamente alla sua integrità ridotto et ornato di varie figure, etc. In Venetia appresso Gabriel Jolito de Ferrarii. M.D.XLII. 4°.

Cette édition fut suivie de plusieurs autres de 1543 à 1552 in 4°. et de 1543 à 1551 in 8°. L'édition de 1547 dans ce dernier format porte le titre suivant:

Orlando furioso di M. Ludovico Ariosto, ornato di varie figure, con alcune stanze del medesimo nuovamente aggiunte, etc. In Venegia appresso Gabriel Giolito de' Ferrari M.D.XLVII.

On attribue encore à Giolito les illustrations de l'ouvrage de Giov. Antonio Rusconi „Della Architettura secundo i precetti di Vitruvio libr. dieci, con 160 figure dessignate dal medesimo. Venezia appresso J. Gioliti 1590. in-fol.

Mais Gabriele Giolito était mort en 1577 et son imprimerie était passée aux mains de ses fils Jean et Giampaolo.

Gravures sur bois italiennes et clairs-obscurs.

Annotations au Catalogue de Bartsch. Vol. XII.

1. Eve. D'après le Beccafumi par A. Andreani. On trouve de cette pièce des épreuves de la seule planche des contours.

5. Le Songe de Jacob. Bartsch attribue ce clair-obscur à Ugo da Carpi. C. F. v. Rumohr et Baseggio le donnent au contraire à Giuseppe Nicolò Vicentino; nous partageons cette dernière opinion, qui est justifiée par la mauvaise entente du dessin dans les contours de cette pièce.

6. Pharaon submergé dans la mer Rouge. On trouve de ce clair-obscur d'Andreani des épreuves de trois planches, et la composition est une répétition en petit de la grande gravure du même sujet en douze planches par Domenico dalle Greche.

12. Marthe conduisant la Madeleine à Jésus. Cette pièce est une copie de George Matheus, d'après la gravure de Marc Antoine d'après Raphaël. On en trouve des exemplaires d'une seule planche.

15. Jésus guérissant un paralytique, d'après le Parmesan. Bartsch n'a point lu exactement l'inscription et a cru, par conséquent, que le graveur de cette pièce se nommait Vicentini. L'inscription est celle-ci:

IOSEPH NICOLAVS; VICENTINVS.

le dernier mot indiquant la patrie du maître (Giuseppe Nicolò, Vicentino.)

25. La Mise au tombeau. Ce clair-obscur est une imitation en petit de la gravure sur bois du même sujet par Giuseppe Scolari.

15. Un Apôtre debout, d'après le Beccafumi. Bartsch dans une note (p. 61) émet l'opinion que les trois apôtres, Nos 13—15, font partie d'une suite plus nombreuse, peut-être de douze. On en trouve en effet un quatrième dans la Collection de Paris. L'Apôtre y est vu de face, la tête tournée à gauche et tenant devant lui une tablette. Clair-obscur. H. 15 p. L. 7 p. 11 l.

18. St. Jean Baptiste, d'après Raphaël. On trouve de cette belle pièce d'Ugo da Carpi des exemplaires d'une seule planche, en noir.

29. Ce clair-obscur d'après D. Viani est indiqué par erreur comme représentant le prophète Elie. Les deux personnages représentés sont les anachorètes St. Antoine et St. Paul dans le désert.

33. St. Jérôme, d'après le Guido. Les premières épreuves de cette pièce de trois planches n'ont point le millésime 1640 en blanc. Un quatrième état se distingue par l'inscription suivante sur le tronc d'arbre à droite:

G. R. inv. B. C. sculp. et form. Bonon.

et au bas, sous un écusson timbré d'un chapeau de cardinal, la dédicace:

Illustriss. ac Revendiss. Abb. Georgio Mariae Duratio, Patrono maxime Colendo. — Bart. Coriolanus Eq. D.

9. Le Triomphe du Christ, d'après le Titien. On trouve trois différentes éditions de cette gravure.

a) La première est celle décrite par Bartsch; l'impression est nette et franche. On en trouve une copie par Theer.

b) La planche avec l'inscription a été enlevée et celle-ci remplacée par un espace en blanc. On a substitué une nouvelle planche à celle marquée B et dans la planche F cette lettre se trouve rompue.

c) Les planches de cette troisième impression sont en plusieurs endroits piquées de vers. L'espace blanc de la seconde édition porte l'adresse Ferranti en caractères mobiles. La planche B est la nouvelle qui est substituée dans la seconde impression.

17. Hercule étouffant le lion de Némée, d'après Raphaël (B. p. 119). Quoique cette pièce porte l'indication RAPHA. VR. la composition du sujet principal appartient néanmoins à Giulio Romano, qui l'a exécutée à fresque dans le palais du T. Le paysage,

comme Bartsch en a déjà fait la remarque, est au contraire composé dans le goût vénitien. .

18. **Même sujet dans un grand paysage.** Dans cette pièce, le fond extrémement boisé revèle, plus encore que dans la pièce précédente, le style de l'école de Venise. C'est pourquoi Baseggio attribue, avec raison croyons-nous, cette pièce à Nicolas Boldrini.

26. **Les Honneurs divins rendus à Psyché.** Bartsch (p. 125) attribue ce clair-obscur à Antoine de Trente, quoique l'exé-cution s'éloigne beaucoup de la sienne et ait plus de rapport avec celle de Nicolò Vicentino, auquel nous serions enclin à l'attribuer.

10. **La Surprise, d'après le Parmesan (B. 146).** L'exé-cution très-maniérée de cette pièce ne correspond en aucune manière à celle d'Ugo da Carpi auquel Bartsch l'attribue. Baseggio la donne, au contraire, à Nicolò Vicentino.

20. **Les deux Chèvres au pied de l'arbre.** Bartsch (p. 151) croit cette pièce gravée d'après un dessin du Campagnola; cepen-dant le style très-large des arbres rappelle la manière du Titien.

Additions à Bartsch.

1. **La Création d'Eve.** C'est la composition peinte à fresque par Michel Ange dans la Chapelle Sixtine. Cependant, on trouve sur la gravure sur bois exécutée d'après une copie de Girolamo de' Grandi, l'inscription:

Hieronimo de' Grandi pincsit, Gaspar Ruina fecit. avec le monogramme figuré ci-dessous.[1]) Clair-obscur de trois plan-ches. H. 13 p. 2 l. L. 19 p. 1 l.

2. **Le Déluge, d'après le Titien.** Au milieu, on voit un

---

[1]) Le graveur sur bois, Gasparo Ruina, vivait durant la seconde moitié du XVIe Siècle, et signait ses travaux ordinairement de son surnom et quelquefois aussi de ce chiffre G. �֎ , et d'un mur ruiné. Sa manière est tout à fait originale et comme il employait dans les ombres des tailles fines et très-serrées, elles sont quelquefois tout à fait noires. Il a exécuté une suite de sujets allégo-riques et mythologiques de différents formats, mais que nous n'avons point vue. (Brulliot, Dict. I. 3230.)

homme et une femme tous deux nus; cette dernière, placée de profil, appuie la tête sur la main droite. Sur le devant, à droite, un autre homme soutenant sa femme nue cherche à sortir de l'eau. Un troisième, à gauche, retire sa femme de l'eau, tandis qu'un quatrième se lamente tout près. Entre autres groupes, on voit celui où des hommes se tiennent à un arbre. Au milieu, flotte l'Arche. Grande pièce de quatre feuilles que Baseggio donne à Nicolas Boldrini. Des épreuves postérieures ont la marque d'Andrea Andreani, entre les jambes d'un homme, dans l'eau. (Voy. Heinecken, Dict. 1. p. 240.)

3. Le Sacrifice d'Abraham, d'après le Titien. A gauche, Abraham parle à un des serviteurs qui conduit un âne et qui ôte son bonnet. Au milieu, un homme assis tourné à gauche et près de lui Isaac portant un fagot sur la tête. A droite, Abraham debout dans l'acte de sacrifier son fils et dont le bras est retenu par un ange. D'après R. Weigel (Kunst-Cat. No. 8255), cette pièce d'une taille large et hardie aurait été exécutée par Domenico dalle Greche, tandis que Baseggio l'attribue à Nicolò Boldrini et ajoute que l'on trouve seulement sur les dernières impressions l'inscription:
SACRIFICIO DEL PATRIARCA ABRAMO DEL CELEBRE TIZIANO. Pièce en quatre feuilles in-fol. en largeur. H. 29 p. 8 l. L. 40 p.

4. Pharaon submergé, d'après le Titien. Grande gravure de douze feuilles. Moïse conduit le peuple d'Israël à travers la mer Rouge, dans laquelle se noie Pharaon avec son armée. Sur les eaux surnage une tablette portant l'inscription:
La crudel persecutione dell' ostinato Re contro il Popolo da Dio amato, con la sommersione di esso Pharaone goloso dil innocente sangue. Disegnato per mano dil arande (grande) et immortal Titiano. In Venetia p. domeneco dalle greche depentore venetiano M. D. XL. IX.
Pièce imprimée en noir d'une exécution rude sur 12 feuilles. H. 45 p. 2 l. L. 80 p. 6 l.

5. Sampson trahi par Dalila, d'après le Titien. Dalila est assise à gauche, tenant de la main droite les ciseaux et de la gauche les cheveux qu'elle a coupés au héros juif. Celui-ci, qui veut se lever, est terrassé et lié par deux Philistins. A gauche, une autre femme avec trois soldats qui accourent. A droite, trois autres Philistins. Très-bonne pièce sans signature, d'après un dessin du Titien et que Baseggio croit avoir été exécutée par Nicolas Boldrini. H. 11 p. 3 l. L. 18 p. 4 l.

6. Mort de Sisara (Juges Ch. IV.), d'après le Guerchin.
Il est couché sur le terrain, tourné vers la droite, et Jaël se voit dans
l'acte de lui enfoncer un clou dans la tête. A gauche, sur un pan
de muraille, l'inscription:

        SIC STERNITVR ERROR VERITATIS PVNCTO.
Et à la droite du bas:
    I. F. B. I. Cor. (Giov. Francesco Barbieri invenit. Coriolano.)
Gravure sur bois de Jean Baptiste Coriolano. H. 3 p. 3 l. L. 4 p. 6 l.

7.ª Susanne au bain. Elle est surprise par les deux vieillards. Fond de riche architecture dans le goût de l'école vénitienne.

Pièce marquée du monogramme ⊓R. Clair-obscur de deux planches. H. 14 p. 7 l. L. 39 p. 6 l. (Rud. Weigel, K.-C. No. 9489.)

8. Bethsabée au bain. Pièce signée: Francesco Salviati. Impression noire d'une seule planche. Gr.-fol. en largeur.
(Nagler, K.-Lexicon XI. 524.)

9. L'Adoration des bergers; d'après le Titien. La
Vierge est agenouillée à gauche, contemplant l'enfant Jésus couché
sur le terrain dans une corbeille; à côté d'elle St. Joseph debout, se
tourne vers un pasteur agenouillé qui tient un agneau, tandis qu'un
second s'avance en se decouvrant la tête et qu'un troisième tient le
boeuf et l'âne qui viennent de la gauche. A gauche, au-dessus du mur
en ruines, deux enfants regardent dans la cabane; l'un deux tient un
cierge allumé. Dans le paysage, un ange annonce à un berger la
naissance du Christ. A la gauche du bas, sur une pierre, on trouve

le chiffre **B**, qui est pris ordinairement pour celui de Nicolas Boldrini; mais la taille de cette pièce est plus dans la manière très-arrêtée
des graveurs sur bois allemands de l'époque, et le monogramme que
nous venons de figurer se retrouve parfois sur des gravures sur bois
allemandes, entre autres sur le portrait de Jean Schwarzenberg de
Durer que l'on retrouve souvent, mais pour la première fois dans les
„Offices de Ciceron" par Henri Steyner d'Augsbourg en 1531.[1]) Le
B, mais couché (ꓭ), a souvent été employé par l'enlumineur Joh.

---

1) Brulliot (Dict. I. 778) dit encore que le même chiffre se trouve sur une
Ste. Famille avec des Anges et Ste. Anne, ainsi que sur quelques autres gravures,
qui nous sont inconnues.

Bechtholdt, dont parle Nagler, qui le fait vivre vers 1580. H. 14 p. 7 l. L. 18 p. 6 l.

10. Même sujet. A droite, la Vierge debout adorant l'enfant Jésus, auprès duquel se voit un boeuf agenouillé et un autre boeuf vis-à-vis du premier. Entre les deux animaux un pasteur qui ôte sa barrette en s'appuyant de la main gauche sur un autre pasteur agenouillé, tandis qu'un troisième, à gauche, tient un agneau par les pattes. A droite, St. Joseph, descendant un escalier. En haut, trois anges tiennent une banderole. Dans le fond, les ruines d'un édifice antique. Pièce gravée par un maître ancien, dans le style de Boldrini. H. 16 p. 11 l. L. 12 p. 10 l. Baseggio.

11. La Fuite en Egypte. La Vierge, tenant l'enfant Jésus dans les bras, est montée sur un âne que conduit St. Joseph, qui se trouve à gauche. Du même côté, on voit la ville de Bethléem. A la droite du bas, se trouve un enfant endormi avec un chien à ses pieds. H. 14 p. 7 l. L. 19 p. 9 l. Pièce que Baseggio (p. 37, No. 23) dit avoir été gravée par Boldrini, d'après le Titien. C'est probablement la même signée sur une pierre, à droite, du monogramme D⳨N et attribuée à Francesco De Nanto. Nous avons déjà dit que le libraire éditeur Domenico Nicolini de Venise se servait sur le titre de ses livres du même monogramme.

12ª. Le Repos en Egypte. La Vierge est assise près de deux arbres entourés de broussailles et donne le sein gauche à l'enfant Jésus. A droite, une cour de métairie, dans la porte de laquelle St. Joseph est occupé avec l'âne. Devant la maison, à droite, un boeuf. Pièce gravée par Boldrini, d'après le Titien. On en trouve un fac-simile dans le livre de Rud. Weigel, intitulé: Holzschnitte berühmter Meister.

12ᵇ. Même sujet. Pièce signée, à la gauche du bas, F. N. petit-in-folio.

Rudolphe Weigel, dans son Kunst-Catalog (No. 14622), dit que cette pièce rappelle le style de Guide et qu'elle a été gravée d'après un dessin de C. F. Nuvolone de Crémone, auquel on avait donné le surnom du Guido Milanais.

13—23. Onze sujets de la vie de Jésus, gravés par Francesco De Nanto, d'après les dessins de Girolamo de Trévise. In-fol. Musée britannique.

— 13. L'Annonciation. La Vierge est agenouillée, à droite,

devant un prie-Dieu. Devant elle, également à genoux, l'ange, une main posée sur la poitrine et tenant de l'autre une tige de lys. En haut, Dieu le père fait descendre sur Marie le Saint-Esprit. Sur un socle, à droite, la signature FRANCISCVS DENANTO. F. H. 16 p. 5 l. L. 12 p. 2 l.

— 14. L'Adoration des Mages. La Vierge avec l'enfant Jésus est assise au milieu de l'estampe; St. Joseph se tient derrière elle et on voit, sur le devant, deux des rois, l'un agenouillé, l'autre debout, tandis que le roi maure est à gauche. En haut, l'étoile miraculeuse et à la gauche du bas, sur une tablette, la signature F. DENANTO. H. 16 p. 5 l. L. 12 p. 2 l.

— 15. Le Christ guérissant un goutteux. Celui-ci est traîné sur un chariot par un homme. Plusieurs spectateurs attestent le miracle. Pièce signée FRANCISCVS DE NANTO DE SABAVDIA. H. 16 p. 5 l. L. 12 p. 2 l.

— 16. Le Christ fait son entrée à Jérusalem. Il s'avance à droite monté sur l'âne, tandis qu'un homme étend son manteau sous les pieds de l'animal. Trois adolescents avec des palmes et branches d'olivier précèdent la marche à travers la porte de la ville. A gauche, sur une pierre, la signature FRANCISCVS DE NANTO SINDIT. H. 16 p. 5 l. L. 12 p. 2 l.

— 17. Le Lavement des pieds. A gauche, le Christ agenouillé lave les pieds de St. Pierre. Les autres apôtres se tiennent sur les côtés derrière une table. Dans la marge, à gauche, le nom du graveur. H. 20 p. 1 l. L. 13 p. 10 l.

— 18. Le Christ en croix. La Madeleine embrasse le pied de la croix. A gauche, la Vierge les mains jointes et regardant vers le haut; à côté d'elle, une sainte femme, St. Jean et derrière, Longin à cheval, perçant de sa lance le côté du Christ. A droite, un cavalier avec foule nombreuse. A la gauche du bas, l'inscription F. DE NANTO. H. 20 p. 1 l. L. 13 p. 10 l.

— 19. La Mise au tombeau. Le corps du Christ est mis par deux hommes dans un sarcophage placé dans une grotte. La Madeleine est agenouillée aux pieds du Christ; près d'elle, St. Jean debout. A droite, se tient la Vierge en proie à sa douleur. Elle est accompagnée de deux saintes femmes. Sur une pierre, on lit l'inscription suivante:

ASPISE QVI TRANSIS QVIA MORTEM TV AN. MORIENDO
DESTRVSI.

Et dans le coin, à gauche, F. DENANTO. H. 20 p. 1 l. L. 13 p. 10 l.

— 20. La Résurrection. Le Christ est debout sur un petit nuage au-dessus du sarcophage, élevant la droite et tenant de la gauche l'étendard de la croix. Autour on voit cinq des gardiens du sépulcre. A la droite du bas, la signature F. DENANTO. H. 16 p. 5 l. L. 12 p. 2 l.

— 21. Le Christ apparaît à la Madeleine. Il est vu sous la figure d'un jardinier tenant une houe sur l'épaule. La Madeleine est agenouillée devant lui et tient le vase de parfums. A droite, sur une pierre, l'inscription:

FRANCISCVS DENANTO DE SABAVDIA Pᶜ MIVCIASCI ME
INSCIDIT.

H. 16 p. 5 l. L. 12 p. 2 l.

— 22. L'Ascension. Le Sauveur s'élève dans les airs les bras étendus. Au-dessous de lui, deux anges le montrent aux apôtres réunis autour d'une table. Sur une tablette au bas, la signature F. DENAN-TO SINDIT, et à droite: HIERONIMVS TERVSIVS PINCSIT. H. 20 p. 1 l. L. 13 p. 10 l.

— 23. La Sainte famille avec des Saints. La Vierge tient l'enfant Jésus debout devant elle. On voit, derrière Marie, St. Joseph appuyé sur son coude. A gauche, St. Sébastien appuyé contre un arbre; à droite, St. Roch. Au milieu, entre des rochers, on aperçoit une ville. A la gauche du bas, la signature. H. 20 p. 1 l. L. 13 p. 10 l.

Nagler, dans son Dictionnaire des Artistes, décrit les trois pièces suivantes. Nous ne savons si elles appartiennent à la même suite:

24. La Prédication de St. Jean Baptiste. Pièce signée Franciscus de Nanto de Savadiae. In-fol.

25. La Décollation de St. Jean Baptiste. Dans le fond, riche architecture du moyen-âge. F. Denanto. Grand in-folio en largeur.

26. La Vie des Anachorètes dans le désert. D'après un tableau du Campo Santo de Pise. Pièce signée Franciscus Denanto. Gr. in-fol. en largeur.

27. Le Christ et la Samaritaine. D'après Girolamo de Trevise par F. Denanto. In-fol.obl. R. Weigel, K.-C. No. 9491.

28. La Résurrection de Lazare. Sur le premier plan, on voit Marthe et Marie-Madeleine agenouillées. Sur le couvercle du tombeau

on lit J. Tintoreto inven. Plus bas, la souscription:

Jo son Resurection et Vita. Joh. C. II.

Gr. in-fol. en largeur.

R. Weigel (Kunst-Cat. No. 9502) croit que cette pièce pourrait avoir été exécutée par Jean Baptiste Girolamo.

29. La Passion en 16 feuilles, d'après les compositions de Girolamo Grandi de Ferrare, et gravées par un artiste qui s'est servi du monogramme ⬥. H. 10 p. 6 l. L. 6 p. 8 l.

Quelques-unes de ces pièces sont signées du monogramme que nous venons d'indiquer, d'autres portent une simple tablette ou le millésime 1538. Enfin la gravure du Couronnement de la Vierge a, avec le monogramme, l'inscription: HIERONY. GRAND. FERA. Nous avons déjà dit, à propos du No. 1 de notre Catalogue, la Création d'Eve, que Gasparo Ruina avait exécuté cette pièce, d'après un tableau de ce même Girolamo Grandi ou de' Grandi; le monogramme ci-dessus serait donc celui d'un autre graveur qui nous est entièrement inconnu. (Voy. Brulliot, Dict. II. No. 2909.)

30. La Flagellation, pièce gravée par le maître du monogramme ⅄.

Au milieu, on voit le Christ attaché à un fût de colonne et battu de verges par quatre bourreaux. A droite, la Vierge évanouie est soutenue par la Madeleine. Au bas, le monogramme ci-dessus, composé d'un A et d'un L. H. 5 p. 4 l. L. 8 p. 1 l.

Brulliot (Dict. I. No. 552) croit que cette gravure d'une excellente exécution et d'un bon dessin a été faite par quelque artiste italien du XVIIe Siècle. Il observe, en outre, qu'il a dû graver plusieurs autres sujets de la Passion, puisqu'on connaît de lui une pièce avec le Christ en croix, mais qui ne porte point le monogramme. Sur l'exemplaire de Francfort, on trouve d'une ancienne écriture à la main „Antonio Labacco intagliò“; mais cette attribution doit être fausse, car Antonio Labacco était architecte et élève du Bramante et n'a point, que l'on sache, fait des compositions historiques. Il est encore moins probable qu'il ait gravé lui-même sur bois.

31. Le Christ montré au peuple. Il est tourné à gauche; à sa droite, un bourreau la tête découverte; à gauche, un autre coiffé d'un casque. H. 14 p. 11 l. L. 12 p.

Baseggio (p. 44) dit que cette pièce est une copie en contre-partie de Joseph Scolari, d'après une composition du Titien gravée sur bois par

Domenico dalle Greche. Nous n'avons aucun moyen de contrôler cette assertion.

32. Ecce Homo. Cette demi-figure de Christ est vue de face, les mains liées et tenant un roseau de la gauche. On lit, au bas:

Gioseppe Scolari Vicentino F.

H. 19 p. 6 l. L. 13 p. 1 l.

33. Le Christ emmené par les bourreaux. Il est couronné d'épines et les mains liées, tandis qu'un soldat l'entraîne. A gauche, un bourreau. Demi-figures; dans le fond à droite, un rideau. Pièce traitée dans le style vigoureux de Giuseppe Scolari et probablement gravée par lui. H. 14 p. 6 l. L. 12 p.

34. Le Portement de croix. Le Christ, accompagné par deux bourreaux, porte l'instrument de son supplice. Pièce in-folio avec les marques suivantes:

D'abord les initiales G. B. M. J., ensuite les lettres P. S. A. V. entrelacées, puis le chiffre S. 15, avec le couteau de graveur, enfin l'inscription:

Del Domo di Vicenza.

pour indiquer, sans doute, que le tableau original se trouvait dans la Cathédrale de Vicence. Rudolphe Weigel, dans son Kunst-Catalog No. 9493, explique les premières initiales par Giovanni Battista Maganza invenit, mais il n'est pas aussi clair que les secondes indiquent le nom de Scolari, comme il le prétend, puisque le S suivi du couteau doit avoir rapport au nom du graveur qui semblerait être un Allemand, si nous tenons compte de la circonstance que l'on ne retrouve qu'en Allemagne l'habitude d'accompagner le nom du graveur de cet instrument et que cet usage était inconnu en Italie.

35. Même sujet. Sur une colline, à gauche, on voit le Christ tombé sous le poids de la croix. Au bas, dans un chemin creux, se trouve la Vierge abattue par la douleur et qui étend les deux bras vers son fils. Dans le fond du même côté, un champ avec deux croix. Au milieu du bas, se trouve le monogramme de Andrea Andreani, et dans la marge du bas, l'inscription:

QVI NON ACCIPIT CRVCEM SVAM ET SEQVITVR ME NON EST ME DIGNVS.

Pièce d'une seule planche en noir. H. 5 p. 8 l. L. 7 p. 7 l.

36ᵃ. L'homme de douleurs. Copie en contre-partie du titre de la petite Passion d'Albert Durer, signée au bas:

Nicolaus Boldrinus Vicentinus incidit.

On trouve encore une épreuve en clair-obscur de cette pièce. H. 7 p. 6 l. L. 3 p.

(Heller, Albert Durer, p. 553.)

36[b]. Le Corps du Christ pleuré par ses disciples. Marie évanouie et soutenue par deux Saintes femmes tient sur les genoux le corps de son fils, dont les pieds reposent sur les genoux de la Madeleine. Près de ce groupe se tiennent quatre disciples et sur une tablette on lit le nom de VGO qui indique que cette pièce a été gravée par Ugo da Carpi. H. 7 p. 10 l. L. 6 p. 2 l.

Cette pièce est une copie exacte de la gravure de Marc Antoine, d'après une composition de Raphaël (Bartsch No. 37) et n'est point connue pour un clair-obscur. Cependant Zani, sans doute par erreur, la décrit comme telle dans le Cabinet Buratti de Venise.

37[a]. Le Christ en croix. A gauche, la Vierge; à droite, St. Jean; au milieu, la Madeleine, embrassant le pied de la croix. Sur une tablette, l'inscription:

Josepho Salviati.

In-fol. On en trouve des épreuves avec l'adresse de S. Feyerabend 1551, et d'autres avec un texte allemand imprimé autour, avec la date de 1560. (Rud. Weigel, K.-C. No. 11270, et Nagler, Dict. XI. 524.)

37[b]. Pietà, d'après le Titien (?). La Vierge, demi-figure, les bras étendus et abîmée dans la douleur, se voit devant le corps de son fils étendu à droite. H. 15 p. 6 l. L. 14 p. 6 l.

Baseggio (p. 44) croit que cette pièce est de Joseph Scolari, après avoir abandonné l'opinion qu'elle pourrait avoir été gravée par Domenico dalle Greche.

38. Même sujet. Le corps du Sauveur est soutenu par deux anges. Gr. in-fol. Pièce donnée par Rud. Weigel, K.-Cat. No. 13913, à Giuseppe Scolari.

39. Mise au tombeau, d'après le Parmesan. Le corps du Christ est soutenu, devant l'entrée du tombeau, par deux de ses disciples, tandis que deux Saintes femmes soutiennent la Vierge évanouie. Joseph d'Arimathie se tient derrière le Christ avec la couronne d'épines dans la main gauche. En tout onze figures. H. 11 p. 5 l. L. 8 p. 5 l. (Zani, Encycl. II. 8, p. 255, et Rudolphe Weigel, K.-C. No. 4311.)

40. Même sujet. Un des disciples vu de dos, à droite, tient les jambes du Christ, tandis qu'un autre un peu plus haut, à gauche,

le tient au-dessous des bras. On voit un troisième disciple avec les deux Maries en arrière à droite. Au bas, sur un cartouche, l'inscription:

Gioseppe Scolari inv.

II. 25 p. 2 l. L. 16 p. 4 l.

Andrea Andreani a également gravé cette composition en contrepartie et en clair-obscur de 4 planches; pièce décrite par Bartsch p. 45, No. 25.

41. Même sujet. A droite, le corps du Christ est soutenu par un disciple; derrière lui, d'autres disciples avec les Saintes femmes. La Madeleine est agenouillée aux pieds du Christ. Pièce avec les initiales B.F. à la gauche du bas, et que R. Weigel (K.-C. No. 19746) attribue à Battista Franco, dont le clair-obscur publié par Andrea Andreani et représentant un Héros chrétien, porte également la même signature. H. 8 p. L. 6 p. 1 l.

42. La Résurrection. Sur le devant, trois gardiens du tombeau endormis. A droite, un ange soulève la pierre du tombeau. A la gauche du bas, sur une tablette, le monogramme de Gabriele

$$\text{G} \quad \text{G}$$
$$\text{F}$$

Giolito de Ferrarij   et au bas, l'inscription:

Porgi tua man vittoriosa e franca etc.

In-fol. (R. Weigel, K.-Cat. No. 15291.)

43. La Conversion de St. Paul. Saül, au milieu de l'estampe, est renversé sur le terrain; à droite, un serviteur tient le cheval qui se cabre; tout près s'enfuit un cavalier, dont un soldat cherche à retenir le cheval par la bride. A gauche, un homme ébloui par la lumière céleste, tient son bouclier devant le visage de la main gauche et de la droite son épée. Plusieurs autres cavaliers se tiennent du même côté et on voit de nombreuses figures sur une hauteur. En haut, on voit le Christ sur des nuages, entouré d'anges et tenant de la main droite l'étendard de la croix, tandis qu'il menace de la gauche. Grande estampe de quatre feuilles. H. 22 p. 6 l. L. 38 p. 4 l.

Baseggio, p. 25, dit qu'elle est gravée par Boldrini, d'après une composition du Titien.

44. Conversion de Saint Paul, d'après Luca Cambiasi. Saül est étendu à droite les pieds engagés sous le corps de son cheval renversé, tandis qu'un de sa suite cherche à le relever et que deux autres, éblouis par la lumière, se tiennent tout près

dans l'inaction. Sur le devant, un quatrième soldat, les yeux dirigés
en l'air, tient son bouclier devant le visage. A gauche, deux autres
personnages. En haut, dans les nuages, on voit le Sauveur assis auprès de Dieu le père. A la gauche du bas, le monogramme de Luca
Cambiasi 🜚, et plus à droite, la marque du graveur GF. N. FE.,
puis les initiales de l'éditeur P. S. F. Pietro Stefanoni formis.
Pièce à contours seulement esquissés, dans la manière du Cambiasi.
H. 16 p. 9 l. L. 10 p. 2 l.

45. La Vierge avec l'enfant Jésus endormi d'après
le Guide. Cette gravure d'une seule planche est une répétition de
la pièce décrite par Bartsch p. 45, sous le No. 5, et dans le même
sens, la tête de la Vierge étant penchée à droite. A la marge de
droite, on trouve seulement l'inscription Corio. f. (Coriolanus fecit).
Pièce ovale sans la bordure carrée. H. 4 p. 4 l. L. 5 p. 8 l.

46. La Vierge et l'enfant Jésus, d'après Luca Cambiasi. La Vierge embrasse l'enfant Jésus, tandis que deux petits
anges cueillent des fruits. Fonds de paysage. In-fol. (R. Weigel,
K.-Cat. No. 12070.)

47. La Sainte famille, d'après le Guide. L'enfant Jésus
est couché et caresse de la main droite St. Joseph debout près de lui.
De la main gauche il tient une rose. A droite, on voit la Vierge, portant une corbeille avec des fruits; elle est, ainsi que St. Joseph, vue à
mi-corps. Pièce ovale dans une bordure carrée, signée à gauche G. R. I.
et portant à droite le millésime 1623. Clair-obscur de deux planches.
H. 6 p. 1 l. L. 7 p. 5 l.

48. La Sainte famille de cinq personnes. La Vierge est
assise au milieu de l'estampe, tournée vers la gauche et tient l'enfant
Jésus debout sur le genou droit et auquel le petit St. Jean présente
une croix. A droite, Ste. Elisabeth; à gauche, St. Joseph en conversation avec la Vierge. Baseggio, p. 32, croit que cette pièce imprimée
sur papier de couleur a été gravée par Boldrini, d'après le Titien.
H. 7 p. 10 l. L. 11 p. 4 l.

49. La Vierge, l'enfant Jésus et un ange. La Vierge
est assise tournée vers la droite sous un arbre et tient sur les genoux
l'enfant Jésus. Celui-ci a croisé la jambe droite sur le bras gauche
de sa mère et lève la main gauche vers le fruit qu'un ange lui présente. Gravure sur bois d'une seule planche imprimée sur papier de

couleur. Baseggio, p. 31, No. 9, croit cette pièce également gravée par Boldrini, d'après le Titien. H. 7 p. 6 l. L. 3 p. 10 l.

50ᵃ. **La Vierge et l'enfant Jésus avec le petit St. Jean.** La Vierge vue jusqu'aux genoux tient l'enfant Jésus, qui, tourné à droite, bénit le petit St. Jean. Celui-ci tient, de la droite, une croix, et de la gauche, une banderole sur laquelle on lit ECCE A. Derrière un mur d'appui, à la gauche de la Vierge, on voit quelques édifices et deux arbres; à droite, deux autres arbres et dans le lointain, une ile. Au-dessus de la Vierge, deux anges tiennent une grande couronne. Pièce presque au simple contour d'un beau dessin de l'Ecole vénitienne, vers la fin du XVᵉ. Siècle; les cheveux sont encore à petites masses et la taille un peu inexpérimentée. H. 12 p. 10 l. L. 8 p. 6 l. (Dans la Coll. du comte Enzenberg, à Inspruck.)

50ᵇ. **La Vierge et l'enfant, entourés d'anges.** Elle est assise sur un trône. Cette pièce, d'après Jean Baptiste Maganza, porte l'indication J. B. MAG. INV. H. 10 p. 7 l. L. 6 p. 3 l. (Nagler, Monogr II. 2787.)

50ᶜ. **La Vierge couronnée par deux anges.** Elle est vue jusqu'à mi-corps, assise sur un trône, et tient dans ses bras l'enfant Jésus. Deux anges tiennent une couronne au-dessus de sa tête. Au bas, on voit les figures très en petit des évangélistes avec leurs attributs. Sur les côtés du haut, dans de petits médaillons, la Vierge, puis l'ange de l'Annonciation. Clair-obscur assez mal exécuté de deux planches. H. 6 p. 9 l. L. 9 p. 7 l. (Zanetti, Cat. Cicognara No. 89.)

51. **L'Assomption.** La Vierge est portée sur les nuages par neuf anges. Au bas, près du sarcophage, les douze apôtres très-mouventés et surtout St. Thomas, qui élève de la main droite la ceinture de la Vierge. De chaque côté se trouvent des pilastres. Pièce de l'Ecole vénitienne, qui dans l'exemplaire que nous avons vu ne porte point d'inscription, mais que nous croyons être la même dont parle Baseggio, p. 35, en l'attribuant à Cesare Vecelli. H. 16 p. 6 l. L. 12 p.

52. **L'enfant Jésus endormi sur la croix.** Composition attribuée à Antonio Campi de Crémone. Clair-obscur marqué d'un monogramme. (Nagler, K.-Lexicon. Vol. II. p. 318.)

53. **Les six Saints, d'après le Titien.¹)** A gauche, près

___

1) Titien peignit les six Saints avec la Vierge pour l'église de St. Nicolas de Venise. Ce tableau se trouve actuellement dans la Galerie du Vatican. J. B. Jackson donna en 1742 un clair-obscur du tableau en son entier, dans lequel le St. Sébastien a les yeux levés vers le haut.

d'un fût de colonne renversée, on voit, presque de face, St. Sébastien
levant au ciel les yeux avec l'expression de la douleur; près de lui
St. François vu de profil et tourné vers la droite. Ensuite St. Antoine de Padoue, avec une tige de lys et vu presque de dos. Puis, à
côté de St. Nicolas de Bari debout au milieu de l'estampe, se tient St.
Pierre à gauche, et à l'extrême droite Ste. Catherine. Fond à tailles
horizontales. Excellente gravure sur bois attribuée à Boldrini. H.
14 p. 3 l. L. 19 p. 10 l.

Copie A, dans le sens de l'original, mais sans entente artistique
et d'une taille un peu maigre. H. 13 p. 11 l. L. 19 p. 6 l.

Copie B, en contre-partie, sur fond blanc, signée sur la colonne:

TITIAN INVEN 𝔸 (Andrea Andreani) INTAGLIAT. MANTOANO:
       A. FABIOBVONS. NOBIL SENESE.

H. 14 p. L. 19 p. 6 l.

54. St. Sébastien, d'après Farinati. Il est attaché à un
arbre, le corps percé de deux flèches. A la droite du bas, l'indication:

       PAOLO FARINATA. VERON. INV.

puis, à gauche, le monogramme ℂ𝕂, en blanc, et au-dessus, en noir,
les initiales W. S. Clair-obscur de trois planches. H. 15 p. 3 l. L.
9 p. 4 l.

55. St. George. Il est en armure complète, sur un cheval
également couvert d'armure qui s'élance vers la gauche. Le Saint
perce de sa lance la poitrine du dragon qui mord la hampe. Gravure
sur bois d'une bonne exécution, mais d'un dessin un peu maniéré, de
la fin du XVIe. Siècle. H. 7 p. L. 4 p. 3 l.

56. Même sujet par Giuseppe Scolari. Le Saint est vêtu
à l'antique et s'élance à cheval vers la droite, tenant de la main droite
le tronçon de lance dont le fer est resté enfoncé dans la gueule du
dragon. Le monstre se voit à droite au pied d'un grand rocher qui
s'élève jusqu'à la partie supérieure de l'estampe. Gravure sur bois
d'un travail énergique. H. 19 p. 11 l. L. 13 p. 7 l.

57. St. Jérôme de Giuseppe Scolari. A gauche, près d'un
rocher, le Saint debout contemple le crucifix qu'il tient de la main
gauche et se frappe la poitrine de la pierre qu'il porte de la main
droite. A ses pieds, le lion qui lève vers lui la tête. A droite, deux
arbres, au pied desquels on voit une tête de mort et un sablier.
Gravure à l'eau-forte d'une excellente exécution et d'un style grandiose.
H. 19 p. 8 l. L. 13 p. 8 l.

58. St. Jérôme au désert, d'après le Titien. Au milieu d'un paysage sauvage, rocailleux, couvert d'arbres et de bois taillis, coule un ruisseau. A droite, près d'un rocher, se trouve le Saint à genoux, très-mouvementé, devant une croix de roseaux. Sur le devant, à gauche, près d'un arbre, on voit deux lions et une lionne, et du même côté, un daim qui s'enfuit vers le fond. Pièce non signée, mais d'une exécution si magistrale que l'on croit avoir été gravée, d'après un dessin du Titien, par Nicolas Boldrini. H. 14 p. L. 19 p. 3 l.

59. St. François recevant les stigmates. Sur une hauteur couronnée d'un arbre et d'un aspect sauvage, le Saint est agenouillé à gauche, les bras étendus et les regards dirigés vers le haut, où l'on voit une croix dans une gloire rayonnante. Dans un creux sur le devant, à droite, et vu de dos à moitié, est couché le compagnon du Saint, les yeux dirigés également vers l'apparition, dont il cherche à modérer l'éclat en mettant la main devant le visage. Excellente pièce que l'on croit également avoir été gravée par Boldrini, d'après un dessin du Titien. H. 10 p. 9 l. L. 15 p. 11 l.

60. St. Grégoire. Il est assis sur un fauteuil, tourné à droite, et la tête élevée à gauche. De la droite descend une colombe qui lui souffle à l'oreille. De la gauche, il tient un livre, et de la droite, une plume. Sa tiare est posée sur un livre placé sur un mur d'appui à droite. Fond blanc. Pièce non signée d'un maître anonyme. H. 10 p. 4 l. L. 7 p.

61. Le Mariage de Ste. Catherine, d'après le Titien. A droite, la Vierge est assise tenant devant elle l'enfant Jésus, dont Ste. Elisabeth prend la main gauche pour la diriger vers Ste. Catherine agenouillée à gauche et mettre à celle-ci l'anneau au doigt. Derrière la Vierge, on voit St. Joseph, et derrière Ste. Catherine, deux anges. H. 12 p. L. 16 p. 11 l.

Baseggio attribue cette pièce à Boldrini et Huber (Handbuch III. p. 58) la mentionne comme portant l'inscription:

Titianus Vecellius inventor lineavit.

62. Même sujet, d'après le Corrège. La scène se passe dans un temple. Clair-obscur de trois planches. Huber, dans son Catalogue du cabinet Winkler, II p. 294, attribue cette pièce à Ugo da Carpi et ajoute que la pièce est exécutée d'après un tableau de la Galerie de Modène.

63. Même sujet. Rudolphe Weigel, dans son Kunst-Catalog No. 7378, décrit une composition absolument semblable à la précédente, mais en clair-obscur de quatre planches et avec la différence

que l'on voit un temple à travers un portail. L'impression paraît être d'une date récente. H. 13 p. 8 l. L. 9 p. 2 l.

64. Même sujet, d'après le Parmesan. Sainte Catherine est agenouillée, à droite, devant la Vierge et l'enfant; à côté d'elle, un Saint portant sa croix et St. Joseph. A gauche, un ange. Gravure sur bois d'un anonyme, d'après le Parmesan. In-folio. (R. Weigel, K.-Cat. No. 14613.)

65. Jeune Sainte martyre. Un ange dans les airs lui montre la couronne de la vie éternelle. D'autres anges et des chérubins l'entourent. A la gauche du bas, Coriol. Eq. F. H. 15 p. 10 l. L. 5 p.

66ᵃ. Une Sibylle, d'après le Guide. C'est la pièce décrite par Bartsch sous le No. 5, mais d'un plus grand format, et la tablette qu'elle tient montre la figure d'un homme nu, ressemblant à un modèle d'anatomie. Au bas, la signature G. MORETTI. A. C. Mta. Clair-obscur de deux planches. H. 11 p. 2 l. L. 8 p. 4 l.

66ᵇ. Le Jugement dernier. Dans un cercle traversé par le Zodiaque est assis le Christ les mains élevées et couronné par deux petits anges, dont l'un tient la lance et l'autre le bâton avec l'hysope. A gauche, St. Jean Baptiste; à droite, la Vierge, demi-figures. Un peu plus bas et de chaque côté, deux rangées de Saints, et dans la partie inférieure du cercle, St. Michel debout en armure et qui pèse deux âmes dans une balance. A gauche, un ange avec les âmes des élus; à droite, un autre chasse les damnés aux enfers. Au-dessous du cercle, des anges sonnent de la trompette pour convoquer les morts, à gauche, les élus; à droite, les damnés. Dans les coins du haut et de chaque côté, deux médaillons avec deux évangélistes. A la droite du bas, le chiffre ⋈. Gravure sur bois d'un bon dessin, avec figures un peu élancées, du commencement du XVIᵉ. Siècle. H. 14 p. 1 l. L. 9 p. 6 l. Berlin.

Des impressions récentes, avec une bordure à palmettes, mesurent H. 15 p. 4 l. L. 10 p. 5 l. Dans le Catalogue Malaspina, Vol. IV, p. 334, on explique faussement le monogramme par Andrea Mantegna fecit, en ajoutant que ce Jugement dernier ne constitue qu'une partie d'une gravure sur bois plus grande et dont l'autre partie représente St. François recevant les stigmates.

67. L'enlèvement de Proserpine, d'après le Scolari. Pluton saisit avec violence la nymphe qu'il emporte dans un chariot attelé

de deux chevaux qui se précipitent dans un gouffre d'où sortent des flammes; un petit génie ailé, monté sur un des chevaux, souffle dans un cornet. Sur une banderole attachée à une des roues du char, on lit: Gioseppe Scolari INV. Pièce traitée d'une manière large et hardie. H. 16 p. 9 l. L. 13 p. 1 l.

68. Mars et Vénus. Ils sont assis à gauche dans un paysage. Le dieu appuie le bras sur un bouclier et Vénus appuie sa tête sur l'épaule gauche de son amant qu'elle embrasse de la droite. Au milieu, un cheval qui tourne la tête vers le spectateur et qui est maintenu par un serviteur dont on ne voit que la tête et une partie des jambes. Baseggio intitule cette composition Angelica et Médor, et croit que la gravure a été exécutée par Boldrini, d'après une composition du Titien. H. 6 p. 2 l. L. 9 p. 2 l.

69. Un Satyre qui découvre une Nymphe. Il est agenouillé à gauche dans une posture fort libre et presque vu de face sur un lit où dort une nymphe dont il soulève la draperie. Celle-ci a le dos tourné vers le spectateur. Tout près se trouve un vase sur un escabeau. Baseggio, p. 33, attribue cette pièce à Boldrini et la composition au Titien. H. 6 p. L. 8 p. 11 l.

70. Milon de Crotone. Il a les deux mains prises dans la fissure du tronc d'arbre à gauche, tandis qu'un lion l'attaque et le mord à la jambe. Dans le paysage richement boisé on voit accourir une lionne. Belle composition du Titien, dont la gravure est attribuée à Boldrini. Pièce non signée. H. 11 p. L. 15 p. 2 l.

Des épreuves postérieures de cette gravure dont la planche montre une fente, portent le monogramme de Henri Goltzius et la date de 1598.

71. Adonis décochant une flèche. Cette gravure, d'après un dessin du Parmesan, est exécutée par A. Belemo; in 8°. (Rud. Weigel, K.-Cat. No. 19150.)

72. Bacchus couronné. Il est assis, pissant, sur un tonneau, tenant, de la main droite, une coupe, et la gauche appuyée sur le côté. Au pied du tonneau est accroupi un satyre qui boit par le trou de bonde. A gauche est assis un autre satyre avec un paysan à droite qui boit dans une gourde. Clair-obscur de trois planches, d'après F. Zuccaro. H. 6 p. 8 l. L. 4 p. 4½ l.

Il en existe une copie gravée probablement à l'eau-forte par Caylus et sur bois par Le Sueur; on y lit au bas, F. Zuccaro del. H. 6 p. 9 l. L. 4 p. 8½ l. (Rud. Weigel, Kunst-Cat. No. 7376.)

73. Le Triomphe d'Amphitrite. La déesse sur des dauphins est entourée d'Amours. On voit Junon dans les nuages. Gravure sur bois, d'après Luca Cambiasi. In-fol. (Rud. Weigel, K.-Cat. No. 7375.)

74ᵃ. Vénus pleurant la mort d'Adonis, d'après Luca Cambiasi. Clair-obscur, signé du monogramme de l'inventeur ; des initiales du graveur G G. N. F E. et de celles de l'éditeur P. S. F. (Petrus Stefanoni formis.) Brulliot, Dict. II. 1018.

74ᵇ. Les sept Planètes. Grande frise de sept feuilles avec les divinités suivantes dans des niches:

1) Diana.
2) Mercurio.
3) Venere.
4) Febo.
5) Marte.
6) Giove.
7) Saturno.

Trois de ces pièces sont signées F. F. (Florio fecit). Voyez ce que nous avons dit à ce sujet dans l'article concernant Florio Vavassore de Venise. Vol. V. p. 88.

75. Lucrèce. Elle est assise avec trois de ses suivantes dans une chambre et tient un livre à la main, tandis qu'une des jeunes filles dirige son attention sur la porte à droite où son mari entre avec Tarquin. A la gauche du bas, l'inscription:

IOSE. SAL. 1557. (Giuseppe Porta detto il Salviati.)
H. 13 p. 5 l. L. 5 p. 3 l.

Cette pièce porte la suscription suivante en caractères mobiles: Modo bellissimo di trattenere le sue figliuole in opera, come faceua la casta Lucretia Romana le sue Damigelle. Cosi come da Tarquinij insieme col suo marito Collatino, fu trouata in meze d'esse à lauorare. Nel libro primo delle Deche di T. Liuio.

Cette pièce se trouve dans un livre de dessins de broderie que Jean Ostaus a publié, comme on l'apprend dans la préface, et la Lucrèce se trouve au verso de cette préface. Elle pourrait avoir été gravée par Marcolini.

76. Sophonisbe. Elle est debout à droite et vide la coupe empoisonnée en présence d'un guerrier. Sur le haut des pilastres

on trouve, à gauche, le monogramme ⊢T , à droite, le chiffre ⚜ .
Clair-obscur de trois planches dont le dessin paraît appartenir à l'école
florentine vers le milieu du XVIe. Siècle. H. 7 p. 7 l. L. 6 p.

77. La Charité. Elle est assise vêtue, vue presque de dos
sur un banc et tournée vers la droite, tandis qu'elle presse un enfant
sur son sein. Elle en tient un second près d'elle, et deux autres
jouent à ses pieds. A droite, sur le parquet, on trouve la marque
𝔛 F et, à gauche, le nom de l'inventeur qui était illisible dans
le seul exemplaire qui nous est connu. Clair-obscur de deux planches, in-folio.

78. La Fortune, d'après le Guide. Elle s'appuie du pied
droit, et presque planant dans les airs, sur le globe du monde dont
on ne voit qu'un arc de cercle, la gauche sur la hanche et la tête
tournée vers la gauche, tandis qu'elle tient de la droite un petit écusson suspendu à un ruban. Devant elle, à droite, un petit Amour
armé d'un arc et regardant l'écusson. L'exemplaire que nous avons
eu sous les yeux est imprimé en brun rouge et l'écusson, aussi bien
qu'un plus grand compartiment au bas, a la même teinte, ce qui
paraît indiquer que l'on y voulait mettre une inscription. Cette pièce
est gravée dans la manière de Bartolomeo Coriolano. H. 10 p. 11 l.
L. 8 p.

79. La Tour de la Fortune. Le dessin de cette tour est
celui du château St. Ange à Rome. Plusieurs figures cherchent à la
prendre d'assaut. Au sommet, on voit la Fortune sur le globe appuyé
sur une roue que l'on ne voit qu'en partie et sur laquelle est assis
le pape entouré de dignitaires ecclésiastiques et laïques. Sur les
échelles appuyées à la tour, des gens de tout état et de tout âge
cherchent à grimper; plusieurs sont précipités, et le Temps et la Mort
volant de chaque côté dirigent contre eux leurs coups. En plusieurs
endroits, on lit des vers italiens pour expliquer l'allégorie. A la droite

du bas, le monogramme 𝕮·𝔅 . Gravure sur bois du XVIe. Siècle.
H. 23 p. 7 l. L. 18 p. 9 l. Copenhague.

80. La Table de Cébès. Riche composition. Sur le premier
plan, les philosophes Cébès et Socrate sont assis. On y lit plusieurs
inscriptions et dans la marge du bas, à gauche, l'adresse de l'éditeur:

In Venetia il Vicceri. Celui-ci vivait vers le milieu du XVIe.
Siècle.

Belle pièce et qui semble avoir été gravée d'après un dessin de
Paul Véronèse. Elle est composée de trois feuilles grand-in-folio en
largeur. (Rud. Weigel, K.-Cat. No. 9488.)

81—88. Huit Figures allégoriques de Jaques Stella.[1])
Sous la figure de femmes assises avec divers attributs. Clair-obscurs
de deux planches. H. 7 p. 8 l. L. 5 p. 9 l.

— 81. Femme vue de face, tournée à droite. De la main droite
elle tient une palme, et de la gauche, une tasse. Au bas: ROMA.

— 82. La figure vue de face est tournée vers la gauche, tenant,
de la main droite, un sceptre, de la gauche, un livre ouvert.

— 83. Figure de face, tournée à gauche. De la droite elle
tient un rameau d'olivier, de la gauche, un livre dans lequel elle paraît
lire. A la droite du bas: ROMA. On trouve une gravure sur cuivre
du même sujet avec l'inscription:

J. Stella inv. 1625.

— 84. Femme assise vue de face, tournée à gauche, tenant de la
droite trois épis, et de la gauche, un livre ouvert.

— 85. Figure assise tournée à droite, et tenant sur les genoux
un agneau.

— 86. La figure est vue presque de dos, tournée à gauche.
Elle pose la main droite sur un livre et tient de la gauche une couronne d'épines.

— 87. Femme assise tournée à gauche et lisant dans un livre,
tandis qu'elle tient de la main gauche un petit étendard.

— 88. Figure assise tournée à gauche, et tenant des deux mains
des lys et des roses qu'elle presse contre sa poitrine.

89. Une Académie des Sciences, d'après Giuseppe Porta.
Au milieu, entre un jeune homme et un vieillard, est assise une jeune
femme vêtue qui tient devant elle un livre d'arithmétique. A gauche,
un homme s'incline pour parler au vieillard assis. Plus vers le fond

---

1) Jacques Stella, peintre, né à Lyon en 1590, vint à Rome en 1610, et après
avoir séjourné dans cette ville jusqu'en 1634, il retourna à Paris, où il mourut en
1657. On connaît de lui plusieurs gravures sur bois de sa propre invention et
une suite de Sibylles, peut-être les mêmes dont nous avons décrit huit plus haut.
Il y a encore des Prophètes et des Apôtres gravés sur bois d'après lui et une
feuille plus grande représentant la Cène et le Lavement des pieds, signée: J. Stella f.

un jeune homme debout montre une sphère à deux vieillards. A droite, sous un arc, on voit plusieurs savants assis autour d'une table, sur laquelle se trouve un livre ouvert qui forme, à ce qu'il paraît, le sujet de leur conversation. Sur le premier plan, à droite, une tablette avec l'inscription:

JOSEPH. PORTA. GARFAGNINVS.

Pièce probablement gravée par Marcolini. H. 8 p. 10 l. L. 7 p. 2 l.

90. La Bataille de Lépante. On trouve sur la représentation de cette bataille plus de trois cents vaisseaux. La gravure est composée de deux feuilles et porte l'inscription suivante:

CRISTOPS. CHRIEGR. ALLS. INCI.

(Christophorus Chrieger (Cristoforo Guerra), Allemanus incidit) col Privilegio del Sigre Giov. Andrea Doria. H. 18 p. L. 27 p.

On ne peut dire avec certitude qu'il a été l'inventeur de cette composition, mais comme le graveur se trouvait en relations intimes avec Cesare Vecellio, et que, jusqu'à la mort de celui-ci, en 1589, il fut toujours occupé aux gravures du livre des costumes, comme nous l'avons déjà fait voir, il semblerait assez vraisemblable que Cesare lui eût fourni également le dessin de la gravure qui nous occupe.

91ª. Un Camp chrétien et un Camp turc. Ils couvrent une grande étendue de terrain de chaque côté de la ville de Vienne, représentée en petit au milieu, les chrétiens à gauche, les Turcs à droite, avec plusieurs indications gravées des diverses parties des deux camps. Cette gravure est composée de six feuilles qui s'ajoutent bout à bout et dont la quatrième porte l'inscription suivante ⧓ . C. V. F. et dans un cartouche l'adresse:

IN VENETIA PER DOMENEGO DI FRACCIS IN FREZARIA ALA INSEGNA DELLA REGINA.

Dans un premier cartouche, on lit que le dessinateur et éditeur, Domenico de' Franceschi, a ajouté cette composition à celle qu'il avait fait paraître l'année précédente (1559) représentant une armée turque, à laquelle les conseils de ses amis l'avaient porté à opposer une armée chrétienne, comme cela eut lieu en 1532 devant Vienne. Suit une description des troupes formant l'armée chrétienne. In fine:

Di Venetia il primo di Gennajo 1560,

et plus bas:

In Venegia per Domenico di Franceschi MDLXI.

VI.   16

Dans un cartouche de la quatrième feuille se trouve expliquée la formation du camp turc. Ici, Domenico de' Franceschi se donne comme dessinateur, puisqu'il commence ainsi :

In questo mio disegno, etc.

Dans les deux cartouches, les inscriptions sont en lettres mobiles. Les six feuilles de la gravure sur bois mesurent en tout H. 19 p. L. 74 p. 3 l. (Coll. Börner à Nuremberg.)

91ᵇ. La Leçon de musique. A droite est assis le maître, tenant devant lui un livre de musique et donnant de la droite une flûte à une jeune fille debout près de lui. Derrière elle se tient un vieillard qui lui fait signe et lui met une bourse dans la main. Tout à fait au fond, à gauche, on voit un autre homme qui pose un doigt sur sa bouche. Clair-obscur de trois planches d'une bonne exécution et probablement d'après un dessin du Guerchin. H. 8 p. 1 l. L. 12 p. 8 l.

92. La Joueuse de guitare. Elle est assise près d'un petit orgue et joue de la guitare. Figure entière tournée vers la droite. En haut on lit: ANT. CRE. (Antonius Campi Cremonensis?). Clair-obscur de trois planches. H. 7 p. 6 l. L. 5 p.

93. Une Chasseresse, d'après le Parmesan. Elle s'avance vers la droite tenant d'une main une flèche élevée en l'air, de l'autre un arc rasant le sol. Près d'elle saute un petit chien. Fragment d'une plus grande pièce. H. 4 p. 10 l. L. 3 p. 4 l.

94. Une Figure de l'incendie du bourg, fresque de Raphaël au Vatican. C'est la figure de l'homme qui lève les bras pour recevoir l'enfant que la mère lui donne du haut d'une muraille. Il est tourné à droite, c'est à dire en contre-partie de l'original. Clair-obscur de deux planches. H. 5 p. 6 l. L. 3 p. 3 l.

95. Vieille femme allant au marché. Assise sur le sac dont est chargée sa monture, elle se dirige vers la droite tenant de la main une couple de dindes. Derrière elle est assis un enfant, qui se tient étroitement à elle; devant trottent deux poulains. Gravure sur bois attribuée par Baseggio à Nicolas Boldrini, d'après un dessin du Titien. H. 4 p. 11 l. L. 6 p. 7 l.

96. La Femme qui trait une vache. Dans un grand paysage avec ouvrages de fortifications et dans le voisinage d'un rocher, on voit sur le premier plan une femme occupée à traire une vache. Plus loin vers la gauche s'avance un enfant portant une cuvette et regardant un agneau qui se tient près de lui. A droite, on voit trois

chèvres et tout à fait vers la gauche quatre vaches et des moutons près d'une haie. Plus loin, un cheval court vers la gauche. Bonne gravure de Boldrini, d'après un dessin du Titien. H. 13 p. 8 l. L. 19 p. 4 l.

97. Trois Singes imitant le groupe du Laocoon. Dans un paysage, on voit assis sur un bloc de pierre un vieux singe et ses deux petits enlacés par des serpents. C'est une imitation du groupe du Laocoon et, selon la tradition, une épigramme du Titien sur la copie faite par Baccio Bandinelli de ce chef-d'oeuvre de la statuaire antique. La gravure en est attribuée au Boldrini. H. 9 p. 6 l. L. 14 p. 9 l.

98. La Procession du doge de Venise. Le doge s'avance à travers la ville suivi des ambassadeurs et des autorités civiles. On voit beaucoup de spectateurs aux fenêtres et surtout des femmes. On lit en haut sur une tablette:

In Venetia par Matthio pagano in Frezzeria al segno de la Fede.

Gravure de huit feuilles, grand-in-fol. en largeur, d'après la composition de quelque maître distingué et dans la manière du Titien ou du Tintoret.[1])

99. Le Doge Francesco Donato, vénérant la Ste. Vierge. Il est agenouillé vers la gauche près du patron de Venise, l'évangeliste St. Marc, adorant la Vierge qui tient dans les bras l'enfant Jésus dans l'acte de donner sa bénédiction. Derrière l'enfant, on voit St. François, un Saint évêque, et St. Etienne. Sur le devant, un ange avec une couronne de lauriers. Sur la base, derrière le doge, on trouve ses armoiries surmontées de son nom:

Franciscus Donato Dux Venetiae ℞.

Baseggio attribue cette pièce, gravée d'une manière large et ferme, à Boldrini, d'après un dessin de Cesare Vecellio. H. 15 p. 10 l. L. 29 p.

100. Marcus Antonius Trivisanus, Doge de Venise. Buste tourné vers la droite.

101ᵃ. Franciscus Venerius, Doge de Venise; buste tourné vers la droite.

---

1) Matteo Pagani était un graveur sur bois qui vivait à Venise vers le milieu du XVIᵉ. Siècle. Il a gravé des cartes géographiques, d'après le dessin de J. Castaldo. Probablement la Vue de Venise exposée en 1857 à Manchester, est de lui. Cette gravure est en six feuilles et la composition en est attribuée au Titien.

Ces deux gravures in-fol. portent l'une et l'autre la date de 1554.
(R. Weigel, K.-C. No. 4310.)

101ʰ. Hercule II, duc de Ferrare. Il est représenté à cheval.
On lit en haut, à droite:

Hercule II. Duca di Ferrara.

et au bas, dans un cartouche:

In Venetia | per Domenigo di | Franceschi in Fre | zaria
alla Iseg | na dela Regina.

Pièce entourée d'une riche bordure et signée du chiffre ⨂. H.
19 p. L. 13 p. 8 l.

(Coll. Börner à Nuremberg.)

102. Portrait du sultan Soliman II. Il est vu de profil
tourné à droite. Des perles et des plumes de héron ornent son riche
turban. Gravure sur bois de trois feuilles qui forment une pièce in-
fol. imperial étroite en hauteur.

R. Weigel, dans son K.-C. No. 14167, attribue le dessin de cette
gravure au Titien.

103ⁿ. Portrait du Titien. Demi-figure de trois quarts tournée à gauche et tenant de la main droite une tablette sur laquelle
on lit:

In Venetia per Gioanni Bretio (?) Intagliatore.

De la main droite, il tient un crayon. Belle pièce dans la manière
de Boldrini; malheureusement, dans l'exemplaire de Berlin, le seul qui
nous soit connu, l'impression sur la tablette est mal réussie, de manière
que le nom du graveur est presque illisible. H. 15 p. L. 12 p.

103ʰ. Portrait de Lodovico Carracci. Buste de trois
quarts tourné vers la droite. Dans un ovale entouré d'une guirlande
de feuilles de chêne.

104. Portrait d'Agostino Carracci. Buste de trois quarts
tourné à gauche. Dans un ovale avec la même bordure que la pièce
précédente.

105. Portrait d'Annibal Carracci. Buste vu presque de
face; dans les mêmes conditions que les précédentes.

Ces trois portraits mesurent H. 4 p. 4 l. L. 3 p. 2 l.

106. Arbre généalogique de la famille des Carraches.
Dans le lointain, une vue de Bologne. H. 9 p. 10 l. L. 5 p. 4 l.

Malvasia a fait graver ces quatre pièces pour son ouvrage de la

Felsina Pittrice. On en trouve des exemplaires en clair-obscur de deux planches dans la Collection Albertine à Vienne.

107. Portrait d'homme. On lit en haut, à gauche, dans une tablette: Nicolo Nelli. Vene. F. 1566.[1]) Ce portrait se trouve dans un livre.

(R. Weigel, K.-C. No. 15294.)

108. Mascaron de satyre, tirant la langue. Les cornes sont ornées de bandelettes. Clair-obscur avec très-peu de lumière de deux planches. H. 9 p. 3 l. L. 6 p. 2 l. Coll. Albertine.

109. Caron. Charge de vieillard barbu, les dents dechaussées, vu de trois quarts, tourné à gauche. Dans la marge du bas, CHARON. Bonne pièce traitée avec beaucoup d'effet. H. 11 p. 5 l. L. 7 p. 2 l. Francfort.

110. Têtes formées par divers utensiles et armes, de François Calandrini.

Trois de ces pièces portent l'indication Francisci Caldarini inventio, ou encore les initiales P. C. F., d'où il faut conclure que cet artiste, jusqu'ici inconnu, était également graveur sur bois. Ces têtes de fantaisie sont presque de grandeur naturelle. In-fol. Gotha.

111. Paysages, Marines, etc. avec figures, de D. Desiderio. Rudolphe Weigel, dans son K.-Cat. No. 5669, mentionne dix-huit de ces pièces en 12° en largeur, gravées sur bois d'une taille spirituelle, et réunies sous le titre suivant orné de petits génies:
Clariss. vir. et colendiss. Domino Camillo Rinuccinio. Franciscus Desiderius Pistoriensis D. D. D. Elles sont en partie marquées du monogramme de l'artiste ℬ. Heinecken, dans son Dictionnaire des Artistes, dit que Desiderio était un peintre de paysage de Pistoie et qu'il a gravé sur cuivre deux petits paysages en largeur, avec un berger assis et un autre couché. Nous n'avons point d'autre renseignement sur son compte.

112. Vue de la ville de Mantoue, par Andrea Andreani. Cette pièce se trouve sur le verso d'une feuille avec six pilastres du Triomphe de Jules César par Andrea Mantegna (Bartsch XII. p. 104) imprimée en clair-obscur de trois planches. On y trouve également

1) Nicolò Nelli n'était connu jusqu'ci que comme graveur sur cuivre et éditeur d'estampes. Il vivait à Venise vers le milieu du XVIe. Siècle et son oeuvre porte la date de 1564 à 1573. D'après la signature ci-dessus, il aurait également gravé sur bois.

~ une répétition de trois des pilastres mentionnées ci-dessus, et à gauche, l'inscription : MANTOVA 16 ⬜ 07. H. 14 p. 6 l. L. 18 p.

113. Un Arc de triomphe. Il a deux portes avec quatre ouvertures cintrées, et le tout est orné de statues et de bas-reliefs. Sur une tablette du pilier central, on lit :

P. VALERIVS — Q. CECILIVS — Q. SERVILIVS — P. COR-
NELIVS.

puis à droite, la marque P⬜. Gravure sur bois du commencement du XVI°. Siècle. H. 11 p. 9 l. L. 10 p. 3 l.

114. Un Arc de triomphe à trois étages. Il a également deux portes surmontées de frontons avec figures. On lit dans la frise de l'arc à gauche :

T. FLAVIVS. P. F. NORICVS IIII. VIR. J. D.

Au-dessus, six petits arcs appuyés sur des pilastres alternant avec des statues de divinités. Le troisième étage a au milieu une sorte de niche cintrée avec six statues héroïques en armure et aux côtés deux figures d'hommes en costume antique, assis. Cette pièce est du même maître que la précédente, mais ne porte point de signature. H. 11 p. 9 l. L. 9 p. 9 l. Berlin.

116. Les Armoiries du pape Jules II. L'écusson porte le chêne de la famille Della Rovere, surmonté de la tiare avec les deux clefs en sautoir. Dans une banderole au bas, on lit l'inscription :

JVLIVS PAPA II.

Pièce avec trois traits de bordure et d'une taille énergique. H. 15 p. 2 l. L. 10 p. 8 l.

(Coll. Oswald Weigel à Leipzig.)

Clairs-obscurs de A. M. Zanetti le jeune.
(Bartsch XII. 160.)

Annotations à Bartsch.

(Voy. R. Weigel, K.-Cat. Nos 10741—10772.)

2. La Vierge et l'enfant Jésus. Les premières épreuves sont marquées d'un P. (Parmegianino) et portent la date de 1723.

12. St. Jacques. On en trouve des épreuves avant la date.

17. St. Jean avec l'agneau. On trouve également des exemplaires de cette pièce avant la date.

47. St. Jean l'évangéliste. Même observation que ci-dessus.

48. St. Jacques. Idem.

68. Dieu apparaissant à Isaac, d'après Raphaël. Il en existe des épreuves avant la lettre.

4. Mutius Scævola (B. 192, No. 4). On en trouve des épreuves marquées P. J. sans la date.

Additions à Bartsch, p. 190.

5. La Vierge avec l'enfant Jésus, d'après le Parmesan. Ce clair-obscur de trois planches porte le monogramme de Zanetti et la date de 1722. H. 6 p. 3 l. L. 3 p. 8 l.

6. St. Pierre et St. Paul, d'après le Parmesan. Ils s'avancent vers la gauche. Clair-obscur de trois planches. H. 5 p. 7 l. L. 3 p. 7 l.

7. St. André, d'après le Parmesan. Il tient sa croix. Clair-obscur de deux planches. 8°.

8. L'Invention de la Sainte Croix par l'impératrice Ste. Helène. Composition grandiose du Tintoret. Avec la date de 1724 et dédicace à A. M. Zanetti. Clair-obscur de trois planches. In-fol. en largeur.

Appendice.

9. Une Tête d'homme. Tête chauve vue de face. Clair-obscur de deux planches tout à fait dans la manière de Zanetti. H. 6 p. 6 l. L. 5 p.

(R. Weigel, K.-Cat. No. 12725.)

TABLE DES PEINTRES

DONT LES DESSINS ONT ÉTÉ REPRODUITS PAR LA GRAVURE SUR BOIS.

TABLE

DES GRAVEURS SUR BOIS ET DES PIÈCES DE LEUR OEUVRE.

TABLE

DES GRAVURES DE MAÎTRES INCONNUS.

GRAVURES
NON SIGNÉES DE MAÎTRES INCONNUS.

CATALOGUE

DES

GRAVURES FRANÇAISES

JUSQU'À LA FIN DU XVIE. SIÈCLE.

————

ADDITIONS

AU

PEINTRE-GRAVEUR FRANÇAIS

DE

ROBERT-DUMESNIL.

————

Ecole Française de Gravure durant le XVIe. Siècle.

Nous avons déjà donné, dans la partie historique de cet ouvrage, un resumé des travaux des graveurs français et nous renvoyons nos lecteurs à ce que nous avons dit à ce sujet. Nous faisons suivre, dans le Catalogue complémentaire ci-après, les notices biographiques que nous trouvons (avec des remarques sur leurs oeuvres) soit dans le Catalogue de Bartsch relatif aux maîtres allemands, soit dans le Peintre-Graveur français de Robert-Dumesnil, ouvrage qui doit se trouver dans les mains de tous les Collectionneurs, ce qui nous dispense de reproduire au long les notices spéciales qu'il contient. Nous traiterons spécialement des maîtres dont il ne fait pas mention, comme Jean Cousin, Jean-Louis d'Avignon et quelques maîtres anonymes.

Jean Duvet de Langres.
(Robert-Dumesnil V. p. 1.)

On sait que cet orfévre et graveur sur cuivre naquit à Langres en 1485 et qu'il vivait encore en 1556 quand il obtint un privilége royal pour la publication de son Apocalypse figurée. Sa première gravure avec une date certaine est de 1520 et représente une Annonciation (R.-D. No. 5). Cependant il a dû commencer à graver avant cette époque, comme nous le porteraient à croire certaines estampes non signées, mais certainement de sa main et qui, à côté d'une grande

diligence dans l'exécution, montrent quelque inexpérience dans la conduite du burin et sont en partie empruntées aux compositions des
grands maîtres.   Parmi ces pièces, on en remarque une qui n'a pas
été encore décrite, représentant le Jugement de Salomon, où le roi,
l'homme frappé d'étonnement et autres figures sont empruntés à la
composition de Raphaël „Elymas frappé de cécité.‟   A ce sujet, il con-
vient de remarquer que Duvet, tout en se montrant dans la plupart
des circonstances un artiste original, ne se faisait aucun scrupule
d'emprunter des figures aux autres compositeurs, entre autres de
Mantègne et de Durer, d'après lesquels il a fait également des copies.
Ainsi dans ses Fiançailles de nos premiers parents, il a introduit la figure d'Adam du Péché originel de Durer et pour une
Vierge la Lucrèce de Raphaël gravée par Marc-Antoine.

Quelques-unes de ses gravures ont été exécutées d'après des dessins de Léonard de Vinci, soit par lui-même, soit par quelqu'un de ses
élèves.   C'est le cas pour le sujet connu sous le nom de Poison et
Contre-poison, qui est gravé, en contre-partie, d'après la composition de Léonard, dont le dessin original se trouve au Musée britannique.   Avec cette différence qu'ici l'homme assis est vêtu, le dragon
mord un lion et se trouve mordu à son tour au cou par un ours.
La licorne se précipite sur celui-ci, tandis qu'un autre lion se trouve
sur le devant à droite et que, dans le fond, un sanglier sort d'une caverne.   En haut, le soleil darde ses rayons.   Le dessin est d'un plus
petit format que la gravure, dans laquelle Duvet aurait fait quelques
changements ou se serait servi d'un autre dessin, ce qui est d'autant
plus probable que le dessin de l'homme nu est beaucoup plus beau
que ne l'aurait pu faire le graveur, à en juger du moins par ce que
nous connaissons de lui.   Comme nous avons encore du maître trois
autres gravures, la Décollation de St. Jean et deux Cerfs, qui indubitablement, et surtout dans le paysage, appartiennent à l'école de Léonard, on pourrait en conclure que Duvet aurait obtenu ces dessins du
grand peintre lui-même qui, à cette époque, se trouvait en France ou
de quelqu'un de ses élèves et peut-être de Scolari qui, ainsi que le dit
del Rio, Chap. XIII., était occupé au château de Gaillon par le Cardinal d'Amboise.

Additions à Robert-Dumesnil. V. p. 1—32.

64. Le Jugement de Salomon. La disposition générale de la composition, la figure du roi, et celle de l'homme frappé d'étonnement sont empruntés au carton de Raphaël représentant Elymas frappé de cécité. L'enfant mort étendu sur le terrain et un autre debout, vu de dos, sont pris du Massacre des Innocents du même maître; ce dernier est tenu par le bourreau armé du glaive. A gauche, on voit deux vieillards debout; l'une des femmes montre le dos; l'autre agenouillée et dans les larmes croise ses mains sur sa poitrine. Une autre femme et deux hommes se tiennent derrière elle. Pièce non signée. H. 5 p. 9 l. L. 8 p. 2 l. Musée britannique. Berlin.

65. La Décollation de St. Jean Baptiste. Agenouillé au milieu de l'estampe, il vient de recevoir le coup mortel et s'affaisse. A droite, près d'un gros arbre, le bourreau debout rengaine son épée. Vers la gauche, Herodiade s'éloigne à la hâte avec une suivante qui porte dans un plat la tête du précurseur. H. 5 p. 3 l. L. 4 p.

Bartsch décrit cette pièce parmi les anonymes allemands (Vol. X. p. 23, No. 42). Cependant elle est gravée tout à fait dans le style de Duvet, tandis que la composition, le paysage et la manière dont le terrain est traité démontrent que le dessin en est dû à un élève de Léonard; et comme le fond a beaucoup de rapport avec ceux de Cesare da Sesto, on pourrait croire que le dessin de cette composition lui appartient.

66. Le Christ avec la Samaritaine. Il est assis à la gauche, tenant de la main droite le globe du monde. A droite, la Samaritaine debout près du puits tient de la droite un vase attaché à la corde. Dans le fond et du même côté, se trouvent les apôtres. A la droite du bas, une double tablette avec les initiales I. D. H. 5 p. 10 l. L. 4 p. Musée britannique.

67. L'entrée du Christ dans Jérusalem. Au milieu du haut, la double tablette avec les initiales I. D. H. 78 m. L. 78 m. ⸺ 2 p. 11 l. en carré. (Le Blanc, Manuel, No. 16.)

68. Jésus chasse les marchands du Temple. La double tablette avec les initiales est suspendue à une colonne à droite. Mêmes dimensions que la pièce précédente. (Le Blanc, Man. No. 15.)

69. La Mise au tombeau. Le corps du Christ est porté par deux hommes sur trois gradins qui conduisent vers un sépulcre voûté à droite. Sur le devant, à gauche, la Vierge tombe évanouie,

soutenue par deux saintes femmes assises à côté d'elle. Derrière elle,
une autre sainte femme et St. Jean debout, tourné à droite et croi-
sant les deux mains sur la poitrine. Sur une montagne, à gauche, on
voit quelques édifices. En haut, sur une partie d'architecture, on lit
la date de 1528. Pièce d'une belle exécution. H. 4 p. 7 l. L. 5 p.
Musée britannique.

70 — 72.   Trois pièces d'une suite dans laquelle on a cru trouver une allusion aux amours de Henri II avec Diane de Poitiers.

— 70.   Une Chasse au cerf.   Le cerf poursuivi par une
meute est tombé au milieu de l'estampe; un des chiens le mord au
cou, un levrier a sauté sur lui par derrière et plusieurs chiens l'atta-
quent de tous les côtés. A droite, deux chasseurs donnant du cor
sortent de la forêt. A gauche, des édifices près d'un ruisseau. Pièce
d'une belle exécution non signée. H. 6 p. 7 l. L. 10 p. 4 l. Coll.
Albertine à Vienne.

— 71.   La Licorne est blessée.   Près d'elle, deux hommes
nus richement chaussées et coiffés, auxquels deux autres jettent des
pierres, etc. In-fol. en largeur. Musée britannique.

— 72.   Le Conseil mis en effect sur la prinse de la
Licorne.   Cette inscription en caractères mobiles se trouve au bas
d'une estampe avec la composition suivante:

La Licorne attachée par le cou et par le corps pose sa tête ap-
pesantie sur les genoux d'une femme assise à gauche qui embrasse
l'animal du bras gauche et tient de la droite une guitare. Derrière
elle, une tige de lys à trois fleurs. Trois chasseurs tiennent la corde
à laquelle est attachée la licorne. A droite, dans la forêt, on voit le
roi avec plusieurs cavaliers suivis de chiens. Au milieu du fond, un
cours d'eau avec un pont sur lequel est une potence, où sont pendus
trois hommes et une femme. H. 8 p. 6 l. L. 13 p. 1 l. Coll. Albertine. Robert-Dumesnil, No. 56, décrit cette pièce, mais d'une
manière peu précise.

73.   Une Biche ou un Daim; l'animal est tourné à gauche
broutant une plante. Derrière lui s'élève une pousse sèche sur un
vieux tronc d'arbre pourri, tandis qu'une branche verdoyante s'incline
à droite. Le terrain est traité dans le goût de l'école de Léonard,
mais se trouve seulement indiqué de manière à faire croire que la gravure n'a jamais été terminée. H. 6 p. 3 l. L. 4 p. 7 l. Paris.

Cette pièce a été aussi gravée au pointillé par Giulio Campagnola,
et Duvet paraît l'avoir copiée de lui ou d'un dessin de l'école de Léonard.

74. Une Biche couchée. Elle est tournée vers la gauche, la jambe droite de devant repliée sous elle. Sur le devant, on voit deux grenouilles et derrière l'animal s'élèvent des broussailles avec un petit arbre sec, sur lequel perchent deux petits oiseaux. Le terrain sur lequel la biche repose est entouré d'eau et on voit dans le fond la mer avec deux petites îles à gauche; un peu plus en avant nagent deux canards et dans le lointain se trouvent deux vaisseaux. Le terrain est traité entièrement dans le style de Leonardo da Vinci. Pièce finement exécutée sans signature. H. 6 p. 10 l. L. 5 p. 1 l. Paris.

Cette pièce a également été gravée par Giulio Campagnola, No. 17 de son oeuvre, et on peut appliquer à son égard les mêmes observations que nous avons faites pour le numéro précédent.

75. Trois chevaux qui se cabrent. L'un est vu de côté, à moitié, les deux autres de dos. Sur celui de droite se trouve un cavalier nu. Un autre homme, également nu, embrasse le cou du cheval de gauche. A la gauche du bas, une tête de chien vue de profil; à droite, la partie antérieure du corps d'un autre chien vu par derrière. Pièce ronde de 6 p. 3 l. de diamètre. (Archives de Naumann II. p. 248.)

Appendice.

Des deux pièces suivantes signées I. D. 1530, Huber et Rost ont attribué la première à Jean Duvet et ont été suivis en cela par Le Blanc. Cependant Bartsch (Vol. VIII. p. 540) décrit ces deux pièces comme ayant été gravées en contre-partie par un anonyme, d'après Henri Aldegrever, Nos 82 et 132 de son oeuvre.

a) Mars. Le Dieu est debout, tenant, de la main gauche, un arc et, de la droite, une torche. A la gauche du bas, la date de 1530 avec les initiales I. D. H. 2 p. 11 l. L. 2 p.

Des épreuves postérieures portent en forme de monogramme l'adresse A. W. exc.

b) L'Intempérance. Demi-figure de femme tenant de la main droite un serpent et posant la main gauche sur la tête d'un bouc. Au haut de l'estampe, sur une petite tablette, on trouve la signature I. D. avec le millésime 1530 écrits à rebours. H. 3 p. L. 2 p. 4 l.

Jean Cousin. 1530—1563.

Cet artiste, un des plus distingués de son époque, était sous tous les rapports supérieur à son compétiteur Jean Duvet. Il naquit à Soucy près de Sens vers l'an 1500. En 1537, il épousa en troisièmes noces Marie Bowyer, fille de Henri Bowyer, Seigneur de Monthard, ce qui a donné lieu à l'opinion erronée qui le fait naître dans ce dernier endroit. On ne connaît point la date de sa mort, mais il a dû vivre jusqu'à un âge très-avancée. Il était en même temps sculpteur et peintre, mais surtout peintre sur verre, et à ces attributions il faut joindre celle d'écrivain. Il n'entre point dans notre plan de donner ici un catalogue complet des ouvrages qui lui sont attribués, d'autant plus que cette tâche exigerait de plus amples recherches que celles qui ont été faites jusqu'ici.

Afin d'avoir quelques points de repère sur sa carrière d'artiste, nous donnerons, en attendant, l'indication du premier travail avec une date que nous ayons de lui. C'est celui des vitraux peints pour l'église cathédrale de Sens, représentant la légende de St. Eutrope et qui date de 1530, ouvrage dû à un legs du chanoine Nicolas Rocher. Nous trouvons plus tard notre artiste employé au service de Henri II et porté dans le „Compte de M^e. Nicolas Picart, durant neuf années trois quartiers, commancez le premier de Janvier 1540 et finies le dernier Septembre 1550" sous la rubrique suivante:

A Jean Cousin, imager 14 liv. par mois.

Et ensuite dans le Compte des dépenses pour le monument sépulcral de Henri II et de Catherine de Médicis, l'indication:

Année 1563. Marbres. A Jehan Cousin, pour vente d'une pierre de Marbre, 35 liv.[1])

Les ouvrages publiés par Jean Cousin sont les suivants:

1. Livre de Perspective de Jehan Cousin, senonois, maistre painctre. A Paris, de l'imprimerie de Jehan Le Royer, imprimeur du roy ès mathematiques. 1560. In-fol. Avec gravures sur bois. Voici ce que dit l'éditeur au sujet de notre artiste:

„Jean Cousin (en l'art de portraicture et peinture non infime à Zeuxis ou Apelles) a composé et ce livre et les figures pour l'intelligence d'iceluy nécessaires, portraictes de sa main sur planches de bois,

---

1) Nous empruntons ces détails à l'excellent livre du M. le Cte. Léon de Laborde: „De la renaissance des Arts à la Cour de France"; pp. 423 et 533.

et j'ai accepté l'offre et ay taillé la plus grand' part desdittes figures, et quelques unes qui auparavant estoient encommencées par maistre Aubin Olivier, mon beau frère, les ay parachevées et mises en perfection, selon l'intention de l'auteur etc."

2. Livre de portraicture, avec figures en bois, 1593. On ne sait point si cette édition est la première de cet ouvrage, qui en a eu plusieurs depuis, et entre autres la suivante, qui aparu 10 ans plus tard:[1)]

Livre de Pourtraicture, contenant les plans et figures de toutes les parties séparées du corps humain, imprimé en 1603, chez Le Clerc, marchand graveur à Paris.

Une autre édition porte le titre qui suit:

Livre de Portraittre de Maistre Jean Cousin Peintre et Geometrien Très-excellent. Contenant par une facile instruction, plusieurs plans et figures de toutes les parties séparées du corps humain: ensemble les figures entiers tant d'hommes que de femmes, et de petits enfans: Veuës de front, de profil et de dos, avec les proportions, mesures, et dimensions d'icelles, et certaines regles pour racourcir par art toutes lesdites figures: fort vtile et necessaire aux Peintres, Statuaires, Architectes, Orfeures, Brodeurs, Menusiers et généralement à tous ceux qui aiment l'art de Peinture et de Sculpture. A Paris chez Jean le Clerc 1608. In-fol. oblong.

L'ouvrage se compose de 40 feuillets dont 37 contiennent des figures sur bois, d'après les dessins de Jean Cousin, gravés par l'éditeur Jean le Clerc. Le No. 17 était signé de ses initiales L. C.

Une édition postérieure parut encore à Paris avec le titre:

La vraye Science de la Povrtraicture descrite et demontrée. Par maître Jean Cousin etc. Paris chez Guillaume Le Bé. 1656.

On peut juger par le contenu de cet ouvrage que Jean Cousin avait fait de sérieuses études de son art et qu'il était un dessinateur très-correct. Son style et sa manière se ressentent de l'influence de l'école italienne de Fontainebleau et ses figures un peu allongées ont le cachet de l'élégance française de cette époque qui, peu soucieuse

---

1) La première édition que l'on connaisse est celle de 1571; la seconde date de 1589. Celle de 1593 serait donc la troisième.

du naturel, tombait le plus souvent dans la minauderie et le maniérisme.

On ne connaît de Jean Cousin que trois gravures sur cuivre, dont la dernière surtout est dessinée et taillée avec beaucoup d'esprit; ce sont les suivantes:

1. L'Annonciation.

2. Le Christ pleuré par les siens. Le corps du Sauveur est porté par trois hommes. La Vierge et deux saintes femmes se lamentent à gauche. A droite, la caverne sépulcrale. Dans le paysage, on voit des ruines. La signature du maître se trouve sur une pierre, à la droite du bas. H. 6 p. 3 l. L. 11 p. Collection Albertine à Vienne.

3. La Conversion de St. Paul.

Anciennes gravures, d'après Jean Duvet.

4. Le Serpent d'airain. Riche composition gravée par Estienne de Laulne. In-fol. obl.

5. Le Jugement dernier. Pièce exécutée d'après un tableau à l'huile pour l'église des Minimes à Vincennes et qui se trouve actuellement dans la Collection du Louvre. Gravée sur cuivre par Peter de Jode le Vieux, sur douze feuilles, formant une estampe de 4 pieds de hauteur,

6. Les Cyclopes. Cinq cyclopes et un enfant sont occupés autour d'une enclume. A gauche, un sixième cyclope fait jouer le soufflet, tandis qu'un de ses compagnons apporte du charbon. Sur le devant, à gauche, est assis un enfant, qui tient près de lui une urne très-ornée. A côté de lui, une pierre où on lit l'inscription:

Leonar. Galter. fecit 1581.

et plus bas, CVM. PRI. REG., puis, sur un mur près du soufflet:

Johann Cusinus. Senon. Inv.

H. 7 p. 2 l. L. 11 p. 9 l.

Ɛ . Lugd. ℞ . 1547.

Claude Corneille de Lyon (?)

(Bartsch IX. 44. Robert-Dumesnil VI. 7.)

Dumesnil croit pouvoir expliquer le monogramme composé de deux C en l'attribuant au peintre Claude Corneille de Lyon, tandis que celui formé par les lettres B. A. serait le chiffre de l'imprimeur Balthasar Arnoullet de la même ville, qui publia en 1546 le livre des portraits des rois de France dont notre maître aurait gravé les 58 pièces signées, la plupart, de son monogramme. Ce livre est intitulé:

Epitomes des roys de France en Latin et en Francoys,
avec leurs vrayes Figures.
Fortis adversis opponite pectoro rebus.
Lugduni, Balthasar Arnoullet, 1546. Petit in-4°.

Ces portraits ont dû être exécutés en 1545 et la pièce du Jugement dernier porte la date de 1547. Ces dates s'accordent, du reste, avec celles de l'époque où vivait Claude Corneille et ne peuvent que corroborer l'opinion de Dumesnil. Félibien, dans ses „Entretiens" etc. Vol. III. p. 118, s'exprime sur le compte de notre maître comme suit:

„Corneille natif de Lion, a fait aussi quantité de portraits sous les regnes de François I, Henri II, François II et Charles IX. Brantosme dans ses Mémoires[2]) estime beaucoup un tableau où il avoit peint Catherine de Medicis avec ses deux filles; et dit que cette Reine prit grand plaisir à regarder cette peinture, un jour qu'étant à Lion, elle alla voir chez Corneille les portraits de tous les grands Seigneurs et des Dames de la Cour, dont il avait une chambre remplie."

---

1) Cette édition, avec le titre gravé sur cuivre, est la plus rare. On trouve plus communément celle avec le titre imprimé Epitome gestorum LVIII Regum Franciae etc. Lyon, B. Arnoullet MDXLVI. Une édition postérieure porte le titre: „Cronique sommaire traitée des faits héroiques de tous les roys de France et des personnes et choses mémorables de leur temps. Lyon, Clermont Baudin, 1570", avec 61 portraits, c'est-à-dire, 59. Henri II avec le chiffre C. L. entrelacé, 60. François II, 61. Charles IX. Ces portraits paraissent avoir été exécutés par un autre graveur. Nous avons déjà eu occasion de mentionner que les portraits des premiers rois ont été empruntés à l'ouvrage de Jean Bouchet, de Poitiers, 1531.

2) Vie des Dames illustres. Oeuvres complètes. Paris 1823. Vol. V. p. 33. Le Cte. Léon de Laborde cite le passage en entier et croit que cette visite eut lieu en 1570.

Les gravures de Corneille sont, la plupart du temps, traitées d'une manière fort légère et accusent la main d'un peintre. Sa manière est toute française dans le style de l'école de Fontainebleau et ne manque point d'élégance, quoiqu'elle ne révèle pas un artiste consommé. Ses portraits, ordinairement d'une fort petite dimension, sont d'un coloris très-pâle et on les attribue ordinairement à un peintre qui lui est fort supérieur en ce genre, le peintre Janet.

Robert-Dumesnil décrit de lui 86 gravures au burin auxquelles il ne nous est pas donné d'en ajouter de nouvelles, et nous renvoyons au „Peintre-Graveur français" pour le Catalogue de son oeuvre. Nous ferons seulement mention ici d'un clair-obscur de trois planches attribué à B. Arnoullet.

1. **Vue de la Ville de Poitiers.** Au bas, en caractères mobiles:
Delineation des principaux lieux notables de la présente ville de Poytiers. A Lyon, par Balthazar Arnoullet.
Avec Privilege de la majesté royale pour six ans.
H. 7 p. 6 l. L. 14 p. 8 l.

Jacques Perrissin et Jean Tortorel.

Ces artistes ont gravé de 1559 à 1570 et peut-être encore plus tard. Le Catalogue de leur oeuvre, qui pourrait bien ne pas être complet encore, se monte à 40 pièces représentant la plupart les scènes de troubles qui suivirent la mort de Henri II, ou des épisodes de la guerre des Huguenots.

L'édition française, et probablement la première de cet oeuvre, porte le titre suivant:
„Premier Volume contenant quarante Tableaux ou Histoires diverses qui sont memorables touchant les guerres, massacres et troubles advenus en France en ces derniers années. Le tout recueilly selon le temoignage de ceux qui y ont esté en personne, et qui les ont vues desquels sont pourtraits à la vérité."

Ce titre est dans une bordure ornée, au bas de laquelle est un médaillon avec une pyramide battue des vents et la devise:
FERME EN ADVERSITE;

aux côtés:

PERSINVS FECIT.

Chacune des pièces qui suivent ont une explication du sujet en français. On en trouve cependant une édition avec texte latin. On doit observer néanmoins que jusqu'ici l'on n'a retrouvé que 37 pièces de cette suite et que l'on ne connaît les trois autres, avec plusieurs copies des premières, que par des gravures sur bois. Celles-ci portent, comme dans l'original, les monogrammes des graveurs , ou , avec les indications plus complètes: J. Perrissin fecit et J. Tortorel fecit. On pourrait en conclure que ces deux artistes étaient également graveurs sur bois, si nous ne trouvions souvent leur monogramme accompagné de celui de Jean de Gourmont , ce qui indiquerait que celui-ci a exécuté les reproductions sur bois des gravures originales. On trouve aussi de cet ouvrage une édition allemande qui contient également 40 pièces, dont 26 fortement mordues à l'eau-forte et 13 sur bois portent en partie la date de 1576. Le titre, orné dans le goût de l'école de Fontainebleau, est le suivant: Der erste Tail mancherlayen gedencwirdiger historien von krieg, mord und aufrueren, welche sich diese verloffene nechste jaren hehr in francreich zugetragen, in viertzig tafeln begriffen, alles nach glaublicher kennschaft und beteurung derjenigen so selbsten persönlich dabei gewesen sind und es mit augen gesehen haben, warhaftig abconterfeitet. In-fol.-oblong.

La manière de Perrissin s'éloigne beaucoup de celle de l'école de Fontainebleau et se rapproche davantage des tendances réalistes de l'école néerlandaise. C'est sans doute à cette circonstance que l'on doit attribuer l'opinion qui le fait naître en Allemagne pour se fixer plus tard en France.

Appendice.

42. Procession sortant de la Sorbonne. Les ligueurs en armes, conduits par des prêtres et des moines, sortent du Collége

de la Sorbonne à Paris, en 1593. Composition très-riche en figures
et portant l'inscription:

Amburbica .... praeunte.

Cette pièce, signée Petrus Kaerius exc., est tout à fait dans le
genre de Perrissin et doit être considerée comme faisant suite à la
série des scènes de la Ligue mentionnées plus haut. Grand in-fol. en
largeur.

(Cat. Sternberg Vol. IV. p. 6.)

Jean Gourmont à Lyon. ƐALION₇ ℈, ℺

Jean de Gourmont de Lyon.

(Bartsch IX. 143 et 421. Robert-Dumesnil VII. 1₴.)

/8

Ce graveur sur cuivre et sur bois de Lyon, après avoir reçu des
lettres de noblesse, vint se fixer à Paris avec son frère François, et
y fonda un établissement pour la publication des ouïvrages illustrés par
gravure sur cuivre et sur bois. On connaît surtout les deux livres
suivants:

1. Un livre de Géomancie, ou de prédictions au moyen
de lignes et de points. Le titre gravé sur bois avec ornements
d'architecture, rinceaux et arabesques, entre-mêlés de petits génies
dont deux au haut et au bas et un de chaque côté, porte dans un
écusson ovale l'inscription: AVEC PRIVILEGE DV ROY, accompagné
du troisième monogramme ci-dessus, et au milieu le titre:
La Géomance, abrégée de Jean de la Taille de Bondaroy
Gentil-homme de Beauce. Pour scavoir les choses pas-
sées, présentes et futures. Ensemble le Blason des
Pierres Précieuses, contenant leurs vertus et proprie-
tez. A Paris Pour Lucas Breyer, tenant sa boutique au
second pilier de la grande salle du Pallais 1574. in-4°.

On y trouve aussi le portrait de l'auteur, Jean de la Taille de
Bondaroy, demi-figure, et une vignette représentant un lion debout,
entouré de l'inscription:

IN VTRVNQVE PARATVS.

Ces deux pièces sont néanmoins d'une exécution fort inférieure à celle
du titre et ont été probablement taillées par un autre graveur sur bois.

2. SACRA PARISIORVM ANCORA. A Paris par Jean et François de Gourmont frères, demeurant rue Sainct Jean de Lateran. Avec priv. du Roy 1587. Gr. in-4°. Après ce titre vient une grande gravure sur bois représentant le prince Lud. de Gonzague, Duc de Nivernois, et Rethelois, Prince de Mantove, et Pair de France, auquel le livre est dedié. Il est assis, tandis que l'auteur, Christofle de Savigny, lui présente son ouvrage. Pièce ovale dans une bordure carrée. H. 14 p. 9 l. L. 11 p. 6 l.

Dans le livre on trouve encore 16 gravures sur bois que Papillon attribue en partie à Jean Cousin. (Voyez Brunet, Manuel.)

On trouve également le dernier des monogrammes ci-dessus sur quatre gravures sur bois copiées d'après Tobias Stimmer, dans l'édition allemande du Tite Live et mentionnées par Bartsch et Le Blanc. H. 2 p. 8 l. L. 3 p. 11 l.; sur les copies d'après Perrissin et Tortorel mentionnées ci-dessus et sur une gravure de la Bible Espagnole publiée à Bâle par Apiarius.

Les premières gravures de Jean de Gourmont sont traitées dans le goût des petits maîtres allemands, d'un burin fin et serré et dans le style artistique de l'école de Fontainebleau. Bartsch décrit quinze pièces de son oeuvre signées du premier des monogrammes ci-dessus. Robert-Dumesnil, dans son Peintre-graveur, en ajoute six autres, et nous complétons l'oeuvre de nos devanciers par la description des sept pièces suivantes qui ont échappé à leurs recherches.

Additions à Bartsch et Robert-Dumesnil.

24. Le Péché originel. Adam et Eve sont assis au pied de l'arbre de Science, dont ils mangent les fruits. A la gauche du bas, la signature 𝕀𝔾 ourmont exc. H. 7 p. 1 l. L. 4 p. 4 l. Catal. Vischer à Bâle.

25. Vénus et l'Amour. On lit, dans la bordure, Vénus et Cupido, accompagnés du dernier des monogrammes ci-dessus et le mot fecit. H. 6 p. 7 l. L. 3 p. 10 l. Brulliot.

26. Vulcain à l'enclume. A droite, dans une grande forge, on voit Enée assis. Sur le soutien de l'enclume le monogramme, formé des lettres J. et G. Pièce ronde de 3 p. de diamètre.

27. Trois fifres. Ils sont coiffés de bonnets à plumes. Sur une petite tablette, à la gauche du bas, le dernier des monogrammes ci-dessus. H. 2 p. 10 l. L. 2 p. 4 l. Brulliot.

28. Deux paysans en repos. Celui de gauche, debout, tient une fourche, celui de droite, assis, un râteau. Au-dessous de ce dernier, le troisième des monogrammes ci-dessus sur une petite tablette et dans la marge du bas, l'inscription:

Post Laborem Quies.

H. 2 p. 11 l. L. 2 p. 1 l. Brulliot.

29. Une Tête de mort, posée sur un os dirigé à droite. A gauche, le premier des monogrammes ci-dessus. On lit, dans la marge du bas:

O MORS QVAM AMARA EST MEMORIA TVA HOMINI PACEM HABENT IN SVBSTANTIES SVIS. Eccl. XLI.

H. 4 p. L. 2 p. 10 l. Paris.

30. Portrait du Cardinal Charles de Bourbon. Figure entière assise, tournée à droite, devant une table, portant un crucifix et un livre, sur lequel il pose la main. Suscription:

Carolus Cardinalis a Borbonio. Anno aetatis 28.

Dans la marge du bas, la signature:

Gourmont fc.

H. 5 p. 10 l. L. 4 p. 5 l. Paris.

Pierre Woeiriot, surnommé De Bouzey.

(Robert-Dumesnil VII: p. 43.)

Le portrait de Woeiriot gravé par lui-même en 1556, à l'âge de 24 ans, nous démontre qu'il naquit en 1532 en Lorraine. Il était dessinateur, sculpteur-ciseleur et graveur sur cuivre et sur bois. Il s'est servi également de la pointe froide et du burin, mais il n'a jamais gravé à l'eau-forte. Les dates de ses estampes varient de 1555 à 1589, tandis que l'époque de sa mort nous est inconnue. Il a beaucoup travaillé et son oeuvre se monte à plus de 400 gravures sur cuivre, outre plusieurs bois. Avec le titre de sculpteur du duc de

Lorraine, il visita Rome et y dessina plusieurs statues antiques qu'il publia depuis. Plus tard il s'établit à Lyon, où les imprimeries nombreuses de cette ville occupaient alors beaucoup de graveurs sur cuivre et sur bois.

Robert-Dumesnil, qui s'étend longuement au sujet de notre maître et auquel nous avons emprunté les détails qui précèdent, porte le jugement qui suit à son égard:

„En général le burin de Woeiriot est délicat et fin, cependant il montre souvent un certain degré de rudesse qui trahit le sculpteur. Dans l'invention des figures allégoriques qui entourent ses nombreux portraits, il est d'une fécondité inépuisable, et il fait preuve de connaissances et de talent dans les inscriptions grecques, latines ou françaises, en vers ou en prose, qui les accompagnent.

„Cependant ses productions ont d'ordinaire quelque chose d'étrange et portent l'empreinte du gothicisme, au détriment du goût. On voit qu'il a toujours demeuré en province, où le manque de contat avec les artistes étrangers, l'obligea à se faire un style à lui dont on ne retrouve point de traces chez ses contemporains, les Geoffroy Du Moustier, Jacques Androuet du Cerceau, René Boivin, Etienne Delaune, Marc Duval, dont le goût est plus élevé et qui ne sont presque jamais tombés dans le maniérisme."

Nous sommes en mesure d'ajouter quelques nouvelles estampes à celles déjà décrites par Robert-Dumesnil, sans croire cependant que l'on soit encore parvenu à compléter entièrement le Catalogue de l'oeuvre de Woeiriot. Ce sont les suivantes.

Additions au Catalogue de Robert-Dumesnil.

Gravures sur cuivre.

402 — 405. Quatre feuilles des sujets de la Bible, appartenant à la suite 2 — 19. Coll. Albert.

— 402. La Création d'Eve. La scène se passe au premier plan. A gauche, Adam est reveillé par la main de Dieu. A droite et dans le fond, le Péché originel et nos premiers parents chassés du paradis. Près d'Adam, la signature onzaeus faciebat, et dans la marge du bas, l'inscription:

Dieu fit ciel terre mer et l'homme à sa semblance
Auquel femme il donna dedans son paradis, etc.

— 403. La Mort d'Abel. Caïn tue son frère avec une mâ-
choire d'animal. Dans le fond, on voit le sacrifice. A droite, le monogramme du maître et au bas, l'inscription:

L'homicide Cain se fasche de colére
Et d'un bras carnassier tue assassine Abel, etc.

— 404. Noé entre dans l'Arche. A gauche, plusieurs animaux
se dirigent vers l'arche. A droite, Noé avec ses deux fils et une
femme; plus loin, un autre de ses fils avec sa femme; enfin la troisième des femmes se tient sur la porte de l'arche. A la droite du bas,
la signature, et au-dessous, l'inscription:

Noé fut advise du temps du grand deluge
Fit l'arche et s'asséure contre l'effort de l'eau, etc.

— 405. Lot s'enfuyant de Sodome. Il est conduit par
un ange vers la droite; ses deux filles également conduites par un
ange le suivent. Le chiffre est à la droite du bas, puis l'inscription:

Et Lot adomesté de ses hostes les anges
Delaissa son pais pour n'y estre brulé, etc.

406. Le Jugement dernier, d'après Michel Ange. Cette
composition se trouve dans un rond de 10 p. 6 l. de diamètre avec
la croix de Lorraine au bas. Dans le haut, l'inscription:

Optimo Principi D. Carolo Lotharinge Duci. Michaelis

Angeli inventū imitatis.   F. S. Q.

Nous ajouterons ici quelques inscriptions inconnues à Dumesnil
et qui se trouvent sur quelques-unes des pièces qu'il a décrites.

8. Joseph traitant ses frères d'espions.

Ce Joseph reconnoist à l'aire de sa race
Ses freres et si feint ne scavoir d'ou ils sont, etc.

9. La Coupe de Pharaon trouvée dans le sac de Ben-
jamin.

Et ensachant leur blé ont encloz une couppe
A l'insçeu dans le sac du petit Beniamin, etc.

13. Moïse et Aaron faisant des prodiges devant Pharaon.

Moyse revenu soudain les encourage
Les asseure tesmoin une verge-serpent, etc.

17. Les Cailles et la Manne du désert.

Le Seigneur fit pleuvoir des cailles apprestées
Et la Manne a ses Juifs pour appaiser leur faim, etc.

19. Moïse annonçant aux Israélites les lois divines.

Moyse avoit brise par depit les deux tables
Mais il los rapporta commandées de Dieu. etc.

289. Louise Labé (la belle Cordière).

L'exemplaire de la Coll. Albertine porte l'inscription suivante:

Qui lugdunensem depictam Laida
cernis
Heu fuge: picta licet sauciat hisce oculis.

15 ☩ 55

P. W.

ℛG

P. Gourdelle.

On connaît de cet artiste français plusieurs portraits gravés dans le style de Léonard Gauthier, qui appartiennent à la fin du XVIe. Siècle. On ne saurait décider, jusqu'à présent, si Gourdelle a inventé et dessiné ces portraits ou s'il en a été seulement le graveur. Brulliot, dans son Dictionnaire (III. App. No. 261), décrit de cet artiste la pièce suivante:

1. La Mort d'Abel. Le monogramme ci-dessus se trouve à la gauche du bas, et comme la ville porte, à droite, le No. 2, on serait justifié à en conclure que la composition dont il s'agit appartient à quelque suite plus nombreuse. H. 2 p. 8 l. L. 3 p. 1 l.

1570.

IP.c

On trouve ce chiffre sur une gravure qui appartient évidemment
à l'école française.   La taille est en fine et serrée, mais le style
maniéré, et le dessin incorrect porte l'empreinte des imitateurs de
l'école de Fontainebleau.   Le nom du graveur est jusqu'ici inconnu.

1. La Femme couchée dans un paysage.   Elle est vêtue
d'une façon fort légère et s'appuie du bras droit sur une élévation de
terrain.   A gauche, s'élève un gros arbre et on voit dans le fond
une ville qui occupe beaucoup d'étendue, près d'un fleuve.   A droite,
un cours d'eau plus petit, sur l'autre rive duquel on voit un berger,
qui fait paître deux boeufs.   Pièce ronde de 6 p. 6 l. de diamètre.

Jean Louis d'Avignon.

Nous n'avons point d'autre renseignement sur cet artiste que celui
qui nous est fourni par la signature de la copie suivante d'après
A. Durer.   La taille de cette pièce, quoique un peu raide, révèle un
artiste exercé qui a dû assurément produire d'autres travaux.

1. St. Antoine.   Le Saint est assis tourné à droite et lit dans
un livre qu'il tient, des deux mains, ouvert devant lui.   A côté de lui,
on voit un bâton avec la double croix et le crucifix, auquel pend une
clochette.   Dans le fond à gauche, s'élève une ancienne ville allemande
sur une montagne et on voit un étang.   Au bas et près des pieds
du Saint, se trouve une petite tablette avec l'inscription:

Joannes Louis f. Avenionensis.   ⟨AD⟩.   1519.
Copie en contre-partie de le gravure d'Albert Durer, Bartsch No. 58.
H. 3 p. 8 l. L. 5 p. 3. l.   Francfort.

Heller, qui s'est trompé à plusieurs reprises dans sa description
de cette pièce, l'enregistre deux fois sous les Nos 704 et 707.   A en
juger par les caractères de l'inscription, cette gravure doit avoir été
exécutée vers la fin du XVIe. Siècle.

Graveurs français de la fin du XVIe. Siècle.

Jean Vovert (selon Nagler, Wowert). Orfévre et graveur, vécut en France de 1599 à 1602, et exécuta des ornements pour orfévres dans la manière de Th. de Bry.

J. Arnold (1580).

A. Jacquart (1619.)

Morien. (?)

Etienne Carteron. Selon Nagler, fut un orfévre et graveur de Châlons-sur-Seine, où il naquit en 1580. Il exécuta certains grotesques vers 1615.

Louis de Châtillon. Peintre sur émail et à gouache, fut en mêmetemps graveur sur cuivre; né en 1539, mourut à Paris en 1616.

Jean Toutin. Orfévre à Châteaudun, travaillait en 1618 et exécuta des petites pièces dans le genre des Nielles.

Philippe Thomassin. Elève de Cornelius Cort. Natif de Troyes en Champagne, il se trouvait à Rome de 1578 à 1649.

Léonard de Gaulthier, natif de Mayence, où il naquit vers 1552, s'établit plus tard à Paris.

Melchior Tavernier, né à Anvers en 1544. Il fut graveur et géographe et en 1575 publia à Paris des cartes de géographie; il fit quelques petits portraits de peu de valeur.

On lui attribue également des gravures sur bois signées des initiales M. T.

Noël Garnier, dont parle Renouvier I, p. 155, vivait en 1544. On trouve quelques éclaircissements à son égard dans le Cat. M. SS de Heinecken, qui se conserve dans la Bibl. de Dresde, ainsi que dans le „Peintre-Graveur français.‟

TABLE ALPHABÉTIQUE

DES MAÎTRES MENTIONNÉS DANS CE SIXIÈME VOLUME.

18*

TABLE DES MONOGRAMMES

QUI SE TROUVENT DANS CE SIXIÈME VOLUME.

CER. CRF. CR. GR. Reverdino, Cesare 107.

X F. 239.

CK W. S. 234.

CL Cambiasi, L. 232.

DN V. C. F. Caccianemici, Vicenzo 176.

D F Barbiere, Domenico del 198.

GF DG Gourmont, Jean de, 266.

D N 225.

DS Sculptor, Diana 141.

H FE H E 153.

W Lugd. B Corneille, Claude 263.

F. H. 131.

F. V. Vavassore, Florio 205.

G. Ruina, Gasparo, 222.

G A Agucchi, Giovanni 161.

G G F Giolito, Gabriele 219.

G G N. F. E. 232.

KG 172.

G MF. Ghisi, Georgio, 137.

PG Gourdelle, P. 271.

HT 239.

PR 224.

IA 171.

AY IA. Caraglio, Jacopo 195.

IB C 146.

I B M. Sculptor, Giov. Battista 136.

ID Duvet, Jean 255.

IHS IHE. 155.

IP. C 1570. 272.

ITF, IT 168.

I. V. B., IOV. V 203.

IB I. B. I. BO. Bonasone, Giulio 102.

K 164.

L. D. tauent. Thiry, Léonard 189.

L. M Musi, Lorenzo di 103.

P 172.

M Rota, Martino 184.

M L. MI. LV. Lucchesi, Michael 166.

O O V I VEN 132.

P Perrissin, Jacques 264.

TP Tortorel, Jean 264.

P 246.

Ƥ·A 155.

P B. 127.

Ƥ. Ƥ Prévost, Jacques 127.

ℛ, D ℛ R Dente, Marco da Ravenna 67.

8 8.

ℐ F V Sanuto, Giulio. 104

S. S. 1544. Serlio, Sebastiano 174.

T. V. IN. 133.

VGO Carpi, Ugo da 206.

C·B·M 1527 173.

Ɣ 126.

34 Pomedello, Giovan Maria 147.

241.

TABLE ALPHABÉTIQUE GÉNÉRALE

DES GRAVEURS DONT LES ESTAMPES ET LES GRAVURES SUR BOIS ONT ÉTÉ
MENTIONNÉES ET CATALOGUÉES DANS LES SIX VOLUMES.

Zink II 170

TABLE GÉNÉRALE DES MONOGRAMMES.

A.

A̅ I. 341. III. 94.

⋀ II. 183.

A VI. 228.

A̅ A̅ Alart Du Hameel ou Jer. Agnen II. 284.

A̅ IV. 263.

A A VI. 125.

·AA· V. 150. 152.

AA̅ Andrea Andreani III. 173. VI. 220.

A̅, A̅, A̅, ⋀ Albert Altdorfer III. 301.

A̅ I. 215.

A̅, A̅ II. 200.

1539
A̅B VI. 154.

CAB K, 1598. CAB K 1599.
Gabriel Krammer III. 477.

BAD IV. 173.

ADB 1569. IV. 266.

[15/25 AB] IV. 156.

A̅C A̅G A̅ A̅C Alaert Claessen III. 34.

A̅C *1565* III. 46.

A̅C A. Collaert III. 35.

A̅G IV. 129.

GA III. 312.

CA Cornelius Matsys III. 97.

AD AD IV. 168.

AB IV. 263.

A.G. I. 174.

A̅D, A̅D, A̅D Albert Dürer III. 144. 173.

AD VI. 132.

IV. 168.

V. 227.

IV. 45. 47.

1536. IV. 159.

1545. III. 98.

Æ. V. Aeneas Vico VI. 130.

VI. 130.

.1.5 0.7 V. 92.

Marc Antoine Raimondi VI. 1.

III. 187.

1536. 257.　IV. 186.

Adam Fuchs IV. 257.

1843 Antonio Fantuzzi VI. 195.

August Hirschvogel III. 257.

Nicolaus Andrea IV. 190.

IV. 165.

Albrecht Glockenton II. 126.

1511 V. 227.

IV. 164.

Henri Aldegrever IV. 102.

Andreas Summer IV. 191.

1717 Ambrosius Holbein III. 421.

Hans Asper III. 474.

1551. IV. 318.

S II. 69. 84.

1538. Hiob Magdeburg IV. 231

1596. IV. 263.

Marc Anton Haunas IV. 253.

IV. 159.

III. 298.

I. 221. III. 15.

IV. 113.

VI. 170.

1516. IV. 155.

1552. IV. 342.

A·I VI. 171.

И, ᴀM, IA, I Я, Я, A,
Ħ, cX, Ħ, XA
T   F

XᴅT, Vᴅᵉᴳ Vᴢ,

Jost Amman III. 463.

A·H S. IV. 188.

ĦK III. 95.

Ҡ, A L. A. Luining IV. 224.

, ·ʄa·, ᴴꞫ, IAF,

ĄFF Luc Antonio de Giunta
fiorentino V. 62.

ĄT, ĄM, ᴀ, A M.
Alex. Mair IV. 246.

A. M. I. 166.

ĄT, ĄM IV. 266.

M, AM 1565. IV. 192.
F

M·A·VF Marc Angelo VI. 180.
182.

PᴀR IV. 262.

Mℨ M Z Math. Zündt IV. 194.

ĄVI II. 262.

ẠM G. ᴧᴧ. Ṁ IV. 257.

IV. 165.
1568.
◊ANNA◊
·R·   IV. 264

AR 1528. I. 221. III. 11.

IV. 261.

ĄO IV. 162.

ĄP. 1555. VI. 154.

ĄP, ĄP, ĄP,
IV. 298.

R A. Petrak III. 152. 153. 154.

SAP IV. 265.

XR VI. 130.

ĄSA Adam Sculptor VI. 140.

ĄS 1538. IV. 160.

III. 95.

ASt SI 1587. Abel
Stimmer III. 461.

1567. Andr. Summer IV. 191.

A. T. I. 160.

A.V. Agostino Veneziano VI. 49.

Antoine de Worms IV. 149.

II. 167.

1522. IV. 62.

A W. IV. 326.

/ ᴈᴑZ IV. 40.

Jacob Caraglio VI. 195.

B.

B   B. Jenichen IV. 200.

b   I. 137. V. 154.

George Brew III. 265. 294.

Le Maître au Dé VI. 98.

b
A   Alessandro Botticelli V. 29.
V

BA̅s   Battista Pittoni VI. 169.

BB.   Barthélemi Beham IV. 68.

B-H   Balth. Jenichen IV. 200.

1543   IV. 166.

III. 291.

VI. 238.

I-B, IᶜB I-B   Jacob Binck IV. 86. 87.

1558.

1590. IV. 259.

IV. 336.

D˟B   IV. 73.

Pierre Woeiriot VI. 268.

E
B , B   1541—1565. IV. 193.

B. E. I. 304.

B , FB.   Franz Brun IV. 176.

B. F· V· F·   Battista Franco VI. 177.

B
W , BV   Pierre Weinher IV. 235.

1589. IV. 261.

Hans Baldung Gruen III. 318.

Henri Goedig IV. 232.

HB , I-B, I-B   Hans Brosamer IV. 32.

HB   Hans Baldung Gruen III. 267. 318.

d H   IV. 148.

BF   IV. 162.

B-H   Balth. Jenichen IV. 200.

I-SB   Hans Sebald Beham IV. 72.

B   Johannes Bechtholt III. 174. 265.

B   VI. 224.

HB, HB   1572. H. Bocksberger? IV. 330.

B-P. Barthélemi Beham IV. 68.

R-B 1530. IV. 134.

T-V-B, T-B 1569. IV. 193.

B. I. M. IV. 165.

BI. Barth. Jenichen IV. 200.

I-B Julius Bonasone VI. 102.

$B IV. 99.

b M I. 138. V. 154.

B-M, B-M, B-M

B-M I. 211. II. 124. 126.

B - M - Benedetto Montagna V. 153.

B-M-, B-M J. B. d'Angelo, dit del Moro VI. 180.

M, B, M B Math. Beytler IV. 213.

Nb IV. 299.

bosche bos

II. 284.

B. P. V. F. Battista Pittoni VI. 169.

N 1588. Philipp Uffenbach IV. 238.

B René Boyvin I. 256.

B R Le Maître à l'ancre I. 211. II. 145.

b-8 b-8 Barthel Schoen II. 118.

B. T. IV. 164.

B. V. Le Maître au Dé VI. 98.

B I. 163.

B B. Jobin IV. 330.

BW II. 166.

C.

C I. 143.

VI. 148.

C A VI. 173.

CA. I. 98.

C A. III. 343. I. 98.

C C 1520. III. 299.

Lugd. B Claude Corneille VI. 263.

V. 226.

D. D. 1526. I. 284.

C. E. I. 344.

CF Caspar Fraisinger IV. 241.

C, B, M. 1527. VI. 173.

CE 1561. IV. 61. 66.

C. F. Inventor anno 1554. C. Floris III. 105.

C C IV. 163.

CER, CRF Cesare Reverdino VI. 107.

CD 1534. IV. 41.

C F VI. 239.

C G, G, H IV. 171.

C G IV. 336.

1520 𝔖 , 𝔖 IV. 302.

𝕳 𝕳 Christoph Stimmer III. 459.

Φ Julius Campagnola V. 162.

45 Φ 15 Joh. Cornelius Vermeyen III. 103.

XC Jacob Lucius Corona Transylvanus IV. 336.

Ⓖᴋ W. S. VI. 234.

ℒ III. 467.

ℒ L. Cambiasi VI. 232.

ıℭᶻ·
○ℭ₆ Lucas Cranach IV. 1.

ℭ III. 133.

ⲘⲘ Christoph Maurer III. 465.

C M CM ℳ
M ⟋⟍ Conrad Mareschal III. 469.

ℳ III. 90.

C ᵂ M IV. 141.

⟨or⟩ℓℓ ℓℓ. III. 105.

C P I. 223.

ℭ, ℭ Peregrini da Cesena V. 205.

ℙ ℙ, C P, ℙ III. 91.

ℛ 1544., C. R. IV. 185.

Ⓡ 1550. IV. 313.

ℭᵥ, ℛ Cesare Reverdino VI. 107.

⟦C.S⟧ , C. S., C 1583 S. Conrad Saldorfer IV. 209.

𝔖 ⟦1513⟧ C IV. 155.

C. S. Christoph Stimmer IV. 211.

§ , § Christoffel Schwytzer III. 451.

𝕍 Christoph von Sichem III. 470.

C𝔸T C𝕄T ₓℳₓ Cornelius Teunissen III. 30.

ᴼ
⊃ᴺ V. C. F. Vicenzo Caccianemici VI. 176.

Ⓖ I. 153.

○C ○W○ 1554. III. 317.

𝕎 IV. 109.

𝔚 17013 III. 6.

𝕎 –– F𝔖 IV. 342.

D.

DÂF V. 202.

D B 1593. IV. 262.

⟋⟍ IV. 336.

D C. Domenico Campagnola V. 167.

D 𝖁 I. 223 III. 86.

~D ~ F~ Domenico del Barbiere
VI. 198.

𝕴𝕮 Jacob de Gheyn III. 115.

𝕴𝕮 Jac. de Gheyn jun. III. 115.

𝕴𝕮 Jean de Gourmont IV.66. VI. 266.

𝕯 I. 230.

D ⚘ H Daniel Hopfer III. 289.

ĐH 1559—1564. IV. 319.

HD 1540. HD
1519—1546. IV. 160.

℞D Hans Rudolph Manuel Deutsch
III. 437.

ℙSD. F. III. 96. IV. 224.

·𝕂·,, 𝕂, D·K· David
Kandel III. 348.

~𝕂~ I. 168.

15 𝓜 91 𝕯𝓜, 15 𝓜 93,

𝓐𝓜 Dan. Lindemeir III. 471.

𝓜D IV. 262.

𝓜D · ND Nic. Manuel Deutsch
III. 433.

D✝N VI. 225.

DO·, CAP· Dom. Campagnola
V. 167.

D. P. Dom. Campagnola V. 167.

D P Doen. Pieterzoon III. 27.

D R, ℛ Marco Dente da Ravenna VI. 67

𝕯𝕾 Diana Sculptor VI. 141.

D· S· Strassburg 1586. IV. 311.

𝕯𝕾 IV. 338.

𝕾S I. 209. II. 81.

D ᴛ, Đ ᴛ I. 2 23. III. 85
D ✶ V Dirk van Star III. 23.

DW
J_H 5_H 5_V 8_H IV. 314.

[D/W] IV. 175. 176.

ᵴ Le Maitre de 1466. II. 37.

Ǝ II. 165.

E.

E A 1506. I. 230. IV. 40.
E C 1522. I. 221. III. 22.
ℲƆ ƆIƌ III. 22.

[E·F·G·W] [·V·A·]

III. 342.

H, E H, EHF. Erasmus Hor-
nick IV. 189.

HE 1529. IV. 157.

ⱵE   ⱵE 1546. III. 448.

ⱵE 1558—1579. IV. 322.

HE, H^F_E VI. 153.

ⱹ IV. 168.

MₒℛℲℍ Hieronymus Moce-
tus V. 134.

ℍℰ 1571. IV. 170.

III. 48. 84.

1514. IV. 156.

E. S. III. 84.

ℭ𝔖ℐ.𝔩𝔞.𝔞,𝔢 · ℐ𝔩𝔖6𝔄 𝔖
ℐ𝔩6𝔄 I. 199. 202. 206. 207. 306.
II. 30. 45.54. 60.

𝔈 , 𝔈 , 𝔈 Erhard Schön
III. 243.

𝔙𝔈 , 𝔙𝔈 , 𝔙𝔈 , 𝔐𝔈
Joh. Ladenspelder von Essen IV. 142.
V. 128.

E. V. Eneas Vico VI. 160.

V III. 467.

WH IV. 230.

F.

f I. 219. II. 290.

F I. 159.

F
1551 IV. 260.

F , ℍ𝔉 , S.ℍ𝔉 . IV. 325.

FB Franz Brun IV. 176.

ₓℬₓℲₓ I. 325.

F C 1522. I. 221. III. 21.

°F C °Z° IV. 44.

F. F. F. Vavassore V. 88.

ℍ𝔉 , ℴ𝔉 Franz Friedrich IV. 228.
F G I. 159.

𝔉 , 𝔉 , F G I. 227. III. 423.
IV. 107.

F. H. VI. 131.

ℍ𝔉 ℍ𝔉 1516. III. 162. 440.

ℍ𝔉 1527. III. 108. IV. 111.

ℍ𝔉 1527 III. 158.

ℍ𝔉 1568—1570. IV. 329.

𝔐𝔉 1536. IV. 136.

1551
PF
 Peter Holtzmeyer IV. 229. 230.

𝔎 I. 81.

𝔙𝔉 Julius Sanuto Veneziano IV. 104.

F L. IV. 109.

F , 𝔙 1515. V. 175.

F. O. 1558. III. 352.

*I*L*D*

ℛ𝔉   IV. 317.

𝔈 𝔖 Veit Stoss. II. 152.

𝔉 1561. IV. 185. 329.

F. V. Florio Vavassore I. 141. VI. 205.

F. V. B. Franz von Bocholt II. 186.

F. V. I. 142.

f. w. 1470. Fried. Walther I. 60.

𝔚 . Peter Weinher IV. 235.

G.

G I. 81.

G Ð I. 143.

G I. 159.

1536
IV. 299.

G. ✳ Gasparo Ruina VI. 222.

Giovanni Agucchi? VI. 161.

G G
F Gabriele Giolito da Ferrara
VI. 219.

G G N. F. E. VI. 232.

III. 439.

Hans Baldung Gruen III. 318. 326.

1583
15 H. Go ed. f. 96.
Heinrich Goedig IV. 232.

I. 209. II. 146.

Jean Gourmont VI. 266.

I. 345.

G K CK Gabriel Krammer,
III. 477.

VI. 172.

GP, GP 1533. Gilich (Gilles)
(Kilian) Proger IV. 137.

VI.

G L . G Gottfried Leigel. G. Lang.
III. 109. IV. 59.

G M. Giorgio Ghisi VI. 137.

M III. 109.

G. M. I. 159.

II. 291.

M, M Math. Geron III. 307.

M M. G. 1597. IV. 242.

P Georg Pencz IV. 101.

PG Peter Gottland IV. 56. VI. 271.

F Geofroy Tory I. 164.

G + S S S
1569. Georg Scharfenbergk IV. 66.

G. S. IV. 148.

I. 101.

G. T. I. 158.

GV II. 165.

15 20. Urse Graf
III. 425.

V 1534. IV. 157.

GVG IV. 164.

D
W IV. 175.

G. W. 1541—1619. IV. 207.

1515. G. Z.
1511. IV. 301.

20

H.

H II. 111.

H 1528 III. 94.

H III. 94.

h, h, 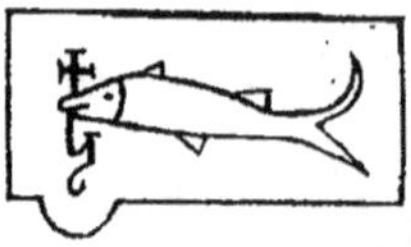 IV. 315.

H 1528. IV. 157.

HA II. 194. 205.

∘H∘B∘ ∘H+B∘ I. 211. III. 164.

H. B., h. B. Hans Burgmair le vieux III. 264.

Hbb Hans Burgmair le jeune? III. 276.

HB HF 1577. IV. 328.

IV 154.

HL IV. 322.

H. F. III. 440.

H. G. Heinrich Goedig IV. 232.

H. G. Hans Guldenmund III. 247.

H. H. I. 78.

H. H. HH HH Hans Holbein III. 353.

HH IV. 169.

H·H HH 1550—1557. III. 419. 451.

HH. L. 1522. III. 336.

h + l ? I. 88.

HH IV. 43. 162.

KH HK Hans von Kulmbach III. 177.

HK HK Hans Klim IV. 128. 129.

HSK Hans Springinklee III. 239.

HK III. 14.

HL H. L. F. H. L. FVR. H. Lützelberger. III. 445.

HL 1516. Hans Leu? III. 336. 358. 446.

H L. 1522—1533. I. 229. III. 336.

H, Heinrich Lautensack IV. 178.

HL 1558. IV. 322.

HL HSL Hans Lautensack III. 260.

HM. 1543. Heinrich Meyer? IV. 54.

HM Hans Muelich III. 316.

I HHL O?I Hiob Magdeburg II. 147.

NH 1522. ·N·H· III. 442.

NH III. 20.

NH N III. 444.

HSS II. 288.

PH III. 210.

HR IV. 98.

HP IV. 316.

HSP Hans Sebald Beham II. 208.

V. 184.

H. S. Hans Sibmacher IV. 212.

IV. 216.

I. 200. II. 207. 237.

Hans Schaeuflein III. 227. 229. 268.

H. S. III. 473. (H. Severin).

I. 219.

Heinrich Stainer III. 229. 279. 292.

1566, IV. 131. 223.

H. S. 1593, F
IV. 241.

IV. 264.

VI. 239.

VI. 224.

1504, IV. 154.

II. 146.

Heinrich Voglherr? III. 344.

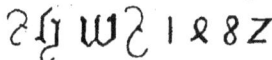

Hans von Windsheim II. 154.

H W. 1504. III. 288. 276.
H W Hans Weigel IV. 309.

IV. 169.

HW IV. 309.

IV. 237.

HW H W

H W IV. 308.
H. W. G. IV. 303.

I.

i I. 142.

Israhel v. Meckenen I. 190.

I. IV. 163.

II. 171.

Johann Wechtlin. III. 327.

J. Jollat I. 162. 168.

I A I. 144.

I. A. D. B. Jac. de Barbari III. 137.

i α. I A. Joan Andrea I. 138. 140. 142.

IA VI. 171.

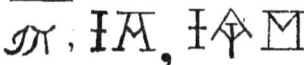

 Zwoff Jean de
Cologne I. 214. II. 178.

Jacob Cornelisz III. 24.

HB I B. 1523—1529, I. 227. IV. 97.

Jod. Badius. III. 213.

I B. Julius Bonasone VI. 102.

20*

I·B·  Giovan-Battista del Porto
V. 149.

IB·C VI. 146.

Í B M. Joh. Batt. Sculptor, Mantuano VI. 136.

I BO Julius Bonasone VI. 102.

I B V, *ibv* I. 138.

I C IV. 315.

I C, I ⚅ C Johannes Coloniensis
I. 211. 214. II. 138.

I ᶜ B Jacob Binck IV. 86.

◦ Ⅱ 𝔇 ◦ I. 116.

I. D. V. Joh. de Vincles I. 175.

[I D] Jean Duvet VI. 255.

i ƌ II. 111.

I F I. 100. III. 375. 394.

Ⅰ·Ⅎ·Ꙅ II. 112.

I·F· Jacomo Francia V. 222.

Iᴧ FᴧT, VI. 168.

Ⅴꟻ J. Sanuti VI. 104.

.I..G. I. 143.

L G Jac. de Gheyn III. 115.

×I×H×G× II. 142.

I ⚘ H Hieronymus Hopfer III. 291.

iƀɥ II. 167.

iᴴЅ ĩĦ∑· 1556. VI. 155.

I.H.V.E. IV. 166.

I·I
C A 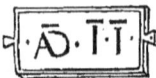 J. J. Campag-
M   nola V. 160.

I. K.  I. K.
IV. 304.

I. L. C., I. L. C. T. Jacob Lucius Corona Transilvanus IV. 337.

I. M. I. 77. 132.

I·M. I. 143.

·Ɪ·M· Israel van Meckenen
II. 190.

ꟽ IV. 333.

I. M. S. I. 222. III. 23.

N, ⊠ ℟M , ℕ Nico-
letto da Modena V. 92.

N.⚘ IV. 163.

N 1558, N IV. 121.

Φ· Ŧ· BⰅ 10 · ΛN · BX
Joh. Antonius Brixensis V. 103.

I O. G. I. 142.

IO. MAR. BRIX, Joh. Maria
Brixensis V. 103.

I⁰ V,

Johan Wechtlin III. 327.

.IP.C 1570. VI. 272.

Þ S Ϛ 153e 𝒬 III. 306.

Ⓟ Jacques Perrissin VI. 264.

Jean Tortorel, VI. 264.

I. R. **IR.** **R** IV. 334.

I R IV. 262.

IV. 261.

I. S. , IV. 158.

II. 147. III. 467.

VI. 239.

Johann Schaeuflein III. 227.

I. 81.

IV. 162.

Jan Swart III. 14.

I. T. B. I. 257.

J. van Stalburch. III. 106.

$^\Delta$**I**$^\Delta$**T**$^\Delta$**F**$^\Delta$, $^\Delta$**I**$^\Delta$**T**$^\Delta$ VI. 168.

T Joh. Thüfel, Teufel. IV. 336.

I. V. B, **IQV.** VI. 203.

I·V·M Israel van Meckenen. II. 190.

I V M III. 6.

I W. Hans Weigel. IV. 309.

W IV. 173.

III. 359.

K.

K, **·K·** Jacques Kerver? IV. 304.

Jacques Kerver. IV. 304.

MK Marius Kartarus. VI. 157.

II. 113. III. 391. VI. 164.

L.

L IV. 134.

L Lucas van Leyden. III. 3.

L. I. 142. 143.

LA * **LAF** **La** **LA,** Luc. Antonio de Giunta. V. 62.

LAN II. 175.

LC **1508** Lucas Cranach. IV. 1.

L C 1492. I. 219. II. 288.

L. D. Léonard Thiry. VI. 189.

L. F. Ludwig Frig. III. 467. 473.

L G 1515. III. 341.

L. H. Lambert Hopfer. III. 291.

L H. I. 221. III. 15.

L K I. 434.

L K Ludwig Krug. III 132.

L. M. Lorenzo Musi. VI 103.

M M M M M Melchior Lorch. IV. 180.

M M M IV. 337.

NM IV. 225.

LN. F Luc. Antonio de Giunta. I. 142.

⚏ 1534. III. 342 .

℗ II. 169.

$\bar{P}$ VI. 172.

L⚏⚏ Ludwig Schongauer. II. 115.

L S Lambertus Suavius. III. 109.

⚏ 1570. IV. 265.

⚏   ⚏ Lorenz Strauch IV. 217.

L. VN. F., LVNF, Luc. Antonio de Giunta I. 142.

⚏ IV. 175.

∘L∘ƺ∘ I∙2∙9∙⋀∙ I. 211. II. 45. 143.

M.

M. I. 140. 143.

M, M̋ III. 88.

∙Ä̈∙ I. 148.

▣ G. Matthes. IV. 312.

M Le maître. B. M. II. 126.

M II. 163.

M ⊛ Martino Rota VI. 184.

M A 1524. Mᴛ�ꟼ⚏ V. 229.

M ⊕ B II. 112.

M 26 IV. 148.

MƆ II. 291.

M G. 1552. IV. 301.

M G 1596. IV. 242.

B. I. M. IV. 165.

MI. LV. Michael Lucchesi. VI. 166.

M L. Le même. VI. 186.

∙M∙K∙ 155. IV. 188.

M M 1581. M̋ 1577.

MMM 1597. Melchior Meier. III. 474.

M̋ 1522. IV. 175.

M Nicol. Manuel Deutsch III. 433.

NM Nicolaus Meldemann. III. 244.

M , M , MO Michael Ostendorfer III. 310.

⚏ ⚏ 1577—1586. IV. 226.

M M 1580. IV. 112. 227.

NP NP Martin Pleginck. IV. 244.

M K II. 164. III. 95.

M̋ III. 476.

M S II. 113,

M⚏S Martin Schongauer. II. 103.

M⁹2 II. 114.

⚏ IV. 61. 65.

M CM ⚏M Christoph Maurer III. 465.

M̋. 1540. Martin Treu. I. 230. IV. 52.

𝖬 IV. 67.

𝖬𝖷 3 I. 99. II. 172. 174.

𝖬 III. 421.

M W III. 287.

MW MW IV. 340.

M 3 1500. Mathias Zasinger ou Zwikopf? I. 212. II. 169.

M 3 II. 172.

N.

N Nicolaus Wilborn IV. 139.

N I. 140. 143.

NA DAT. Le maître à la ratière. V. 173.

ᴬN ᴬB ᴬF ᴬ, ᴺᵛB ᴸᵛF Nicolaus Beatrizet. VI. 117.

N H, 1522. I. 229.

NOE, Noé Garnier (?) II. 111.

ᵛNᵛHᵛ NH I. 221. III. 46. Nich.

B V T Nic. Boldrini. VI. 217.

NI RO. Nicoletto da Modena V. 92.

N : M • Nicolaus Meldemann III, 244.

N R Nicoletto Rosex da Modena. V. 92.

NS NS 1558. IV. 124.

NS, SN, ИГИ IV. 40.

Nw. NᵛM NᵛM W. Nicolaus Wilborn. IV. 139.

O.

ᵛ O ᵛO ᵛ V ᵛI ᵛVEN ᵛ VI. 132.

O-P-C-D- Peregrini da Cesena. V. 205.

P.

P III. 348.

P I. 192. 201. II. 6.

P Peregrini da Cesena. V. 205.

P 1511. V. 220.

P VI. 246.

P II. 291.

P •A VI. 155.

P. B. IV. 176.

P. B. VI. 127.

PᵇR II. 143.

P C I. 168

P F, P F, P F, Peter Flötner. III. 253.

P. H. Peter Huys III. 107.

P H F Peter Holtz-meyer IV. 229.

P. M. I. 214.

PM· 1524—1535. IV. III.

P P, PP Martino da Udine I. 244. V. 140.

PPW, I. 212. II. 159. 241.

P. R. I. 158.

V IV. 261.

SP IV. 64.

SP ⸱ P⸱ Jacques Prévost V. 152.
VI. 127.

TW IV. 194.

PᵛL, PᵛL Pieter van Leyden
I. 221. III. 12.

Pᴡ—PW I. 211. II. 161.

P W, W, P Peter Wein-
her IV. 235.

Q.

Q 1587. IV. 264.

R.

R° I. 177.

R. II. 175.

R. III. 313.

ᴬRᴬBᴬTᴬAᴬ Robetta V. 57.

R I. 172.

R. K. F. IV. 175.

R MD Hans Rudolph Manuel Deutsch
III. 437.

R O P 1513. IV. 155.

R IV. 130 vol 4

IV. 170.

R. S. F. Mart. Rota VI. 184.

Rw RW 1547. Rudolph
Wyssenbach. III. 448.

WR III. 349.

S.

I R ∘S∘ 6 R III p. 83.

S, S. 1519—1520. I. 222. III. 47.

S VI. 288.

S B. 1515 IV. 109.

S E. III. 48. 78. 84.

S E I. 241.

SEBASTIANO D'VAL. VT.
1558.
Sebastiano de Valentini da Udine, VI.
183.

S F, III. 47.

S F. 1563. IV. 325.

SFF SF. F. IV. 325.

S. F. 1575. IV. 262.

SF F Julius Sanuti. VI. 104.

SG. 1524. IV. 113.

S G
A IV. 164.

2 Y H I. 211. II. 147.

S X H II. 168.

S I III. 473.

S P. 1513. IV. 155.

S S 1534. IV. 64.

S R. Stephan Riviere I. 167. 168.

ZS II. 111. 164.

S S. 1544. Sebastiano Serlio VI. 174.

Tobias Stimmer. III. 453.

Virgil Solis. IV. 115.

1587. Wolf Stieber. IV 221.

T.

III. 87.

T K I. 101.

TM. W. Telmann von Wesel. II. 203.

T M W. Telmann von Wesel. IV. 327.

T ¶ V. 228.

T T /521 IV. 156.

T. V. IN. VI. 133.

I. 77. III. 162. IV. 173.

TW, T?W. Telmann zu Wesel. II. 203. IV. 327.

V.

VDC. Ugo da Carpi. VI. 206.

VG, VG Urs Gemberlein? I. 98. 211. II. 139.

VG. 1536., IV. 157.

VGO VI. 206.

V H. 1557. IV. 179.

 III. 45.

VM. II. 111.

VS. Virg. Solis. IV. 115.

VW, vW. IV. 320.

Urbanus Wyss. 1549. III. 450.

W.

W. III. 178.

W 1427. III. 96.

W Wenceslaus von Olmütz. II. 132.

15 W 7 II. 138.

W I. 219. 369. II. 279.

W III. 335.

 II. 167.

W$B II. 270.

W. C. I. E. F. Wilhelmus Clivensis? IV. 240.

. C. William Caxton. I. 178. 181.

W. F. Σ. N. Wolfgang Resch. III. 253.

20 **

WⱮH V✕H Wolfgang Hamer. II. 129.

ᵕW⸱H⸱ Wolfgang Huber. III. 305.

WMD. II. 138.

W. R. W. R. F., W. Resch III. 252.

W. S. Wolf Stiber. IV. 221.

Zacharias Wehm. IV 338.

W S et H ⬥ F. IV. 237.

Z.

3a, Ʒ⸱A⸱, Z⸱A⸱,

⸱Ʒ⸱A.D. Zoan Andrea V. 79.

Z. W. F. 1586. Zacharias Wehm. IV. 338.

⸱↑⸱ Le maître de 1464, dit aux banderolles. II. 28.

1568. IV. 326.

II. 169

VI. 126.

II. 143.

II. 112.

II. 167.

I. 93.

IV. 60. 65.

Johann Halneren. IV. 136.

I. 160.

I. 165. 168.

I. 209. II. 80.

I. 363.

I. 209. II. 81.

VI. 241.

IV. 39.

1559. III. 87.

V. 228.

Ʒ4 Giovan Maria Pomedello. VI. 147.

Jacob de Barbari. III. 134.

Le maître à l'ecrevisse. III. 15.

Les armes des van Meckenen II. 114. 190.

Lucas Cranach le vieux. IV. 1.

Lucas Cranach le jeune 1540 IV. 24.

XX, 9, 6 I. 76.

1526. IV. 157.

Xᐸᛣᛄ\Y IV. 166.

IV. 169.

1558 I T Joh. Thüfel
ou Teufel. IV. 336.

IV. 165.

I. 93.

I. 93.

II. 166.

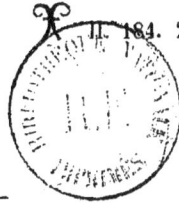

II. 184. 202.

Leipsic, Imprimerie de J. B. Hirschfeld.